선생님이 **강력 추**천하는

개념 PLUS 단원평가

수학

4·2

3~4학년군

교육의 길잡이·학생의 동반자
(주) 교학사

KB085843

개념+단원평가와 내 교과서 비교하기

단원 찾는 방법

- 내 교과서 출판사명을 확인하고 공부할 범위의 페이지를 확인하세요.
- 다음 표에서 내 교과서의 공부할 페이지와 개념+단원평가 수학 페이지를 비교하면 됩니다.
  예를 들어 아이스크림 미디어 55~84쪽이면 개념+단원평가 50~73쪽을 공부하시면 됩니다.

Search
단원찾기

단원	개념+단원평가	아이스크림 미디어	천재교과서 (박만구)	미래엔	천재교과서 (한대희)	비상교육	동아출판 (안병곤)	동아출판 (박교식)	금성출판사	대교	와이비엠
1. 분수의 덧셈과 뺄셈	8~29	9~30	10~29	9~32	8~29	8~27	8~29	8~29	8~33	6~27	8~29
2. 삼각형	30~49	31~54	30~49	33~52	30~49	28~47	30~51	30~51	34~55	28~49	30~51
3. 소수의 덧셈과 뺄셈	50~73	55~84	50~77	53~82	50~79	48~75	52~83	52~79	56~87	50~77	52~81
4. 사각형	74~97	85~108	78~99	83~110	80~107	76~99	84~113	80~103	88~117	78~109	82~107
5. 꺾은선그래프	98~117	109~130	100~117	111~132	108~129	100~123	114~139	104~127	118~143	110~131	108~129
6. 다각형	118~139	131~152	118~137	133~154	130~151	124~143	140~161	128~153	144~171	132~153	130~151

여러분의 꿈을 응원합니다!!!

민들레에게는
하얀 씨앗을 더 멀리 퍼뜨리고 싶은 꿈이 있고,

연어에게는
고향으로 돌아가 알알이 붉은 알을 낳고 싶은 꿈이 있습니다.

여러분도 가지각색의 아름다운 꿈을 가지고 있지요?
꿈을 향한 마음으로
좋은 결과를 위해 힘껏 달려 보아요.

여러분의 아름답고 소중한 꿈을 응원합니다.

구성과 특징

1단계

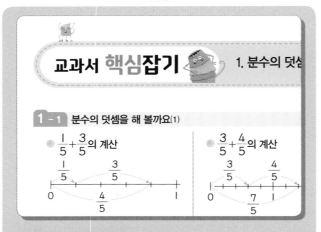

교과서 핵심 잡기

교과서 핵심 정리와 핵심 문제로 개념을 확실히 잡을 수 있습니다.

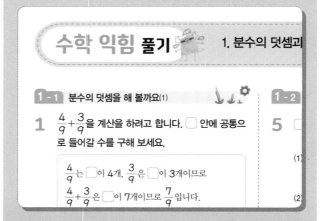

수학 익힘 풀기

차시마다 꼭 풀어야 할 익힘 문제로 기본 실력을 다질 수 있습니다.

2단계

단원 평가

각 단원별로 4회씩 문제를 풀면서 단원 평가를 완벽하게 대비할 수 있습니다.

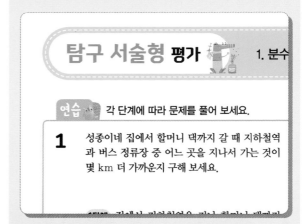

탐구 서술형 평가

각 단원의 대표적인 서술형 문제를 3단계에 걸쳐 단계별로 익힐 수 있습니다.

3단계

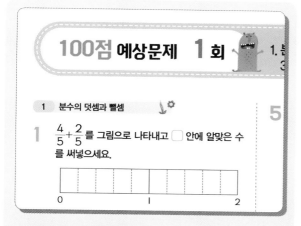

100점 예상문제

여러 단원을 묶은 문제 구성으로 여러 가지 학교 시험 형태에 완벽하게 대비할 수 있습니다.

특별 부록

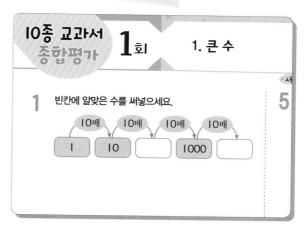

교과서 종합평가

수학 10종 검정 교과서를 완벽 분석한 종합평가를 2회씩 단원별로 풀어 볼 수 있습니다.

별책 부록

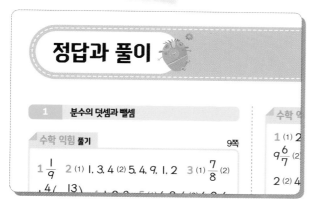

정답과 풀이

틀린 문제를 점검하고 왜 틀렸는지 확인할 수 있습니다.

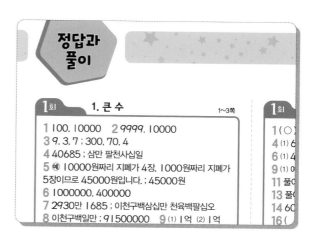

정답과 풀이

문제와 정답을 한 권에 수록하여 별책으로 활용할 수 있습니다.

이 책의 특징

- 단원 요점을 꼼꼼하게 정리하였습니다.
- 여러 유형의 평가 문제를 통하여 쉽게 학습 목표를 이룰 수 있습니다.
- 권말 부록(100점 예상문제)으로 학교 시험에 완벽하게 대비할 수 있습니다.
- 검정 교과서를 완벽 분석한 종합평가를 구성하였습니다.

차례

4·2

3~4학년군

요점 정리
+ 단원 평가

수학 4-2

3~4 학년군

1 - 1   분수의 덧셈을 해 볼까요(1)

◎ $\dfrac{1}{5}+\dfrac{3}{5}$의 계산

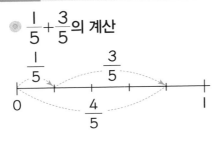

$$\dfrac{1}{5}+\dfrac{3}{5}=\dfrac{1+3}{5}=\dfrac{4}{5}$$

◎ $\dfrac{3}{5}+\dfrac{4}{5}$의 계산

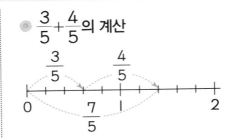

$$\dfrac{3}{5}+\dfrac{4}{5}=\dfrac{3+4}{5}=\dfrac{7}{5}=1\dfrac{2}{5}$$

• 분모가 같은 진분수끼리의 덧셈
① 분모는 그대로 두고 분자끼리 더합니다.
② 계산한 결과가 가분수이면 대분수로 바꾸어 나타냅니다.

🌼 ☐ 안에 알맞은 수를 써넣으세요.

(1) $\dfrac{1}{8}+\dfrac{4}{8}=\dfrac{\boxed{}+\boxed{}}{8}=\dfrac{\boxed{}}{8}$

(2) $\dfrac{5}{8}+\dfrac{4}{8}=\dfrac{\boxed{}+\boxed{}}{8}=\dfrac{\boxed{}}{8}=\boxed{}\dfrac{\boxed{}}{8}$

풀이
(1) 분모는 그대로 두고 분자끼리 더합니다.
(2) 계산한 결과가 가분수이면 대분수로 바꾸어 나타냅니다.

답 (1) 1, 4, 5   (2) 5, 4, 9, 1, 1

---

1 - 2   분수의 뺄셈을 해 볼까요(1)

◎ $\dfrac{4}{5}-\dfrac{2}{5}$의 계산

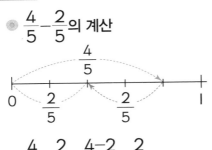

$$\dfrac{4}{5}-\dfrac{2}{5}=\dfrac{4-2}{5}=\dfrac{2}{5}$$

◎ $1-\dfrac{2}{5}$의 계산

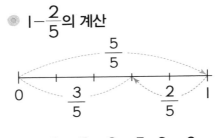

$$1-\dfrac{2}{5}=\dfrac{5}{5}-\dfrac{2}{5}=\dfrac{5-2}{5}=\dfrac{3}{5}$$

• 분모가 같은 진분수끼리의 뺄셈
분모는 그대로 두고 분자끼리 뺍니다.
• 자연수와 진분수의 뺄셈
자연수에서 1만큼을 분수로 바꾸어 분자 부분끼리 뺄셈을 합니다.

🌼 ☐ 안에 알맞은 수를 써넣으세요.

(1) $\dfrac{4}{8}-\dfrac{1}{8}=\dfrac{\boxed{}-\boxed{}}{8}=\dfrac{\boxed{}}{8}$

(2) $1-\dfrac{4}{8}=\dfrac{\boxed{}}{8}-\dfrac{\boxed{}}{8}=\dfrac{\boxed{}-\boxed{}}{8}=\dfrac{\boxed{}}{8}$

풀이
(1) 분모는 그대로 두고 분자끼리 뺍니다.
(2) 자연수에서 1만큼을 분수로 바꾸어 분자 부분끼리 뺄셈을 합니다.

답 (1) 4, 1, 3   (2) 8, 4, 8, 4, 4

1 - 1 분수의 덧셈을 해 볼까요(1)

1 $\frac{4}{9}+\frac{3}{9}$을 계산을 하려고 합니다. ☐ 안에 공통으로 들어갈 수를 구해 보세요.

> $\frac{4}{9}$는 ☐이 4개, $\frac{3}{9}$은 ☐이 3개이므로
> $\frac{4}{9}+\frac{3}{9}$은 ☐이 7개이므로 $\frac{7}{9}$입니다.

(   )

2 ☐ 안에 알맞은 수를 써넣으세요.

(1) $\frac{1}{5}+\frac{3}{5}=\dfrac{\boxed{}+\boxed{}}{5}=\dfrac{\boxed{}}{5}$

(2) $\frac{5}{7}+\frac{4}{7}=\dfrac{\boxed{}+\boxed{}}{7}=\dfrac{\boxed{}}{7}=\boxed{}\dfrac{\boxed{}}{7}$

3 계산해 보세요.

(1) $\frac{2}{8}+\frac{5}{8}$

(2) $\frac{5}{9}+\frac{8}{9}$

4 1부터 9까지의 수 중 ☐ 안에 들어갈 수 있는 수를 모두 구해 보세요.

> $\dfrac{\boxed{}}{8}+\dfrac{5}{8}<1\dfrac{1}{8}$

(   )

1 - 2 분수의 뺄셈을 해 볼까요(1)

5 ☐ 안에 알맞은 수를 써넣으세요.

(1) $\frac{6}{9}-\frac{2}{9}=\dfrac{\boxed{}-\boxed{}}{9}=\dfrac{\boxed{}}{9}$

(2) $1-\frac{2}{6}=\dfrac{\boxed{}}{6}-\dfrac{\boxed{}}{6}=\dfrac{\boxed{}-\boxed{}}{6}=\dfrac{\boxed{}}{6}$

6 계산 결과를 비교하여 ◯ 안에 >, =, <를 알맞게 써넣으세요.

> $\dfrac{1}{8}+\dfrac{2}{8}\ \bigcirc\ 1-\dfrac{4}{8}$

7 계산해 보세요.

(1) $\frac{5}{8}-\frac{2}{8}$

(2) $1-\frac{8}{9}$

8 색 테이프가 1 m 있습니다. 재경이가 $\frac{2}{9}$ m를 사용하고, 재윤이가 $\frac{6}{9}$ m를 사용하였습니다. 사용하고 남은 색 테이프는 몇 m인가요?

(   )

1-3 분수의 덧셈을 해 볼까요(2)

● $1\frac{2}{5}+2\frac{1}{5}$의 계산

$$1\frac{2}{5}+2\frac{1}{5}=(1+2)+\left(\frac{2}{5}+\frac{1}{5}\right)=3+\frac{3}{5}=3\frac{3}{5}$$

● $1\frac{2}{5}+2\frac{4}{5}$의 계산

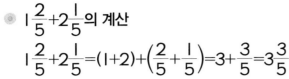

방법1 대분수를 자연수와 진분수로 나누어 계산하기

$$1\frac{2}{5}+2\frac{4}{5}=(1+2)+\left(\frac{2}{5}+\frac{4}{5}\right)=3+\frac{6}{5}=3+1\frac{1}{5}=4\frac{1}{5}$$

방법2 대분수를 가분수로 바꾸어 계산하기

$$1\frac{2}{5}+2\frac{4}{5}=\frac{7}{5}+\frac{14}{5}=\frac{21}{5}=4\frac{1}{5}$$

> **• 분모가 같은 대분수끼리의 덧셈**
> ① 분수 부분의 합이 진분수인 경우: 자연수는 자연수끼리, 진분수는 진분수끼리 더합니다.
> ② 분수 부분의 합이 가분수인 경우
> 방법1
> 대분수를 자연수와 진분수로 나누어 계산합니다.
> 방법2
> 대분수를 가분수로 바꾸어 계산합니다.

1-4 분수의 뺄셈을 해 볼까요(2)

● $2\frac{4}{5}-1\frac{2}{5}$의 계산

방법1 대분수를 자연수와 진분수로 나누어 계산하기

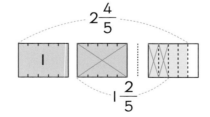

$$2\frac{4}{5}-1\frac{2}{5}=(2-1)+\left(\frac{4}{5}-\frac{2}{5}\right)$$
$$=1+\frac{2}{5}=1\frac{2}{5}$$

방법2 대분수를 가분수로 바꾸어 계산하기

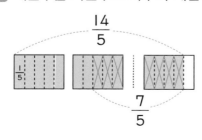

$$2\frac{4}{5}-1\frac{2}{5}=\frac{14}{5}-\frac{7}{5}$$
$$=\frac{7}{5}=1\frac{2}{5}$$

> **• 분모가 같은 대분수끼리의 뺄셈**
> 방법1
> 대분수를 자연수와 진분수로 나누어 계산합니다.
> 방법2
> 대분수를 가분수로 바꾸어 뺍니다.

1-3 분수의 덧셈을 해 볼까요(2)

1 ☐ 안에 알맞은 수를 써넣으세요.

(1) $2\dfrac{2}{6}+3\dfrac{3}{6}=(2+3)+\left(\dfrac{\Box}{6}+\dfrac{\Box}{6}\right)$

$=\Box+\dfrac{\Box}{6}=\Box\dfrac{\Box}{6}$

(2) $5\dfrac{5}{7}+\dfrac{13}{7}=\dfrac{\Box}{7}+\dfrac{\Box}{7}$

$=\dfrac{\Box}{7}=\Box\dfrac{\Box}{7}$

2 계산해 보세요.

(1) $5\dfrac{2}{7}+4\dfrac{4}{7}$

(2) $3\dfrac{3}{5}+\dfrac{9}{5}$

3 동우와 민주가 주말에 농장에서 고구마를 캤습니다. 두 어린이가 캔 고구마의 무게는 몇 kg인가요?

난 $1\dfrac{2}{4}$ kg을 캤어.　난 $2\dfrac{1}{4}$ kg을 캤어.

동우　　　　민주

(　　　　　　　　　　　)

1-4 분수의 뺄셈을 해 볼까요(2)

4 ☐ 안에 알맞은 수를 써넣으세요.

(1) $4\dfrac{5}{8}-2\dfrac{3}{8}=(4-\Box)+\left(\dfrac{\Box}{8}-\dfrac{\Box}{8}\right)$

$=\Box+\dfrac{\Box}{8}=\Box\dfrac{\Box}{8}$

(2) $5\dfrac{5}{7}-\dfrac{33}{7}=\dfrac{\Box}{7}-\dfrac{\Box}{7}=\dfrac{\Box}{7}=\Box$

5 계산 결과를 비교하여 ◯ 안에 >, =, <를 알맞게 써넣으세요.

$2\dfrac{4}{5}-\dfrac{7}{5}$ ◯ $3\dfrac{2}{5}-\dfrac{11}{5}$

6 계산해 보세요.

(1) $5\dfrac{6}{7}-3\dfrac{3}{7}$

(2) $4\dfrac{3}{5}-\dfrac{8}{5}$

1 - 5 분수의 뺄셈을 해 볼까요(3)

◎ $3-1\frac{2}{5}$의 계산

방법1 자연수에서 1만큼을 분수로 바꾸어 계산하기

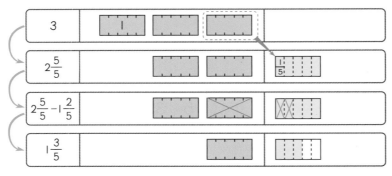

$$3-1\frac{2}{5}=2\frac{5}{5}-1\frac{2}{5}=(2-1)+\left(\frac{5}{5}-\frac{2}{5}\right)=1+\frac{3}{5}=1\frac{3}{5}$$

방법2 자연수와 대분수를 모두 가분수로 바꾸어 계산하기

$$3-1\frac{2}{5}=\frac{15}{5}-\frac{7}{5}=\frac{8}{5}=1\frac{3}{5}$$

• **자연수와 대분수의 뺄셈**

방법1
자연수에서 1만큼을 분수로 바꾸어 계산합니다.

방법2
자연수와 대분수를 모두 가분수로 바꾸어 계산합니다.

---

1 - 6 분수의 뺄셈을 해 볼까요(4)

◎ $3\frac{1}{5}-1\frac{2}{5}$의 계산

방법1 빼어지는 분수의 자연수에서 1만큼을 분수로 바꾸어 계산하기

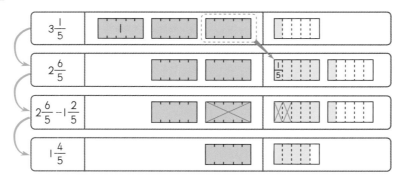

$$3\frac{1}{5}-1\frac{2}{5}=2\frac{6}{5}-1\frac{2}{5}=(2-1)+\left(\frac{6}{5}-\frac{2}{5}\right)=1\frac{4}{5}$$

방법2 대분수를 가분수로 바꾸어 계산하기

$$3\frac{1}{5}-1\frac{2}{5}=\frac{16}{5}-\frac{7}{5}=\frac{9}{5}=1\frac{4}{5}$$

• **분수 부분끼리 뺄 수 없는 분모가 같은 대분수끼리의 뺄셈**

방법1
빼어지는 분수의 자연수에서 1만큼을 분수로 바꾸어 계산합니다.

방법2
대분수를 가분수로 바꾸어 계산합니다.

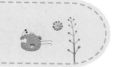

1 - 5 분수의 뺄셈을 해 볼까요(3)

1 ☐ 안에 알맞은 수를 써넣으세요.

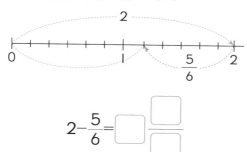

$$2-\frac{5}{6}=\boxed{}\frac{\boxed{}}{\boxed{}}$$

2 보기 와 같이 계산해 보세요.

보기

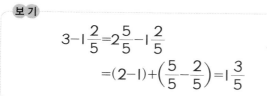

$$3-1\frac{2}{5}=2\frac{5}{5}-1\frac{2}{5}$$
$$=(2-1)+\left(\frac{5}{5}-\frac{2}{5}\right)=1\frac{3}{5}$$

$$5-1\frac{3}{10}=$$ ___

3 빈칸에 알맞은 대분수를 써넣으세요.

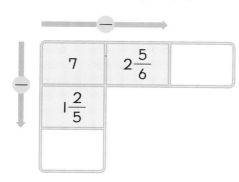

1 - 6 분수의 뺄셈을 해 볼까요(4)

4 보기 와 같이 계산해 보세요.

보기

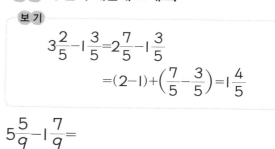

$$3\frac{2}{5}-1\frac{3}{5}=2\frac{7}{5}-1\frac{3}{5}$$
$$=(2-1)+\left(\frac{7}{5}-\frac{3}{5}\right)=1\frac{4}{5}$$

$$5\frac{5}{9}-1\frac{7}{9}=$$ ___

5 정민이와 길원이가 $3\frac{1}{7}-1\frac{3}{7}$ 을 계산하려고 합니다. 바르게 말을 한 사람은 누구인가요?

$3\frac{1}{7}$ 을 $1\frac{8}{7}$ 로
바꿔서 계산해.

정민

$3\frac{1}{7}$ 을 $\frac{22}{7}$ 로
바꿔서 계산해.

길원

(   )

6 보기 에서 두 수를 골라 ☐ 안에 써넣어 계산 결과가 가장 작은 뺄셈식을 만들고 계산해 보세요.

보기

3, 5, 7

$$2\frac{\boxed{}}{9}-1\frac{\boxed{}}{9}$$

(   )

1 그림을 보고 ☐ 안에 알맞은 수를 써넣으세요.

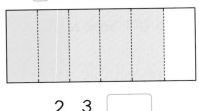

$$\frac{2}{6}+\frac{3}{6}=\boxed{}$$

2 빈칸에 알맞은 수를 써넣으세요.

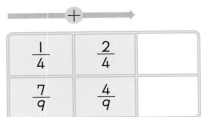

📝**서술형**

3 분모가 8인 진분수 중에서 가장 큰 수와 가장 작은 수의 합은 얼마인지 풀이 과정을 쓰고 답을 구해 보세요.

_____

_____

(   )

4 ☐ 안에 알맞은 수를 써넣으세요.

$$\frac{6}{7}-\frac{4}{7}=\frac{\boxed{}-\boxed{}}{7}=\frac{\boxed{}}{7}$$

5 계산한 결과가 더 큰 쪽에 ◯표 하세요.

$1-\frac{5}{8}$	$\frac{6}{8}-\frac{2}{8}$
( )	( )

6 동화책을 의진이는 전체의 $\frac{5}{12}$ 만큼 읽었고 성일이는 전체의 $\frac{7}{12}$ 만큼 읽었습니다. 누가 전체의 얼마만큼 더 많이 읽었나요?

(,   )

7 ☐ 안에 알맞은 수를 써넣으세요.

$1\frac{5}{6}$ 는 $\frac{1}{6}$ 이 11개, $2\frac{3}{6}$ 은 $\frac{1}{6}$ 이 15개입니다.

$1\frac{5}{6}+2\frac{3}{6}$ 은 $\frac{1}{6}$ 이 $\boxed{}$ 개입니다.

➡ $1\frac{5}{6}+2\frac{3}{6}=\frac{\boxed{}}{6}=\boxed{}\frac{\boxed{}}{6}$

8 계산해 보세요.

(1) $2\frac{2}{4}+3\frac{1}{4}$

(2) $4\frac{4}{5}+1\frac{3}{5}$

1
단원

 주의

9 빈칸에 알맞은 수를 써넣으세요.

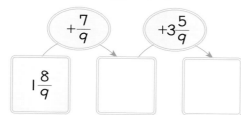

10 ☐ 안에 알맞은 수를 써넣으세요.

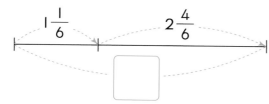

11 의건이는 선물을 포장하는 데 리본 $2\frac{2}{3}$ m를 사용하였습니다. 선물을 포장하고 남은 리본이 $1\frac{2}{3}$ m라면 선물을 포장하기 전에 가지고 있던 리본의 길이는 몇 m인가요?

( )

12 수직선을 보고 $2\frac{4}{5}-1\frac{3}{5}$이 얼마인지 알아보려고 합니다. ☐ 안에 알맞은 수를 써넣으세요.

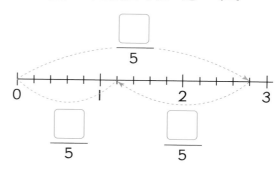

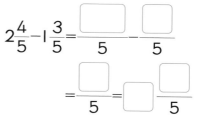

$2\frac{4}{5}-1\frac{3}{5}=\dfrac{\boxed{}}{5}-\dfrac{\boxed{}}{5}$

$=\dfrac{\boxed{}}{5}=\boxed{}\dfrac{\boxed{}}{5}$

13 가장 큰 수와 가장 작은 수의 차를 구해 보세요.

$2\frac{7}{9}$ $\dfrac{19}{9}$ $1\frac{4}{9}$ $\dfrac{15}{9}$

( )

14 보기 와 같이 계산해 보세요.

보기

$4-1\frac{1}{3}=3\frac{3}{3}-1\frac{1}{3}=2\frac{2}{3}$

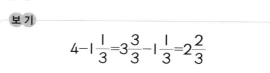

$9-1\frac{2}{5}=$ _____

15 계산 결과가 큰 것부터 차례대로 기호를 써 보세요.

> ㉠ $3\frac{7}{8}-1\frac{2}{8}$ ㉡ $4-2\frac{3}{8}$ ㉢ $5-\frac{21}{8}$

(,   ,   )

서술형

16 효주의 몸무게는 40 kg입니다. 동생의 몸무게는 효주보다 $3\frac{4}{5}$ kg 더 가볍고, 언니의 몸무게는 효주보다 $\frac{7}{5}$ kg 더 무겁습니다. 언니의 몸무게는 동생보다 몇 kg 더 무거운지 풀이 과정을 쓰고 답을 구해 보세요.

_____

_____

_____

_____

(   )

17 $5\frac{2}{5}-3\frac{4}{5}$ 를 두 가지 방법으로 계산하려고 합니다. ☐ 안에 알맞은 수를 써넣으세요.

(1) $5\frac{2}{5}-3\frac{4}{5}=4\frac{\boxed{}}{5}-3\frac{4}{5}=\boxed{}\frac{\boxed{}}{5}$

(2) $5\frac{2}{5}-3\frac{4}{5}=\frac{\boxed{}}{5}-\frac{\boxed{}}{5}$

$=\frac{\boxed{}}{5}=\boxed{}\frac{\boxed{}}{5}$

18 계산 결과를 찾아 기호를 써 보세요.

> ㉠ $2\frac{2}{9}$ ㉡ $2\frac{4}{9}$ ㉢ $3\frac{3}{9}$

(1) $5\frac{5}{9}-2\frac{2}{9}$ (   )

(2) $7\frac{1}{9}-4\frac{8}{9}$ (   )

19 분수 카드 중 2장을 골라 차가 가장 작은 뺄셈식을 만들고 계산해 보세요.

| $4\frac{3}{7}$ | $1\frac{3}{7}$ | $2\frac{2}{7}$ |

> ☐

주의

20 세 변의 길이의 합이 12 cm인 삼각형이 있습니다. 이 삼각형의 두 변의 길이가 각각 $3\frac{4}{5}$ cm, $4\frac{3}{5}$ cm일 때, 세 변 중에서 가장 긴 변의 길이는 몇 cm인가요?

(   )

1 $\frac{4}{6}+\frac{5}{6}$ 를 수직선에 나타내고 ☐ 안에 알맞은 수를 써넣으세요.

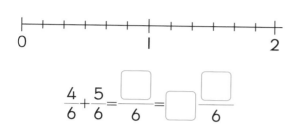

$$\frac{4}{6}+\frac{5}{6}=\frac{\boxed{}}{6}=\boxed{}\frac{\boxed{}}{6}$$

2 성종이는 물을 매일 $\frac{9}{10}$ L씩 마십니다. 성종이가 이틀 동안 마시는 물의 양은 모두 몇 L인가요?

식 _____

답 _____

3 ☐ 안에 들어갈 수 있는 수를 모두 구해 보세요.

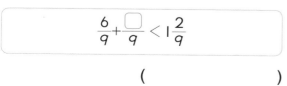

( )

4 ㉠, ㉡, ㉢에 알맞은 수를 차례대로 적은 것은 어느 것인가요? ( )

> 1은 $\frac{1}{4}$이 ㉠개, $\frac{3}{4}$은 $\frac{1}{4}$이 ㉡개
>
> ➡ $1-\frac{3}{4}=\frac{㉢}{4}$

① 1, 3, 2 ② 4, 1, 3
③ 4, 1, 5 ④ 4, 3, 1
⑤ 4, 3, 7

5 분모가 7인 진분수가 2개 있습니다. 합이 $\frac{6}{7}$이고 차가 $\frac{2}{7}$인 두 진분수를 구해 보세요.

(,)

🖊서술형
6 밀가루 1 kg이 있습니다. 빵을 만드는 데 $\frac{4}{10}$ kg, 과자를 만드는 데 $\frac{3}{10}$ kg을 사용했습니다. 빵과 과자를 만들고 남은 밀가루는 몇 kg인지 풀이 과정을 쓰고 답을 구해 보세요.

_____
_____
_____

( )

7 ☐ 안에 알맞은 수를 써넣으세요.

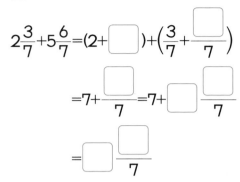

$$2\frac{3}{7}+5\frac{6}{7}=(2+\boxed{})+\left(\frac{3}{7}+\frac{\boxed{}}{7}\right)$$

$$=7+\frac{\boxed{}}{7}=7+\boxed{}\frac{\boxed{}}{7}$$

$$=\boxed{}\frac{\boxed{}}{7}$$

8 ☐ 안에 알맞은 수를 써넣으세요.

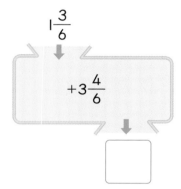

$1\frac{3}{6}$

$+3\frac{4}{6}$

9 계산한 결과가 가장 큰 것은 어느 것인가요?

( )

① $5\frac{2}{8}+\frac{3}{8}$ ② $4+1\frac{2}{8}$

③ $2\frac{5}{8}+2\frac{7}{8}$ ④ $1\frac{7}{8}+3\frac{7}{8}$

⑤ $4\frac{1}{8}+\frac{10}{8}$

10 다음 중 두 수를 골라 계산 결과가 4에 가장 가까운 덧셈식을 만들고 계산해 보세요.

$$2\frac{5}{7} \quad 3 \quad 1\frac{3}{7} \quad 1\frac{6}{7}$$

식 _____

답 _____

11 파란색 페인트 $1\frac{4}{7}$ L와 흰색 페인트 $2\frac{5}{7}$ L를 섞어서 하늘색 페인트를 만들었습니다. 만든 하늘색 페인트는 모두 몇 L인가요?

( )

12 그림을 보고 ☐ 안에 알맞은 수를 써넣으세요.

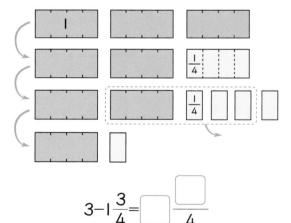

$$3-1\frac{3}{4}=\boxed{}\frac{\boxed{}}{4}$$

13 계산 결과가 큰 것부터 차례대로 기호를 써 보세요.

㉠ $2\frac{1}{7}+2\frac{3}{7}$ ㉡ $\frac{11}{7}+3\frac{1}{7}$ ㉢ $1\frac{2}{7}+\frac{22}{7}$

(, ,)

중요

14 보기 의 계산 방법이 잘못된 이유를 설명한 것입니다. ☐ 안에 알맞은 수를 써넣으세요.

보기

$3-1\frac{3}{7}$ 에서 $3-1=2$이므로 답은 $2\frac{3}{7}$입니다.

이유 3에서 1을 빼고 ☐ 을/를 더 빼야 하므로 $2-\frac{3}{7}=1\frac{7}{7}-$ ☐ $=$ ☐ 입니다.

15 빈칸에 알맞은 수를 써 넣으세요.

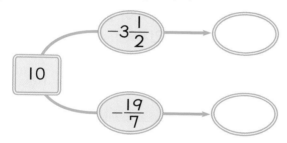

16 병호와 현희는 두 수로 10 만들기 놀이를 하고 있습니다. 병호가 카드에 $5\frac{4}{7}$ 를 적었다면 현희는 어떤 수를 적어야 하나요?

$5\frac{4}{7}$	?
병호	현희

( )

17 계산 결과가 3에 가까운 식부터 차례대로 기호를 써 보세요.

㉠ $6\frac{2}{9}-2\frac{7}{9}$ ㉡ $7-3\frac{6}{9}$ ㉢ $\frac{83}{9}-6\frac{4}{9}$

(, ,)

18 서점에서 도서관까지의 거리는 몇 km인가요?

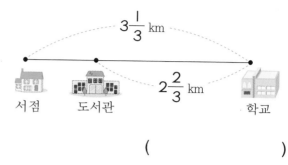

서점 도서관 학교

( )

응용

19 보기 에서 두 수를 골라 ☐ 안에 써넣어 계산 결과가 가장 작은 뺄셈식을 만들고 계산해 보세요.

보기

1, 4, 7

$6\dfrac{\square}{9}-5\dfrac{\square}{9}$

( )

서술형

20 의자 한 개를 칠하는 데 페인트가 $3\frac{7}{10}$ L 필요합니다. 페인트 10 L로 의자를 몇 개까지 칠할 수 있는지 풀이 과정을 쓰고 답을 구해 보세요.

_____

_____

_____

_____

( )

1 ☐ 안에 알맞은 수를 써넣으세요.

> $\frac{6}{7}$은 $\frac{1}{7}$이 6개, $\frac{5}{7}$는 $\frac{1}{7}$이 5개이므로 $\frac{6}{7}+\frac{5}{7}$는 $\frac{1}{7}$이 11개입니다.

$$\frac{6}{7}+\frac{5}{7}=\frac{\boxed{}}{7}=\boxed{}\frac{\boxed{}}{7}$$

2 가로가 $\frac{3}{7}$ m, 세로가 $\frac{2}{7}$ m인 직사각형의 네 변의 길이의 합은 몇 m인가요?

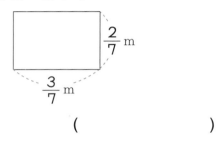

(   )

3 집에서 동물원까지 가는 데 $\frac{3}{5}$시간 동안 지하철을 타고 가고, $\frac{1}{5}$시간 동안 걸어서 갔습니다. 집에서 동물원까지 가는 데 걸린 시간은 모두 몇 시간인가요?

(   )

4 그림을 이용하여 $\frac{4}{5}-\frac{3}{5}$이 얼마인지 알아보세요.

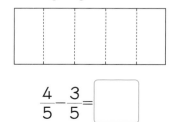

$$\frac{4}{5}-\frac{3}{5}=\boxed{}$$

5 ㉠과 ㉡의 차를 구해 보세요.

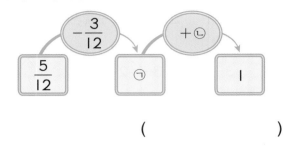

(   )

6 길이가 $\frac{6}{10}$ m, $\frac{4}{10}$ m인 종이테이프 2장을 그림과 같이 겹쳐지게 이어 붙였습니다. 겹쳐진 부분의 길이는 몇 m인가요?

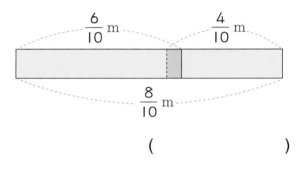

(   )

7 그림을 보고 ☐ 안에 알맞은 수를 써넣으세요.

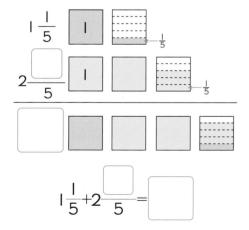

$$1\frac{1}{5}+2\frac{\boxed{}}{5}=\boxed{}$$

8 빈칸에 알맞은 수를 써넣으세요.

$1\dfrac{5}{7}$ $+2\dfrac{6}{7}$ $+\dfrac{10}{7}$

9 쌀 $2\dfrac{2}{5}$ 컵과 보리쌀 $1\dfrac{1}{5}$ 컵을 넣어 밥을 지었습니다. 밥을 짓는 데 넣은 쌀과 보리쌀은 모두 몇 컵인가요?

( )

10 분모가 5인 두 가분수의 합이 $2\dfrac{2}{5}$ 인 덧셈식은 모두 몇 가지인가요? (단, $\dfrac{1}{5}+\dfrac{2}{5}$ 와 $\dfrac{2}{5}+\dfrac{1}{5}$ 은 같은 덧셈식으로 생각합니다.)

( )

서술형

11 □ 안에 공통으로 들어갈 수 있는 수는 무엇인지 풀이 과정을 쓰고 답을 구해 보세요.

㉠ $\dfrac{4}{5}+\dfrac{3}{5}<1\dfrac{\square}{5}$

㉡ $1\dfrac{9}{10}+2\dfrac{5}{10}>4\dfrac{\square}{10}$

_____

_____

_____

( )

12 $3\dfrac{3}{4}-2\dfrac{1}{4}$ 을 **보기** 와 같이 두 가지 방법으로 계산해 보세요.

보기

방법1

$2\dfrac{4}{5}-1\dfrac{2}{5}=(2-1)+\left(\dfrac{4}{5}-\dfrac{2}{5}\right)=1+\dfrac{2}{5}=1\dfrac{2}{5}$

방법2

$2\dfrac{4}{5}-1\dfrac{2}{5}=\dfrac{14}{5}-\dfrac{7}{5}=\dfrac{7}{5}=1\dfrac{2}{5}$

방법1

$3\dfrac{3}{4}-2\dfrac{1}{4}=$ _____

방법2

$3\dfrac{3}{4}-2\dfrac{1}{4}=$ _____

13 딸기가 $2\dfrac{7}{10}$ kg이 있습니다. 딸기잼 한 통을 만드는 데 딸기가 $1\dfrac{3}{10}$ kg이 필요합니다. 만들 수 있는 딸기잼은 모두 몇 통이고, 남는 딸기는 몇 kg인가요?

㉠ 만들 수 있는 딸기잼: ( )

㉡ 남는 딸기: ( )

14 바르게 계산한 것을 찾아 기호를 써 보세요.

㉠ $2-1\dfrac{1}{3}=1\dfrac{2}{3}$ ㉡ $9-2\dfrac{3}{8}=6\dfrac{5}{8}$

( )

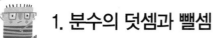

15 건창이는 4장의 수 카드를 한 번씩만 사용하여 계산 결과가 가장 큰 (자연수)−(대분수)를 만들었습니다. 건창이가 만든 식을 계산한 값을 구해 보세요.

| 3 | 5 | 7 | 9 |

(   )

서술형

16 길이가 9 cm인 색 테이프 3장을 그림과 같이 $1\frac{2}{3}$ cm씩 겹쳐지게 이어 붙였습니다. 이어 붙인 색 테이프의 전체 길이는 몇 cm인지 풀이 과정을 쓰고 답을 구해 보세요.

9 cm   9 cm   9 cm

$1\frac{2}{3}$ cm $1\frac{2}{3}$ cm

_____

_____

_____

(   )

17 수직선을 보고 ◯ 안에 알맞은 수를 써넣으세요.

$3\frac{2}{7}$

$1\frac{6}{7}$

0   1   2   3   4

$$3\frac{2}{7} - 1\frac{6}{7} = \boxed{}$$

서술형

18 계산이 잘못된 이유를 설명하고 바르게 계산해 보세요.

$$4\overset{4}{\cancel{\frac{1}{3}}} - 1\frac{2}{3} = 3\frac{2}{3}$$

_____

_____

19 어떤 수보다 $5\frac{7}{12}$ 큰 수는 $8\frac{1}{12}$입니다. 어떤 수보다 $1\frac{9}{12}$ 작은 수를 구해 보세요.

(   )

서술형

20 의란이는 길이가 5 m인 끈 중에서 $3\frac{2}{5}$ m를 사용하였고, 길호는 길이가 $4\frac{1}{5}$ m인 끈 중에서 $1\frac{4}{5}$ m를 사용하였습니다. 사용하고 남은 끈은 누구의 것이 몇 m 더 긴지 풀이 과정을 쓰고 답을 구해 보세요.

_____

_____

(,   )

1 계산해 보세요.

(1) $\dfrac{2}{8} + \dfrac{5}{8}$

(2) $\dfrac{3}{10} + \dfrac{7}{10}$

2 잘못된 곳을 찾아 바르게 계산해 보세요.

$$\dfrac{4}{8} + \dfrac{3}{8} = \dfrac{4+3}{8+8} = \dfrac{7}{16}$$

$\dfrac{4}{8} + \dfrac{3}{8} = $ _____

서술형

3 다음 덧셈의 계산 결과는 진분수입니다. ☐ 안에 들어갈 수 있는 수는 모두 몇 개인지 풀이 과정을 쓰고 답을 구해 보세요.

$$\dfrac{3}{11} + \dfrac{\square}{11}$$

_____

_____

(   )

4 수직선을 보고 ☐ 안에 알맞은 수를 써넣으세요.

$$\dfrac{8}{9}$$

0    $\dfrac{\square}{9}$ $\dfrac{3}{9}$ 1

5 ☐ 안에 들어갈 수 있는 수 중에서 가장 큰 수를 구해 보세요.

$$\dfrac{7}{12} - \dfrac{\square}{12} > \dfrac{3}{12}$$

(   )

서술형

6 어떤 수에서 $\dfrac{2}{7}$ 를 빼야 할 것을 잘못하여 더했더니 1이 되었습니다. 바르게 계산하면 얼마가 되는지 풀이 과정을 쓰고 답을 구해 보세요.

_____

_____

_____

(   )

7 보기 와 같이 계산해 보세요.

> 보기
>
> $$3\frac{2}{4}+2\frac{3}{4}=\frac{14}{4}+\frac{11}{4}=\frac{25}{4}=6\frac{1}{4}$$

$$1\frac{4}{6}+2\frac{5}{6}=$$ _____

8 계산 결과를 비교하여 ◯ 안에 >, =, <를 알맞게 써넣으세요.

$$4\frac{2}{7}+3\frac{1}{7} \bigcirc 1\frac{6}{7}+5\frac{5}{7}$$

9 무게가 같은 농구공 3개의 무게를 재었더니 $1\frac{3}{5}$ kg이었습니다. 똑같은 농구공 9개의 무게는 몇 kg인가요?

(   )

10 6개의 물병에 들어 있는 물의 양을 나타낸 것입니다. 들어 있는 물의 양의 합이 5 L인 물병 2개를 골라 기호를 써 보세요.

㉠ $1\frac{2}{5}$	㉡ $1\frac{4}{5}$	㉢ $2\frac{3}{5}$
㉣ $3\frac{1}{5}$	㉤ $4\frac{3}{5}$	㉥ $2\frac{1}{5}$

(,   )

서술형

11 가로가 $3\frac{5}{6}$ m이고 세로가 가로보다 $\frac{4}{6}$ m 더 긴 직사각형 모양의 정원이 있습니다. 이 정원의 네 변의 길이의 합은 몇 m인지 풀이 과정을 쓰고 답을 구해 보세요.

_____

_____

_____

(   )

12 ㉠에 알맞은 수를 구해 보세요.

$$\boxed{\frac{29}{6}} \xrightarrow{-1\frac{1}{6}} \bigcirc \xrightarrow{-2\frac{3}{6}} \bigcirc\!㉠$$

(   )

13 대분수로만 만들어진 뺄셈식에서 ★+■가 가장 클 때의 값을 구해 보세요.

$$5\frac{★}{7}-3\frac{■}{7}=2\frac{1}{7}$$

(   )

14 ㉠과 ㉡의 차를 구해 보세요.

$$1\frac{3}{4}+㉠=4$$

$$㉡-2\frac{1}{4}=3\frac{3}{4}$$

(   )

15 삼각형의 세 변의 길이의 합은 10 cm입니다. ☐ 안에 알맞은 수를 써넣으세요.

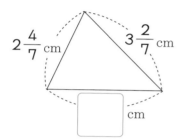

$$2\frac{4}{7}\text{ cm}$$ $$3\frac{2}{7}\text{ cm}$$

☐ cm

16 보기 에서 두 수를 골라 ☐ 안에 써넣어 계산 결과가 가장 큰 뺄셈식을 만들고 계산해 보세요.

보기
2, 4, 6

$$4-\frac{\boxed{}}{7}$$

(   )

17 계산한 결과가 2보다 작은 쪽에 ◯표 하세요.

$$6\frac{3}{5}-4\frac{2}{5}$$

$$5\frac{5}{8}-3\frac{7}{8}$$

(   )   (   )

18 ㉠＊㉡＝㉠－㉡－㉡일 때 다음을 계산해 보세요.

$$8\frac{2}{8}＊1\frac{5}{8}$$

(   )

19 가로와 세로에 있는 세 분수의 합은 같습니다. ㉠이 ㉡보다 $1\frac{7}{9}$ 큰 수일 때 ㉠에 알맞은 수를 구해 보세요.

$$4\frac{5}{9}$$

$$1\frac{6}{9}$$

| ㉠ | ㉡ | $2\frac{3}{9}$ |

(   )

🖐 서술형
20 강아지, 고양이, 토끼가 있습니다. 강아지와 고양이의 무게의 합은 $5\frac{5}{8}$ kg이고, 토끼와 고양이의 무게의 합은 $5\frac{3}{8}$ kg입니다. 세 동물의 무게의 합이 8 kg일 때 가장 무거운 동물은 무엇인지 풀이 과정을 쓰고 답을 구해 보세요.

_____

_____

_____

_____

(   )

연습 각 단계에 따라 문제를 풀어 보세요.

1 성종이네 집에서 할머니 댁까지 갈 때 지하철역과 버스 정류장 중 어느 곳을 지나서 가는 것이 몇 km 더 가까운지 구해 보세요.

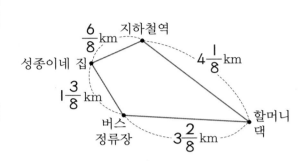

1단계 집에서 지하철역을 지나 할머니 댁까지 가는 거리는 몇 km인가요?

( )

2단계 집에서 버스 정류장을 지나 할머니 댁까지 가는 거리는 몇 km인가요?

( )

3단계 지하철역과 버스 정류장 중 어느 곳을 지나서 가는 것이 몇 km 더 가까운가요?

(,)

도전 위에서 푼 방법을 생각하며 풀어 보세요.

1-1 경인이네 집에서 동물원까지 가는 데 야구장과 축구장 중 어느 곳을 지나서 가는 것이 몇 km 더 먼지 구해 보세요.

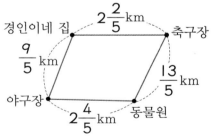

이렇게 **술술** 풀어요

① 집에서 야구장을 지나 동물원까지 가는 거리를 구합니다.

② 집에서 축구장을 지나 동물원까지 가는 거리를 구합니다.

③ 야구장과 축구장 중 어느 곳을 지나서 가는 것이 몇 km 더 먼지 구합니다.

풀이

_____

_____

_____

답 _____ ,

연습   각 단계에 따라 문제를 풀어 보세요.

2 길이가 $7\frac{3}{8}$ cm인 색 테이프 3장을 $\frac{7}{8}$ cm씩 겹쳐지게 한 줄로 길게 이어 붙였습니다. 이어 붙인 색 테이프의 전체 길이는 몇 cm인지 구해 보세요.

1단계 색 테이프 3장의 길이의 합은 몇 cm인가요?

(   )

2단계 겹쳐진 부분의 길이의 합은 몇 cm인가요?

(   )

3단계 이어 붙인 색 테이프의 전체 길이는 몇 cm인가요?

(   )

도전   위에서 푼 방법을 생각하며 풀어 보세요.

2-1 길이가 $10\frac{5}{6}$ cm인 끈 3개를 $3\frac{5}{6}$ cm씩 겹쳐지게 한 줄로 길게 이어 붙였습니다. 이어 붙인 끈의 전체 길이는 몇 cm인지 구해 보세요.

풀이

_____

_____

_____

답 _____

이렇게 술술풀어요

① 끈 3개의 길이의 합을 구합니다.

② 겹쳐진 부분의 길이의 합을 구합니다.

③ 이어 붙인 끈의 전체 길이를 구합니다.

연습 　각 단계에 따라 문제를 풀어 보세요.

3 무게가 같은 배 3개가 들어 있는 그릇의 무게를 재어 보니 $3\frac{4}{10}$ kg이었습니다. 이 그릇에서 배 1개를 꺼낸 후 무게를 재어 보니 $2\frac{8}{10}$ kg이었습니다. 그릇만의 무게는 몇 kg인지 구해 보세요.

1단계 배 1개의 무게는 몇 kg인가요?

（　　　　　　）

2단계 배 3개의 무게는 몇 kg인가요?

（　　　　　　）

3단계 그릇만의 무게는 몇 kg인가요?

（　　　　　　）

도전 　위에서 푼 방법을 생각하며 풀어 보세요.

3-1 무게가 같은 주스 3병이 들어 있는 상자의 무게를 재어 보니 $6\frac{2}{5}$ kg이었습니다. 이 상자에서 주스 1병을 꺼낸 후 무게를 재어 보니 $5\frac{1}{5}$ kg이었습니다. 상자만의 무게는 몇 kg인지 구해 보세요.

이렇게 술술풀어요

① 주스 1병의 무게를 구합니다.

② 주스 3병의 무게를 구합니다.

③ 상자만의 무게를 구합니다.

풀이

_____

_____

_____

답 _____

실전 시험처럼 문제를 풀어 보세요.

4 길이가 $1\frac{4}{15}$ m인 막대 4개를 $\frac{2}{15}$ m씩 겹쳐지게 한 줄로 길게 이어 붙였습니다. 이어 붙인 막대의 전체 길이는 몇 m인지 구해 보세요.

풀이

답

실전 시험처럼 문제를 풀어 보세요.

5 무게가 같은 책 4권이 들어 있는 책가방의 무게를 재어 보니 8 kg이었습니다. 이 책가방에서 책 1권을 꺼낸 후 책가방의 무게를 재어 보니 $6\frac{4}{7}$ kg이었습니다. 책가방만의 무게는 몇 kg인지 구해 보세요.

풀이

답

2 - 1 삼각형을 분류해 볼까요(1)

◉ **삼각형을 변의 길이에 따라 분류하기**
① 이등변삼각형: 두 변의 길이가 같은 삼각형

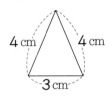
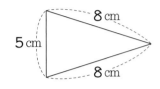

② 정삼각형: 세 변의 길이가 같은 삼각형

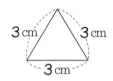
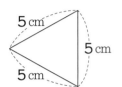

• 이등변삼각형은 두 변의 길이가 같습니다. 따라서 모든 이등변삼각형이 정삼각형이라고 할 수는 없습니다.

• 정삼각형은 세 변의 길이가 같습니다. 따라서 모든 정삼각형은 이등변삼각형이라고 할 수 있습니다.

---

2 - 2 이등변삼각형의 성질을 알아볼까요

◉ **이등변삼각형의 성질**: 두 변의 길이가 같은 삼각형을 그리면 길이가 같은 두 변에 있는 두 각의 크기가 같은 이등변삼각형이 만들어집니다.

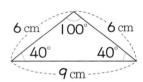
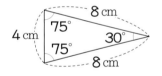

➡ 이등변삼각형은 두 각의 크기가 같습니다.

• **이등변삼각형 그리기**
① 자를 사용하는 방법: 두 변의 길이가 같게 그립니다.

② 각도기와 자를 사용하는 방법: 한 변을 그린 후 양 끝점에서 각각 크기가 같은 각을 그려 삼각형을 그립니다.

---

2 - 3 정삼각형의 성질을 알아볼까요

◉ **정삼각형의 성질**: 세 변의 길이가 같은 삼각형을 그리면 세 각의 크기가 같은 정삼각형이 만들어집니다.

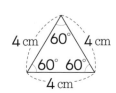
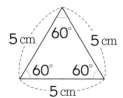

➡ 정삼각형은 세 각의 크기가 같습니다.
└•(정삼각형 한 각의 크기)=180°÷3=60°

• **정삼각형 그리기**
① 자를 사용하는 방법: 세 변의 길이가 같게 그립니다.

② 각도기와 자를 사용하는 방법: 세 각의 크기를 모두 60°로 그립니다.

• 삼각형의 세 각의 크기의 합은 180°이므로 정삼각형의 세 각의 크기는 모두 60°입니다.

수학 익힘 풀기 2. 삼각형

2-1 삼각형을 분류해 볼까요(1)

1 자를 사용하여 이등변삼각형을 모두 찾아 기호를 써 보세요.

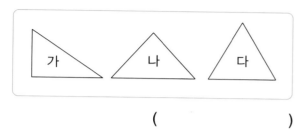

( )

2 한 변의 길이가 6 cm인 정사각형 모양의 색종이로 다음과 같이 삼각형을 그렸습니다. 그린 삼각형의 세 변의 길이의 합은 몇 cm인가요?

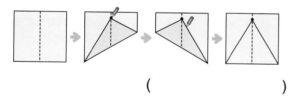

( )

2-2 이등변삼각형의 성질을 알아볼까요

3 이등변삼각형입니다. ☐ 안에 알맞은 수를 써넣으세요.

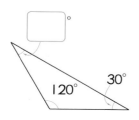

4 다음 도형이 이등변삼각형이 <u>아닌</u> 이유를 설명한 것입니다. ☐ 안에 알맞은 수와 말을 써넣으세요.

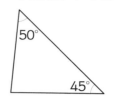

나머지 한 각의 크기는 ☐°입니다. 크기가 같은 ☐ 각이 없으므로 이등변삼각형이 아닙니다.

2-3 정삼각형의 성질을 알아볼까요

5 정삼각형입니다. ☐ 안에 알맞은 수를 써넣으세요.

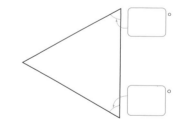

6 정삼각형을 어떻게 그렸는지 설명한 것입니다. 정삼각형을 잘못 그린 친구의 이름을 써 보세요.

- 세미: 세 각을 모두 60°로 그렸어.
- 재영: 세 변의 길이를 같게 그렸어.
- 미은: 세 각의 크기를 같게 그렸어.
- 은현: 한 변의 길이만 다르게 그렸어.

( )

2 - 4 삼각형을 분류해 볼까요(2)

◎ 삼각형을 각의 크기에 따라 분류하기

예각삼각형	직각삼각형	둔각삼각형
세 각이 모두 예각인 삼각형	한 각이 직각인 삼각형 └→나머지 두 각은 예각	한 각이 둔각인 삼각형 └→나머지 두 각은 예각

• 삼각형의 종류에 따른 각의 개수

	예각 삼각형	직각 삼각형	둔각 삼각형
예각의 수(개)	3	2	2
둔각의 수(개)	0	0	1
직각의 수(개)	0	1	0

2 - 5 삼각형을 두 가지 기준으로 분류해 볼까요

◎ 삼각형을 두 가지 기준으로 분류하기

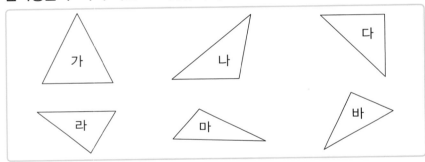

① 변의 길이에 따라 삼각형을 분류하기

이등변삼각형	가, 나, 다
세 변의 길이가 모두 다른 삼각형	라, 마, 바

② 각의 크기에 따라 삼각형을 분류하기

예각삼각형	직각삼각형	둔각삼각형
가, 라	다, 바	나, 마

③ 변의 길이와 각의 크기에 따라 삼각형을 분류하기

	예각삼각형	직각삼각형	둔각삼각형
이등변삼각형	가	다	나
세 변의 길이가 모두 다른 삼각형	라	바	마

• 알게 된 점

① 이등변삼각형에는 예각삼각형, 직각삼각형, 둔각삼각형이 있다는 것을 알게 되었습니다.

② 세 변의 길이가 모두 다른 삼각형에는 예각삼각형, 직각삼각형, 둔각삼각형이 있다는 것을 알게 되었습니다.

③ 정삼각형: 정삼각형의 세 각의 크기는 모두 60°이기 때문에 예각삼각형입니다.

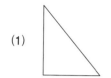 삼각형을 분류해 볼까요(2)

1 관계있는 것끼리 선으로 이어 보세요.

(1) ·　　· ㉠ 예각삼각형

(2) ·　　· ㉡ 직각삼각형

(3) ·　　· ㉢ 둔각삼각형

2 ㉠, ㉡, ㉢에 알맞은 수들의 합을 구해 보세요.

- 예각삼각형: ㉠ 개의 각이 예각입니다.
- 직각삼각형: ㉡ 개의 각이 직각입니다.
- 둔각삼각형: ㉢ 개의 각이 둔각입니다.

(　　　　　　)

3 둔각삼각형을 찾아 기호를 써 보세요.

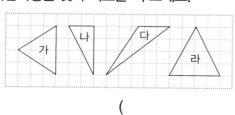

(　　　　　　)

 삼각형을 두 가지 기준으로 분류해 볼까요

4 다음 도형의 이름이 될 수 있는 것을 모두 고르세요. (　　,　　)

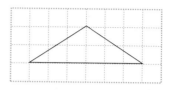

① 정삼각형　　　　② 예각삼각형
③ 직각삼각형　　　　④ 둔각삼각형
⑤ 이등변삼각형

5 다음 칠교판에는 이등변삼각형이 몇 개인가요?

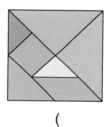

(　　　　　　)

6 삼각형을 분류하여 빈칸에 기호를 써넣으세요.

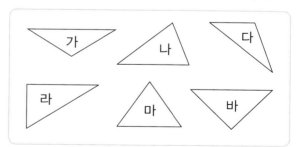

	예각 삼각형	직각 삼각형	둔각 삼각형
이등변삼각형			
세 변의 길이가 모두 다른 삼각형			

● 그림을 보고 ☐ 안에 알맞은 수를 써넣으세요.

[1~2]

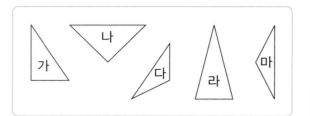

1 두 변의 길이가 같은 삼각형을 모두 찾아 기호를 써 보세요.

(   )

2 1번과 같은 삼각형을 무엇이라고 하나요?

(   )

3 삼각형의 세 변의 길이를 나타낸 것입니다. 정삼각형을 찾아 기호를 써 보세요.

> ㉠ 5 cm, 5 cm, 6 cm
>
> ㉡ 6 cm, 6 cm, 6 cm
>
> ㉢ 7 cm, 8 cm, 9 cm

(   )

4 이등변삼각형입니다. 세 변의 길이의 합은 몇 cm 인가요?

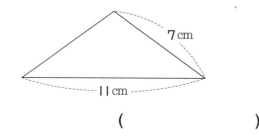

(   )

서술형

5 정삼각형은 이등변삼각형이라고 할 수 있습니다. 그 이유를 써 보세요.

이유 _____

_____

_____

6 주어진 선분을 한 변으로 하는 이등변삼각형을 그리고, 각도기로 각의 크기를 재어 문장을 완성해 보세요.

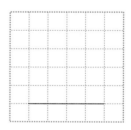

> 이등변삼각형은 두 각의 크기가
>
> _____ .

7 이등변삼각형입니다. ☐ 안에 알맞은 수를 써넣으세요.

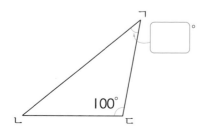

8 삼각형의 세 각 중 두 각의 크기가 다음과 같을 때 이등변삼각형을 찾아 ◯표 해 보세요.

40°, 60°	90°, 30°	130°, 25°
( )	( )	( )

9 ㉠의 크기는 몇 도인가요?

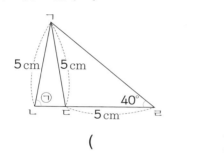

( )

10 각도기와 자를 사용하여 다음과 같은 삼각형을 그렸습니다. ◯ 안에 알맞은 수를 써넣으세요.

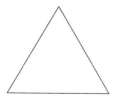

- 길이가 같은 변이 ☐ 개 있습니다.
- 크기가 같은 각이 ☐ 개 있습니다.

11 정삼각형입니다. ☐ 안에 알맞은 수를 써넣으세요.

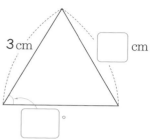

2
단원

서술형

12 정삼각형의 한 각의 크기가 60°인 이유를 써 보세요.

이유 _____

_____

_____

13 삼각형 ㄱㄴㄷ은 변 ㄱㄷ과 변 ㄴㄷ의 길이가 같은 이등변삼각형, 삼각형 ㅁㄷㄹ은 정삼각형입니다. ☐ 안에 알맞은 수를 써넣으세요.

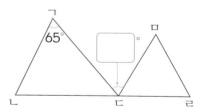

14 오른쪽 삼각형을 보고 알맞은 말에 ◯표 하고, ☐ 안에 알맞은 말을 써넣으세요.

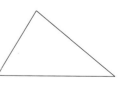

(한 , 두 , 세) 각이 모두 ☐ 인 삼각형을 예각삼각형이라고 합니다.

15 둔각삼각형을 찾아 기호를 써 보세요.

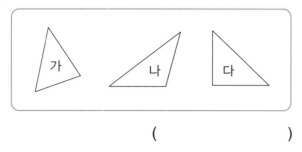

(   )

서술형

16 설명이 잘못된 것을 찾아 기호를 쓰고 바르게 고쳐 보세요.

> ㉠ 삼각형의 세 각 중 둔각이 1개 있으면 둔각삼각형입니다.
>
> ㉡ 삼각형의 세 각 중 예각이 1개 있으면 예각삼각형입니다.
>
> ㉢ 삼각형의 세 각 중 직각이 1개 있으면 직각삼각형입니다.

(   )

_____

_____

응용

17 주어진 선분을 한 변으로 하는 둔각삼각형을 그리려고 합니다. 둔각삼각형의 꼭짓점이 될 수 있는 점은 어느 것인가요? (   )

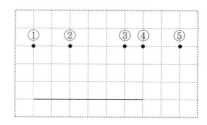

18 다음 삼각형의 이름이 될 수 있는 것을 모두 고르세요. (,   )

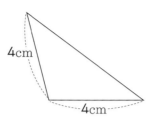

① 정삼각형   ② 예각삼각형
③ 직각삼각형   ④ 둔각삼각형
⑤ 이등변삼각형

주의

19 삼각형에 대한 설명으로 바른 것을 모두 찾아 기호를 써 보세요.

> ㉠ 정삼각형은 예각삼각형입니다.
>
> ㉡ 이등변삼각형은 정삼각형입니다.
>
> ㉢ 정삼각형은 이등변삼각형입니다.
>
> ㉣ 이등변삼각형은 예각삼각형입니다.

(   )

20 **보기** 에서 설명하는 도형을 그려 보세요.

> **보기**
> • 변이 3개입니다.
> • 한 각이 둔각입니다.
> • 두 변의 길이가 같습니다.

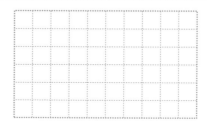

● 삼각형을 보고 물음에 답하세요. [1~2]

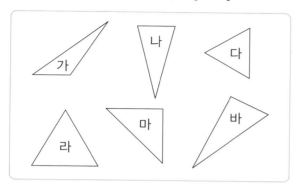

1 세 변의 길이가 같은 삼각형을 모두 찾아 기호를 써 보세요.

( )

2 1번과 같은 삼각형을 무엇이라고 하나요?

( )

3 이등변삼각형을 찾아 파란색으로 선을 따라 그리고 정삼각형을 찾아 파란색으로 색칠해 보세요.

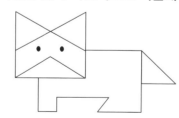

4 이등변삼각형입니다. □ 안에 알맞은 수를 써넣으세요.

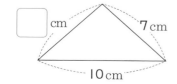

☑ 서술형

5 크기가 같은 정삼각형 3개를 겹치지 않게 이어 붙여 만든 사각형입니다. 사각형 ㄱㄴㄹㅁ의 네 변의 길이의 합이 40 cm일 때, 정삼각형 한 개의 세 변의 길이의 합은 몇 cm인지 풀이 과정을 쓰고 답을 구해 보세요.

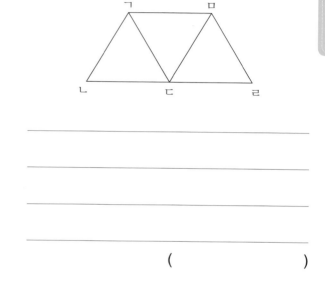

_____

_____

_____

_____

( )

6 주어진 선분의 양 끝에 크기가 각각 40°인 각을 그리고, 두 각의 변이 만나는 점을 찾아 삼각형을 완성하고 변의 길이를 재어 어떤 삼각형인지 써 보세요.

_____

( )

7 이등변삼각형이 아닌 것을 찾아 기호를 써 보세요.

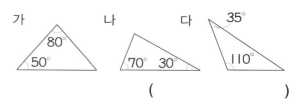

( )

2

단원

8 ☐ 안에 알맞은 수를 써넣으세요.

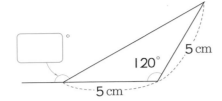

120°
5 cm
5 cm

9 도형에서 ㉠의 크기는 몇 도인지 풀이 과정을 쓰고 답을 구해 보세요.

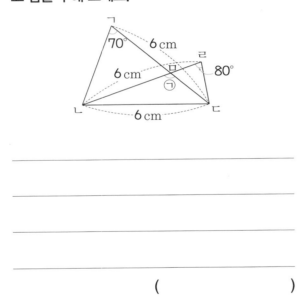

( )

10 어떤 도형에 대한 설명인지 써 보세요.

• 세 변으로 둘러싸여 있습니다.

• 세 변의 길이가 같습니다.

• 세 각의 크기가 같습니다.

( )

11 세 삼각형의 같은 점을 2가지 써 보세요.

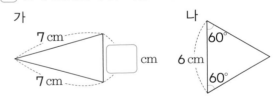

• _____

• _____

12 두 삼각형의 세 변의 길이의 합은 서로 같습니다. ☐ 안에 알맞은 수를 써넣으세요.

가
7 cm
7 cm
☐ cm

나
60°
6 cm
60°

13 크기가 같은 정삼각형 2개를 겹치지 않게 이어 붙여 만든 도형입니다. ㉠의 크기는 몇 도인가요?

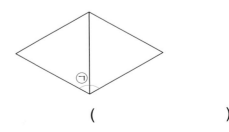

( )

14 예각삼각형은 '예', 직각삼각형은 '직', 둔각삼각형은 '둔'을 ☐ 안에 써넣으세요.

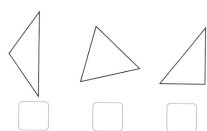

18 삼각형의 이름이 될 수 있는 것을 모두 고르세요.

(,)

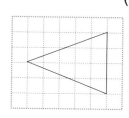

① 정삼각형 ② 예각삼각형
③ 직각삼각형 ④ 둔각삼각형
⑤ 이등변삼각형

15 세 각 중 두 각의 크기가 다음과 같은 삼각형은 예각삼각형, 직각삼각형, 둔각삼각형 중 어떤 삼각형인지 써넣으세요.

㉠ 20°, 80°	㉡ 10°, 70°	㉢ 60°, 30°

19 삼각형 ㄱㄴㄷ은 예각삼각형, 직각삼각형, 둔각삼각형 중 어떤 삼각형인가요?

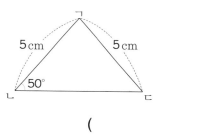

( )

16 점 종이에 예각삼각형을 1개 그려 보세요.

20 삼각형 모양의 종이 일부가 찢어졌습니다. 이 삼각형의 이름이 될 수 있는 것을 보기 에서 모두 골라 써 보세요.

&주의

17 크고 작은 예각삼각형은 모두 몇 개인가요?

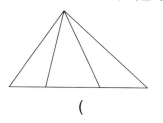

( )

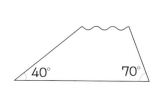

보기
정삼각형
예각삼각형
직각삼각형
둔각삼각형
이등변삼각형

(,)

1 ☐ 안에 알맞은 수를 써넣으세요.

> 두 변의 길이가 같은 삼각형을 ☐ 삼각형이라 하고, 세 변의 길이가 같은 삼각형을 ☐ 삼각형이라고 합니다.

2 세 사람이 가지고 있는 막대를 변으로 하여 만들 수 있는 삼각형은 어떤 삼각형인가요?

> 병호: 내가 가지고 있는 막대는 5 cm야.
> 정후: 내가 가지고 있는 막대는 7 cm야.
> 건창: 나는 정후와 길이가 같은 막대를 가지고 있어.

(   )

3 정삼각형입니다. ☐ 안에 알맞은 수를 써넣으세요.

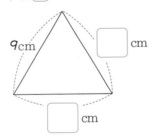

4 이등변삼각형입니다. 세 변의 길이의 합이 24 cm 일 때, ☐ 안에 알맞은 수를 써넣으세요.

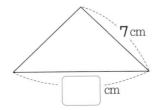

서술형

5 다음 이등변삼각형과 세 변의 길이의 합이 같은 정삼각형을 만들려고 합니다. 정삼각형의 한 변의 길이는 몇 cm로 해야 하는지 풀이 과정을 쓰고 답을 구해 보세요.

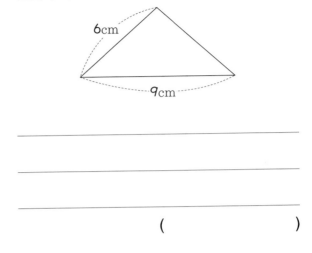

_____

_____

_____

(   )

6 삼각형의 세 각 중 두 각의 크기가 다음과 같을 때, 이등변삼각형이 <u>아닌</u> 것은 어느 것인가요?

(   )

① 20°, 20°   ② 30°, 75°
③ 45°, 90°   ④ 50°, 80°
⑤ 60°, 70°

7 60° 간격으로 그린 반지름을 두 변으로 하는 이등변삼각형을 그리려고 합니다. 이등변삼각형의 크기가 같은 두 각 중 한 각의 크기가 30°인 삼각형을 그려 보세요.

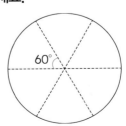

서술형

8 다음 도형이 이등변삼각형이 <u>아닌</u> 이유를 써 보세요.

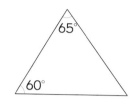

이유 _____

_____

_____

9 삼각형 ㄱㄴㄷ과 삼각형 ㄱㄷㄹ은 이등변삼각형입니다. ㉠의 크기는 몇 도인가요?

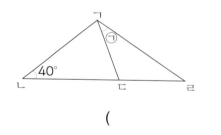

(   )

10 다음 삼각형에 대한 설명으로 <u>잘못된</u> 것은 어느 것인가요? (   )

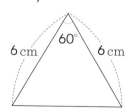

① 이등변삼각형입니다.
② 세 변의 길이가 모두 같습니다.
③ 세 각의 크기가 모두 60°입니다.
④ 정삼각형이라고 할 수 없습니다.
⑤ 세 변의 길이의 합은 18 cm입니다.

11 한 변의 길이가 3 cm인 정삼각형을 완성하고, ☐ 안에 알맞은 수를 써넣으세요.

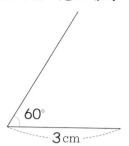

삼각형의 세 변의 길이는 ☐ cm로 모두 같고

세 각의 크기는 ☐°로 모두 같습니다.

12 삼각형 ㄱㄴㄷ은 정삼각형입니다. ☐ 안에 알맞은 수를 써넣으세요.

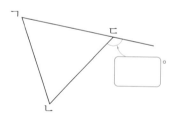

13 삼각형 ㄱㄴㄷ은 정삼각형이고 삼각형 ㅁㄷㄹ은 이등변삼각형입니다. 각 ㄱㄷㅁ의 크기는 몇 도인가요?

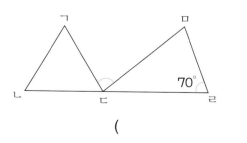

(   )

서술형

14 정사각형과 정삼각형을 겹치지 않게 이어 붙인 것입니다. ㉠의 크기는 몇 도인지 풀이 과정을 쓰고 답을 구해 보세요.

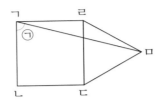

_____
_____
_____

( )

15 예각삼각형은 '예', 직각삼각형은 '직', 둔각삼각형은 '둔'으로 써 보세요.

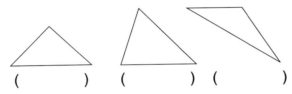

( ) ( ) ( )

16 둔각삼각형은 어느 것인가요? ( )

① 세 각이 30°, 60°, 90°인 삼각형
② 세 각이 60°, 70°, 50°인 삼각형
③ 세 각이 50°, 80°, 50°인 삼각형
④ 세 각이 90°, 70°, 20°인 삼각형
⑤ 세 각이 30°, 20°, 130°인 삼각형

17 오른쪽 삼각형의 이름이 될 수 있는 것을 모두 찾아 ◯표 하세요.

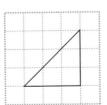

이등변삼각형   정삼각형
예각삼각형   둔각삼각형   직각삼각형

● 친구 세 명이 운동장에서 고무줄로 삼각형을 만들었습니다. 물음에 답하세요. [18~19]

18 근후가 오른쪽으로 한 칸 움직이면 어떤 삼각형이 되나요?

( )

19 근후가 왼쪽으로 두 칸 움직이면 어떤 삼각형이 되나요?

( )

20 삼각형을 분류하여 빈칸에 기호를 써넣으세요.

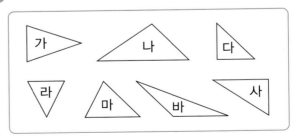

	예각삼각형	직각삼각형	둔각삼각형
이등변삼각형			
세 변의 길이가 모두 다른 삼각형			

1 이등변삼각형은 모두 몇 개인가요?

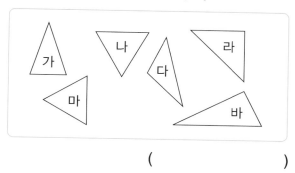

(   )

2 다음과 같이 정사각형 모양의 색종이를 접어 점을 찍고, 선을 그리면 어떤 삼각형이 만들어지는지 알맞은 말에 ○표 하세요.

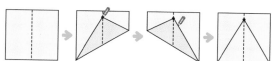

> 색종이에 그린 두 변의 길이는 색종이의 한 변의 길이와 같으므로 (한 , 두 , 세) 변의 길이가 모두 같습니다. 따라서 (이등변삼각형 , 정삼각형) 이 만들어집니다.

3 정삼각형입니다. 세 변의 길이의 합이 15 cm일 때, ☐ 안에 알맞은 수를 써넣으세요.

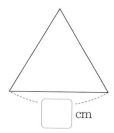

☐ cm

서술형

4 이등변삼각형은 정삼각형이라고 할 수 없습니다. 그 이유를 써 보세요.

이유 _____

_____

_____

5 직사각형 모양의 종이를 반으로 접은 후 점선을 따라 잘랐습니다. 자른 종이를 펼쳤을 때 생기는 삼각형의 세 변의 길이의 합은 몇 cm인가요?

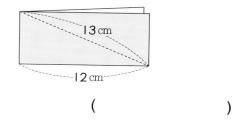

(   )

6 주어진 선분을 이용하여 보기 와 같은 이등변삼각형을 그려 보세요.

보기

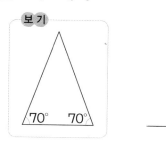

7 삼각형 ㄱㄴㄷ은 이등변삼각형입니다. ☐ 안에 알맞은 수를 써넣으세요.

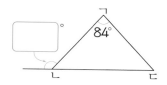

2. 삼각형 **43**

8 ㉠과 ㉡의 각도의 합을 구해 보세요.

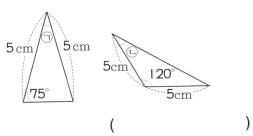

( )

9 ㉠의 크기는 몇 도인가요?

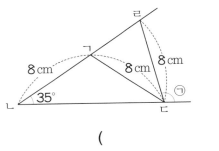

( )

10 설명 중 바르지 <u>않은</u> 것을 모두 고르세요.

(,)

① 이등변삼각형은 정삼각형입니다.
② 정삼각형은 이등변삼각형입니다.
③ 정삼각형의 한 각의 크기는 60°입니다.
④ 이등변삼각형의 세 각의 크기는 같습니다.
⑤ 이등변삼각형의 두 변의 길이는 같습니다.

서술형

11 주어진 선분을 한 변으로 하는 정삼각형을 그리고 그린 방법을 써 보세요.

12 크기가 똑같은 정삼각형 3개를 겹치지 않게 이어 붙여 만든 도형입니다. ㉠의 크기를 구해 보세요.

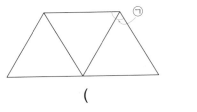

( )

서술형

13 삼각형 ㄱㄴㄷ은 정삼각형이고 삼각형 ㄹㄴㄷ은 이등변삼각형입니다. 도형에서 ㉠의 크기는 몇 도인지 풀이 과정을 쓰고 답을 구해 보세요.

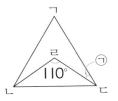

( )

14 정삼각형은 예각삼각형, 직각삼각형, 둔각삼각형 중 어떤 삼각형인가요?

( )

15 삼각형의 세 각의 크기를 나타낸 것입니다. 예각 삼각형을 모두 찾아 기호를 써 보세요.

> ㉠ 40°, 50°, 90° ㉡ 80°, 70°, 30°
> ㉢ 20°, 40°, 120° ㉣ 60°, 60°, 60°

( )

16 둔각삼각형을 그려 보세요.

17 길이가 같은 빨대 3개를 변으로 하여 만들 수 있는 삼각형의 이름으로 알맞은 것을 모두 고르세요. (, ,)

① 정삼각형　　② 예각삼각형
③ 직각삼각형　　④ 둔각삼각형
⑤ 이등변삼각형

● 모눈종이에 다음과 같이 삼각형 ㄱㄴㄷ을 그렸습니다. 물음에 답하세요. [18~19]

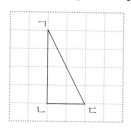

18 꼭짓점 ㄱ을 왼쪽으로 한 칸 옮기면 어떤 삼각형이 되나요?

( )

19 예각삼각형을 만들려면 꼭짓점 ㄱ을 어느 방향으로 몇 칸 움직여야 하나요?

(,)

🖐서술형
20 삼각형 ㄱㄴㄷ은 둔각삼각형입니다. 그 이유를 써 보세요.

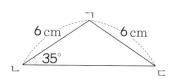

이유 _____

_____

_____

연습 각 단계에 따라 문제를 풀어 보세요.

1 세 변의 길이의 합이 40 cm인 이등변삼각형이 있습니다. 이 삼각형의 한 변의 길이가 16 cm일 때 나머지 두 변의 길이가 될 수 있는 것을 모두 구해 보세요.

1단계 길이가 16 cm인 변이 길이가 같은 두 변 중 한 변일 때 길이가 다른 한 변의 길이는 몇 cm인가요?

( )

2단계 길이가 16 cm인 변이 길이가 다른 한 변일 때 길이가 같은 두 변 중 한 변의 길이는 몇 cm인가요?

( )

3단계 한 변의 길이가 16 cm일 때 나머지 두 변의 길이가 될 수 있는 것을 모두 구해 보세요.

(,), (,)

도전 위에서 푼 방법을 생각하며 풀어 보세요.

1-1 세 변의 길이의 합이 22 cm인 이등변삼각형이 있습니다. 이 삼각형의 한 변의 길이가 6 cm일 때 나머지 두 변의 길이가 될 수 있는 것을 모두 구해 보세요.

풀이

_____

_____

_____

_____

답 _____

이렇게 술술풀어요

① 길이가 6 cm인 변이 길이가 같은 두 변 중 한 변일 때 길이가 다른 한 변의 길이를 구합니다.

② 길이가 6 cm인 변이 길이가 다른 한 변일 때 길이가 같은 두 변 중 한 변의 길이를 구합니다.

③ 한 변의 길이가 6 cm일 때 나머지 두 변의 길이가 될 수 있는 것을 모두 구합니다.

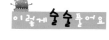

연습 각 단계에 따라 문제를 풀어 보세요.

2 도형에서 ㉠의 크기는 몇 도인지 구해 보세요.

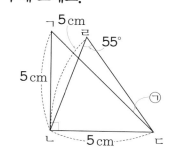

1단계 삼각형 ㄱㄴㄷ에서 각 ㄴㄷㄱ의 크기는 몇 도인가요?

(   )

2단계 삼각형 ㄹㄴㄷ에서 각 ㄴㄷㄹ의 크기는 몇 도인가요?

(   )

3단계 ㉠의 크기는 몇 도인가요?

(   )

도전 위에서 푼 방법을 생각하며 풀어 보세요.

2-1 도형에서 ㉠의 크기는 몇 도인지 구해 보세요.

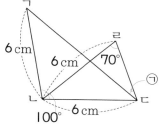
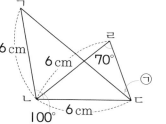

이렇게 술술 풀어요

① 삼각형 ㄱㄴㄷ에서 각 ㄴㄷㄱ의 크기를 구합니다.

② 삼각형 ㄹㄴㄷ에서 각 ㄴㄷㄹ의 크기를 구합니다.

③ ㉠의 크기를 구합니다.

풀이

_____

_____

_____

답 _____

연습 🐝 각 단계에 따라 문제를 풀어 보세요.

3 이등변삼각형 ㄱㄴㄷ과 정삼각형 ㄹㅁㄷ을 겹치지 않게 이어 붙인 것입니다. ㉠의 크기를 구해 보세요.

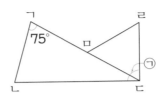

1단계 삼각형 ㄱㄴㄷ에서 각 ㄱㄷㄴ의 크기는 몇 도인가요?

(   )

2단계 각 ㅁㄷㄹ의 크기는 몇 도인가요?

(   )

3단계 ㉠의 크기는 몇 도인가요?

(   )

도전 🐜 위에서 푼 방법을 생각하며 풀어 보세요.

3-1 이등변삼각형 ㄱㄴㄷ과 정삼각형 ㅁㄷㄹ을 겹치지 않게 이어 붙인 것입니다. ㉠의 크기를 구해 보세요.

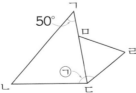

이렇게 슥슥 풀어요

① 삼각형 ㄱㄴㄷ에서 각 ㄱㄷㄴ 의 크기를 구합니다.

② 삼각형 ㅁㄷㄹ에서 각 ㅁㄷㄹ 의 크기를 구합니다.

③ ㉠의 크기를 구합니다.

풀이

_____

_____

_____

답 _____

4 도형에서 ㉠의 크기는 몇 도인지 구해 보세요.

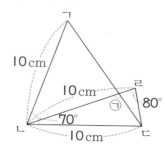

풀이

답 _____

5 이등변삼각형 ㄱㄴㄷ과 정삼각형 ㅁㄷㄹ을 겹치지 않게 이어 붙인 것입니다. ㉠의 크기를 구해 보세요.

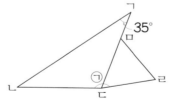

풀이

답 _____

3 - 1 소수 두 자리 수를 알아볼까요

◎ 0.01: 분수 $\frac{1}{100}$ 은 소수로 0.01이라 쓰고, 영 점 영일이라고 읽습니다.

→ $\frac{1}{100}=0.01$

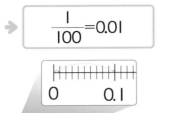

◎ 0.53: 분수 $\frac{53}{100}$ 은 소수로 0.53이라 쓰고, 영 점 오삼이라고 읽습니다.

→ $\frac{53}{100}=0.53$

◎ 1.53: 일 점 오삼이라고 읽습니다.

→ 1.53은 1이 1개, 0.1이 5개, 0.01이 3개

• 0.01 → $\frac{1}{100}=0.001$

• 1.53

1은 일의 자리 숫자이고, 1을 나타냅니다.
5는 소수 첫째 자리 숫자이고, 0.5를 나타냅니다.
3은 소수 둘째 자리 숫자이고, 0.03을 나타냅니다.

일의 자리		소수 첫째 자리	소수 둘째 자리
1	.		
0	.	5	
0	.	0	3

3 - 2 소수 세 자리 수를 알아볼까요

◎ 0.001: 분수 $\frac{1}{1000}$ 은 소수로 0.001이라 쓰고, 영 점 영영일이라고

읽습니다. → $\frac{1}{1000}=0.001$

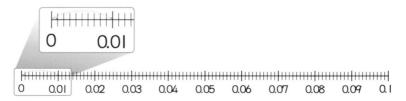

◎ 0.753: 분수 $\frac{753}{1000}$ 은 소수로 0.753이라 쓰고, 영 점 칠오삼이라고

읽습니다. → $\frac{753}{1000}=0.753$

• 전체 크기가 1인 모눈종이에서
  0.1, 0.01, 0.001을 알아보기

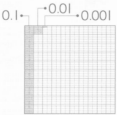

• 1.753

일의 자리		소수 첫째 자리	소수 둘째 자리	소수 셋째 자리
1	.			
0	.	7		
0	.	0	5	
0	.	0	0	3

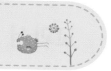
3 - 1 소수 두 자리 수를 알아볼까요

1 전체 크기가 1인 모눈종이에 색칠된 부분의 크기를 소수로 나타내어 보세요.

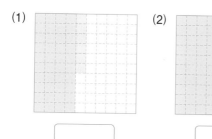

(1)   (2)

2 ☐ 안에 알맞은 소수를 써넣으세요.

(1)
```
|--+--+--+--+--+--+--+--+--+--|
0        ↑  0.1        0.2  ↑
```

(2)
```
|--+--+--+--+--+--+--+--+--+--|
5.8    ↑   5.9      ↑  6.0
```

3 ☐ 안에 알맞은 소수를 써넣으세요.

(1) 1이 4개, 0.1이 5개, 0.01이 6개인 수는 ☐ 입니다.

(2) 10이 3개, 1이 8개, $\frac{1}{10}$이 7개, $\frac{1}{100}$이 6개인 수는 ☐ 입니다.

3 - 2 소수 세 자리 수를 알아볼까요

4 전체 크기가 1인 모눈종이에 색칠된 부분의 크기를 소수로 나타내어 보세요.

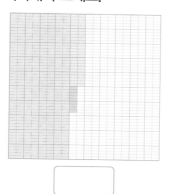

5 ☐ 안에 알맞은 소수를 써넣으세요.

(1) 1이 5개, 0.1이 2개, 0.001이 6개인 수는 ☐ 입니다.

(2) 10이 4개, 1이 2개, $\frac{1}{10}$이 7개, $\frac{1}{100}$이 6개, $\frac{1}{1000}$이 7개인 수는 ☐ 입니다.

6 조건을 만족하는 소수를 구해 보세요.

- 소수 세 자리 수입니다.
- 37보다 크고 38보다 작습니다.
- 소수 첫째 자리 숫자는 5입니다.
- 소수 둘째 자리 숫자는 2입니다.
- 소수 셋째 자리 숫자는 6입니다.

(   )

3
단원

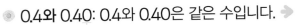

3-3 소수의 크기를 비교해 볼까요

• 0.4와 0.40: 0.4와 0.40은 같은 수입니다. ➡ $0.4=0.40$

　　•필요한 경우 소수의 오른쪽 끝자리에 0을 붙여서 나타낼 수 있습니다.

◎ **소수의 크기 비교**
① 자연수 부분의 크기를 비교합니다.
② 자연수 부분이 같으면 소수 첫째 자리 수부터 차례로 비교합니다.

자연수 부분이 다를 때	자연수 부분이 같을 때
➡ 자연수 부분을 비교합니다. 예 $2.3 < 3.3$	➡ 소수 첫째 자리 수를 비교합니다. 예 $3.3 < 3.4$
소수 첫째 자리까지 같을 때	소수 둘째 자리까지 같을 때
➡ 소수 둘째 자리 수를 비교합니다. 예 $3.35 < 3.36$	➡ 소수 셋째 자리 수를 비교합니다. 예 $3.367 < 3.368$

• 소수의 크기 비교 순서: 가장 높은 자리부터 같은 자리의 수끼리 비교합니다.

> 자연수 부분
> ↓
> 소수 첫째 자리
> ↓
> 소수 둘째 자리
> ↓
> 소수 셋째 자리

3-4 소수 사이의 관계를 알아볼까요

◎ 1, 0.1, 0.01, 0.001 사이의 관계

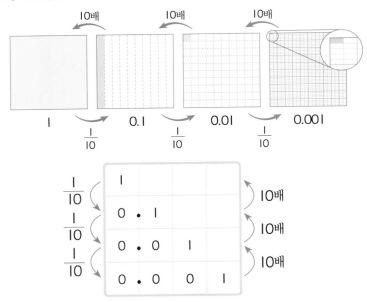

• 소수의 크기 변화
① 소수를 10배 하면 수가 점점 커지고, 소수의 $\frac{1}{10}$ 을 구하면 수가 점점 작아집니다.
② 소수를 10배 하면 소수점을 기준으로 수가 왼쪽으로 한 자리씩 이동하고, 소수의 $\frac{1}{10}$ 을 구하면 소수점을 기준으로 수가 오른쪽으로 한 자리씩 이동합니다.

🌸 ☐ 안에 알맞은 수를 써넣으세요.

(1) 0.1은 0.01의 ☐ 배입니다.

(2) 0.1의 $\frac{1}{10}$ 은 ☐ 입니다.

풀이

(1) 소수를 10배 하면 소수점을 기준으로 수가 왼쪽으로 한 자리씩 이동합니다.

(2) 소수의 $\frac{1}{10}$ 을 구하면 소수점을 기준으로 수가 오른쪽으로 한 자리씩 이동합니다.

답 (1) 10 (2) 0.01

3 - 3 소수의 크기를 비교해 볼까요

1 전체 크기가 l인 모눈종이에 두 소수만큼 색칠하고 크기를 비교하여 ◯ 안에 >, =, <를 알맞게 써넣으세요.

| 0.5 | 0.45 |

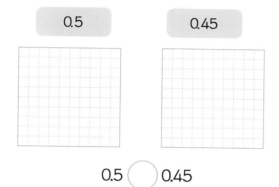

0.5 ◯ 0.45

2 두 수의 크기를 비교하여 ◯ 안에 >, =, <를 알맞게 써넣으세요.

(1) 0.56 ◯ 0.62

(2) 13.47 ◯ 13.49

(3) 0.569 ◯ 0.56

3 소수가 적힌 4장의 카드가 있습니다. 소수에서 생략할 수 있는 0은 모두 몇 개인가요?

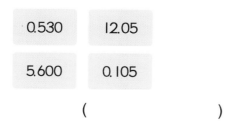

(　　　　　　)

3 - 4 소수 사이의 관계를 알아볼까요

4 빈칸에 알맞은 수를 써넣으세요.

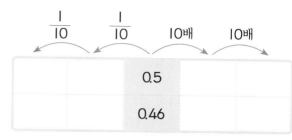

5 바르게 말한 친구의 이름을 써 보세요.

(　　　　　　)

6 ☐ 안에 들어가는 수를 모두 더하면 얼마인가요?

- l.5는 0.15의 ☐ 배입니다.
- l26은 0.126의 ☐ 배입니다.
- 36은 0.36의 ☐ 배입니다.

(　　　　　　)

3 - 5 소수 한 자리 수의 덧셈을 해 볼까요

◉ 1.7+0.5의 계산

방법1

1.7　　　　0.5　　　　　2.2

방법2 1.7은 0.1이 17개입니다. 0.5는 0.1이 5개입니다.
1.7+0.5는 0.1이 22개이므로 2.2입니다.

방법3 소수의 합을 세로로 계산하기

$$
\begin{array}{r} 1\ .\ 7 \\ +\ 0\ .\ 5 \\ \hline \end{array}
\ \rightarrow\
\begin{array}{r} 1\ .\ 7 \\ +\ 0\ .\ 5 \\ \hline 2 \end{array}
\ \rightarrow\
\begin{array}{r} 1\ .\ 7 \\ +\ 0\ .\ 5 \\ \hline 2\ .\ 2 \end{array}
$$

• 소수 한 자리 수의 합을 세로로 계산하기: 소수점끼리 맞추어 세로로 쓰고 같은 자리 수끼리 더합니다.

> 소수 첫째 자리의 합
> ↓
> 일의 자리의 합

> 같은 자리 숫자끼리의 합이 10이거나 10보다 크면 바로 윗자리로 받아올림합니다.

❀ □ 안에 알맞은 수를 써넣으세요.

(1)

$$
\begin{array}{r} 1\ .\ 5 \\ +\ 2\ .\ 9 \\ \hline \end{array}
$$

(2)

$$
\begin{array}{r} 3\ .\ 8 \\ +\ 4\ .\ 6 \\ \hline \end{array}
$$

풀이

(1), (2) 같은 자리 숫자끼리 더하여 합이 10이거나 10보다 크면 받아올림합니다. 받아올림한 수를 윗자리 수에 더한 후 계산합니다.

답 (1) 1, 4, 4　(2) 1, 8, 4

3 - 6 소수 한 자리 수의 뺄셈을 해 볼까요

◉ 4.7−1.9의 계산

방법1

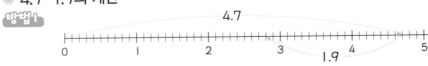

방법2 4.7은 0.1이 47개입니다. 1.9는 0.1이 19개입니다.
4.7−1.9는 0.1이 28개이므로 2.8입니다.

방법3 소수의 차를 세로로 계산하기

$$
\begin{array}{r} 4\ .\ 7 \\ -\ 1\ .\ 9 \\ \hline \end{array}
\ \rightarrow\
\begin{array}{r} \overset{3}{\cancel 4}\ .\ \overset{10}{7} \\ -\ 1\ .\ 9 \\ \hline 8 \end{array}
\ \rightarrow\
\begin{array}{r} \overset{3}{\cancel 4}\ .\ \overset{10}{7} \\ -\ 1\ .\ 9 \\ \hline 2\ .\ 8 \end{array}
$$

• 소수 한 자리 수의 차를 세로로 계산하기: 소수점끼리 맞추어 세로로 쓰고 같은 자리 수끼리 뺍니다.

> 소수 첫째 자리의 차
> ↓
> 일의 자리의 차

> 같은 자리 숫자끼리 뺄 수 없으면 바로 윗자리 수에서 10을 받아내림합니다. 받아내림한 수를 아랫자리 수에 더한 후 계산합니다.

3-5 소수 한 자리 수의 덧셈을 해 볼까요

1 1.5+1.2는 얼마인지 알아보려고 합니다. 다음 물음에 답하세요.

(1) 전체 크기가 1인 모눈종이에 1.5만큼 빨간색으로 색칠하고, 이어서 1.2만큼 파란색으로 색칠해 보세요.

(2) 1.5+1.2는 얼마인지 써 보세요.

(   )

2 계산해 보세요.

(1) 1.3+0.5

(2) 5.5+2.7

(3)
```
  8 . 9
+ 0 . 6
```

(4)
```
  3 . 5
+ 2 . 6
```

3 민선이와 성규가 생각하는 소수의 합을 구해 보세요.

 0.1이 36개인 소수야.

민선

 일의 자리 숫자가 3이고, 소수 첫째 자리 숫자가 6인 소수야.

성규

(   )

3-6 소수 한 자리 수의 뺄셈을 해 볼까요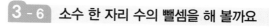

4 전체 크기가 1인 모눈종이에 색칠된 그림을 보고 □ 안에 알맞은 수를 써 넣으세요.

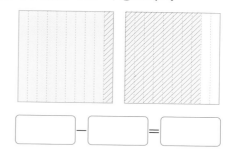

□ − □ = □

5 계산 결과가 같은 것끼리 선으로 이어 보세요.

(1) 3.5−2.8 ・   ・ ㉠ 3.6

(2) 6.4−2.8 ・   ・ ㉡ 0.7

(3) 15.4−6.7 ・   ・ ㉢ 8.7

6 계산 결과가 큰 것부터 ○ 안에 번호를 써넣으세요.

```
  9 . 8
− 4 . 9
```

```
  5 . 4
− 4 . 6
```

```
  3 . 5
− 1 . 6
```

3-7 소수 두 자리 수의 덧셈을 해 볼까요

◉ 0.73+0.3의 계산

방법 1

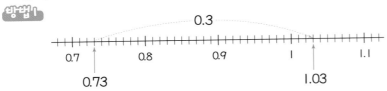

방법 2

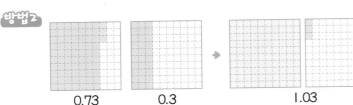

방법 3 소수의 합을 세로로 계산하기

$$
\begin{array}{r}
0.73 \\
+\ 0.30 \\
\hline
3
\end{array}
\Rightarrow
\begin{array}{r}
0.73 \\
+\ 0.30 \\
\hline
03
\end{array}
\Rightarrow
\begin{array}{r}
0.73 \\
+\ 0.30 \\
\hline
1.03
\end{array}
$$

• 소수 두 자리 수의 합을 세로로 계산하기: 소수점끼리 맞추어 세로로 쓰고 같은 자리 수끼리 더합니다.

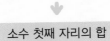

소수 둘째 자리의 합

⬇

소수 첫째 자리의 합

⬇

일의 자리의 합

3-8 소수 두 자리 수의 뺄셈을 해 볼까요

◉ 1.2-0.87의 계산

방법 1

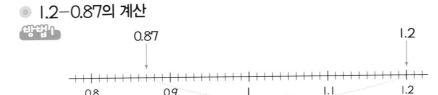

방법 2

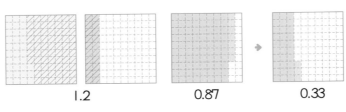

 방법 3 소수의 차를 세로로 계산하기

$$
\begin{array}{r}
1.20 \\
-\ 0.87 \\
\hline
3
\end{array}
\Rightarrow
\begin{array}{r}
1.20 \\
-\ 0.87 \\
\hline
33
\end{array}
\Rightarrow
\begin{array}{r}
1.20 \\
-\ 0.87 \\
\hline
0.33
\end{array}
$$

• 소수 두 자리 수의 차를 세로로 계산하기: 소수점끼리 맞추어 세로로 쓰고 같은 자리 수끼리 뺍니다.

소수 둘째 자리의 차

⬇

소수 첫째 자리의 차

⬇

일의 자리의 차

3 - 7 소수 두 자리 수의 덧셈을 해 볼까요

1 0.12+0.26은 얼마인지 알아보려고 합니다. 다음 물음에 답하세요.

(1) 수직선에 표시해 보세요.

```
├┼┼┼┼┼┼┼┼┼┼┼┼┼┼┼┼┼┼┼┼┤
0        0.1       0.2       0.3       0.4
```

(2) 0.12+0.26은 얼마인지 써 보세요.

(   )

2 전체 크기가 1인 모눈종이에 색칠된 그림을 보고 ☐ 안에 알맞은 수를 써넣으세요.

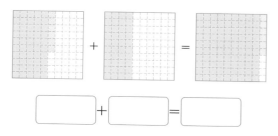

☐ + ☐ = ☐

3 계산 결과가 같은 것끼리 선으로 이어 보세요.

(1)
```
  3 . 5 7
+ 2 . 8
```
·   · ㉠   6.37

(2)
```
  2 . 4 6
+ 6 . 8 5
```
·   · ㉡   22.17

(3)
```
1 5 . 4 6
+   6 . 7 1
```
·   · ㉢   9.31

---

3 - 8 소수 두 자리 수의 뺄셈을 해 볼까요

4 전체 크기가 1인 모눈종이에 0.82만큼 색칠하고, 색칠한 부분에서 0.57만큼 ✕표로 지우고 남은 부분을 소수로 나타내어 보세요.

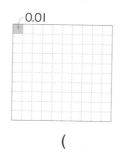
0.01

(   )

5 계산해 보세요.

(1) 12.56−7.8   (2) 14.47−13.25

(3)
```
  3 . 6 5
− 0 . 7
```

(4)
```
  5 . 4 3
− 2 . 8 8
```

6 아람이와 빛나의 몸무게의 차를 구해 보세요.

내 몸무게는 39.5 kg이야.

내 몸무게는 35.51 kg이야.

아람

빛나

(   )

1 전체 크기가 1인 모눈종이에 색칠된 부분의 크기를 소수로 나타내어 보세요.

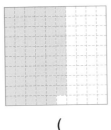

(   )

2 ☐ 안에 알맞은 소수를 써넣으세요.

> 1이 10개, 0.1이 7개, 0.01이 4개인 수는
> ☐ 입니다.

3 수직선에서 화살표(↑)로 표시한 수를 소수로 쓰고 읽어 보세요.

0.72   ↑   0.73

쓰기 _____

읽기 _____

4 다음 소수에 대한 설명으로 <u>잘못된</u> 것은 어느 것인가요? (   )

> 4.205

① 소수 세 자리 수입니다.
② 사 점 이영오라고 읽습니다.
③ 소수 셋째 자리 숫자는 5입니다.
④ 숫자 2가 나타내는 수는 0.2입니다.
⑤ 1이 4개, 0.1이 2개, 0.01이 5개인 수입니다.

5 전체 크기가 1인 모눈종이에 두 소수만큼 색칠하고, 크기를 비교하여 ◯ 안에 >, =, <를 알맞게 써넣으세요.

0.5   0.50

0.5 ◯ 0.50

6 소수에서 생략할 수 있는 0을 모두 찾아 **보기** 와 같이 나타내어 보세요.

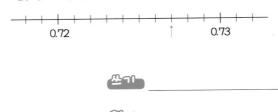

> **보기**
> 0.2̶0̶   0.09̶0̶

> 0.04   7.260   5.100   16.02

서술형

7 0에서 9까지의 수 중에서 ☐ 안에 들어갈 수 있는 수는 모두 몇 개인지 풀이 과정을 쓰고 답을 구해 보세요.

$$10.564 < 10.5\boxed{}1$$

_____

_____

(   )

8 빈칸에 알맞은 수를 써넣으세요.

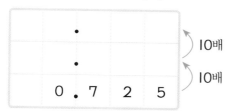

주의

9 ㉠이 나타내는 수는 ㉡이 나타내는 수의 몇 배인가요?

$$4.737$$
$$\uparrow \quad \uparrow$$
$$㉠ \quad ㉡$$

(   )

10 10의 $\dfrac{1}{100}$인 수는 0.01의 몇 배인 수인가요?

(   )

11 ☐ 안에 알맞은 수를 써넣으세요.

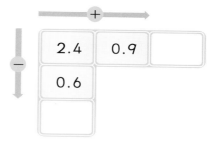

12 빈칸에 알맞은 수를 써넣으세요.

	+	
2.4	0.9	
0.6		

13 ☐ 안에 알맞은 수를 써넣으세요.

3.4는 0.1이 ☐ 개입니다.

1.8은 0.1이 ☐ 개입니다.

3.4-1.8은 0.1이 ☐ 개이므로

3.4-1.8= ☐ 입니다.

14 선물이 들어 있는 상자의 무게는 5.2 kg이고 빈 상자의 무게는 0.9 kg입니다. 선물의 무게는 몇 kg인지 식을 쓰고 답을 구해 보세요.

<table>
<tr><td>식</td><td></td></tr>
<tr><td>답</td><td></td></tr>
</table>

15 수직선을 보고 ◯ 안에 알맞은 수를 써넣으세요.

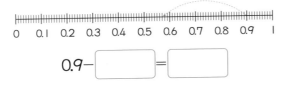

0 0.1 0.2 0.3 0.4 0.5 0.6 0.7 0.8 0.9 1

$0.9 - \boxed{} = \boxed{}$

16 계산해 보세요.

(1) 0.17+0.65

(2) 0.8−0.54

(3)
```
  4 . 9 8
+ 1 . 5 2
```

(4)
```
  8 . 1 7
− 3 . 6 5
```

17 건창이의 100 m 달리기 기록은 13초입니다. 남자 100 m 달리기 세계 기록이 9.58초일 때 세계 기록과 건창이의 기록은 몇 초 차이가 나는지 구해 보세요.

( )

18 길이가 다른 두 막대가 있습니다. 짧은 막대의 길이는 2.36 m이고 긴 막대의 길이는 3.11 m입니다. 두 막대를 겹치지 않게 길게 이으면 이은 막대의 길이는 몇 m인가요?

( )

19 계산 결과가 큰 것부터 차례대로 기호를 써 보세요.

㉠ 3−1.4	㉡ 0.6+0.8
㉢ 0.54+0.76	㉣ 2.07−1.52

(, , ,)

📝서술형
20 경인이의 몸무게는 42.35 kg이고 성종이의 몸무게는 경인이보다 3.7 kg 더 가볍습니다. 경인이와 성종이의 몸무게의 합은 몇 kg인지 풀이 과정을 쓰고 답을 구해 보세요.

( )

1 ☐ 안에 알맞은 수나 말을 써넣으세요.

$\dfrac{49}{100}$ 는 소수로 ☐ 라 쓰고 ☐ 라고 읽습니다.

2 전체 크기가 1인 모눈종이에 색칠된 부분의 크기를 소수로 나타내어 보세요.

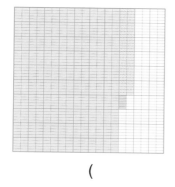

(   )

3 3이 나타내는 수가 가장 작은 것은 어느 것인가요? (   )

① 7.32   ② 3.15
③ 0.73   ④ 4.123
⑤ 5.376

4 승아네 집에서 학교까지의 거리는 1325 m입니다. 승아네 집에서 학교까지의 거리는 몇 km인지 소수로 나타내어 보세요.

(   )

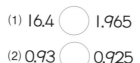

5 두 수의 크기를 비교하여 ◯ 안에 >, =, <를 알맞게 써넣으세요.

⑴ 16.4 ◯ 1.965

⑵ 0.93 ◯ 0.925

6 5.7과 크기가 같은 수를 찾아 ◯표 해 보세요.

| 0.57 | 5.70 | 57.0 |

7 작은 수부터 순서대로 놓아 단어를 완성해 보세요.

0.031	0.31	0.013	0.301
석	조	일	이

↓

<	<	<	

3
단원

8 빈칸에 알맞은 수를 써넣으세요.

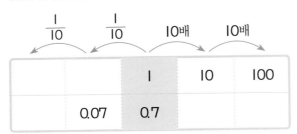

9 ☐ 안에 들어가는 수가 가장 큰 것은 어느 것인가요? (   )

① 0.7은 ☐의 $\frac{1}{10}$ 입니다.

② 0.23은 23의 $\frac{1}{☐}$ 입니다.

③ ☐은 0.2의 100배입니다.

④ 0.76의 ☐배는 7.6입니다.

⑤ 1.58의 $\frac{1}{☐}$ 은 0.158입니다.

서술형

10 농장에 병아리, 오리, 타조가 있습니다. 오리의 무게는 병아리 무게의 10배이고, 타조의 무게는 병아리 무게의 1000배입니다. 오리의 무게가 1.45 kg일 때 타조의 무게는 몇 kg인지 풀이 과정을 쓰고 답을 구해 보세요.

_____

_____

(   )

11 수직선을 보고 ☐ 안에 알맞은 수를 써넣으세요.

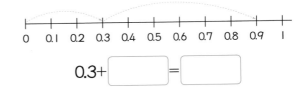

0.3 + ☐ = ☐

12 승우와 현지가 생각하는 두 소수의 합을 구해 보세요.

내가 생각하는 소수는 0.1이 16개 있어.

내가 생각하는 소수는 일의 자리 숫자가 5이고 소수 첫째 자리 숫자가 3이야.

승우   현지

(   )

13 계산 결과가 같은 것끼리 선으로 이어 보세요.

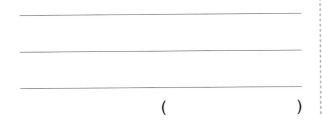

(1) 0.3+0.4 ·   · ㉠ 2.9+0.3

(2) 0.9−0.4 ·   · ㉡ 1.2−0.5

(3) 4.1−0.9 ·   · ㉢ 3.3−2.8

14 수지의 연필의 길이는 태훈이의 연필의 길이보다 몇 cm 더 긴가요?

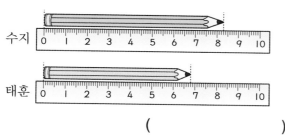

수지

태훈

( )

15 ☐ 안에 알맞은 수를 써넣으세요.

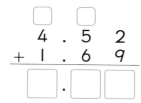

$$
\begin{array}{r}
\square\ \square \\
4\ .\ 5\ 2 \\
+\ 1\ .\ 6\ 9 \\
\hline
\square\ .\ \square\ \square
\end{array}
$$

16 수직선에서 ㉠과 ㉡이 나타내는 두 소수의 합을 구해 보세요.

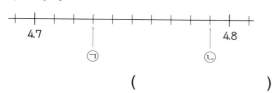

( )

서술형

17 계산이 잘못된 곳을 찾아 바르게 계산하고 잘못된 이유를 설명해 보세요.

$$
\begin{array}{r}
1\ 2\ .\ 6 \\
-\ 0\ .\ 7\ 8 \\
\hline
0\ .\ 4\ 8
\end{array}
$$

이유 _____

18 두 수의 합과 차를 구해 보세요.

| 0.87 | 0.95 |

㉠ 합: ( )

㉡ 차: ( )

응용

19 성종이와 예원이는 운동장에서 1 km 달리기를 하고 있습니다. 조건 을 보고 지금까지 예원이가 달린 거리는 몇 km인가요?

조건
• 성종이가 0.65 km를 달렸습니다.
• 예원이는 성종이보다 0.19 km 앞에 있습니다.

( )

서술형

20 ㉮에서 ㉣까지의 거리는 몇 km인지 풀이 과정을 쓰고 답을 구해 보세요.

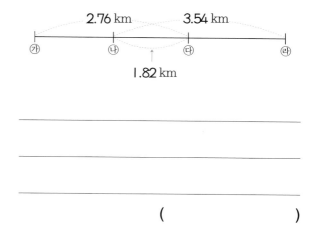

_____

_____

_____

( )

1 0.35와 같은 수를 모두 골라 기호를 써 보세요.

> ㉠ $\frac{35}{100}$
> ㉡ 영 점 영삼오
> ㉢ 0.1이 35개인 수
> ㉣ 0.1이 3개, 0.01이 5개인 수

( )

2 ☐ 안에 알맞은 수를 써넣으세요.

0.01만큼 더 작은 수
☐ ← 0.59 → ☐
0.01만큼 더 큰 수

3 소수를 바르게 읽은 것은 어느 것인가요?

( )

① 5.34 ➡ 오 삼 사
② 4.05 ➡ 사 점 오
③ 9.076 ➡ 구 점 칠십육
④ 4.108 ➡ 사 점 일영팔
⑤ 0.472 ➡ 영 점 사백칠십이

서술형

4 조건 을 만족하는 소수는 무엇인지 풀이 과정을 쓰고 답을 구해 보세요.

> **조건**
> • 소수 세 자리 수입니다.
> • 3보다 크고 4보다 작습니다.
> • 소수 첫째 자리 숫자는 1입니다.
> • 소수 둘째 자리 숫자는 0입니다.
> • 일의 자리 숫자와 소수 셋째 자리 숫자는 같습니다.

_____

_____

_____

_____

( )

5 전체의 크기가 1인 모눈종이에 색칠된 부분을 소수로 나타내어 ☐ 안에 써넣고, 크기를 비교하여 ○ 안에 >, =, <를 알맞게 써넣으세요.

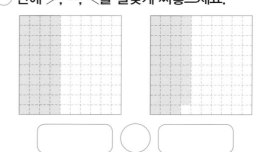

☐ ○ ☐

6 5.4와 5.62 사이에 있는 수를 모두 찾아 써 보세요.

| 5.31 | 5.05 | 5.6 | 5.51 | 5.7 |

( )

7 근후네 집에서부터 학교, 도서관, 서점까지의 거리를 나타낸 것입니다. 집에서 가장 가까운 곳은 어디인가요?

장소	거리
학교	0.927 km
도서관	1050 m
서점	0.105 km

(   )

8 다음 중 잘못된 것을 모두 고르세요.

(,   )

① 0.06의 10배는 0.6입니다.

② 5.27의 $\dfrac{1}{10}$은 52.7입니다.

③ 4.06의 $\dfrac{1}{10}$은 0.406입니다.

④ 36.9의 $\dfrac{1}{100}$은 3.69입니다.

⑤ 0.893의 100배는 89.3입니다.

9 어떤 수의 100배는 12.8입니다. 어떤 수를 구해 보세요.

(   )

10 무게가 0.45 kg인 축구공이 있습니다. 축구공 10개의 무게는 몇 kg인가요?

(   )

11 ☐ 안에 알맞은 수를 써넣으세요.

0.8은 0.1이 ☐ 개입니다.

1.5는 0.1이 ☐ 개입니다.

0.8+1.5는 0.1이 ☐ 개므로

0.8+1.5= ☐ 입니다.

12 계산이 잘못된 곳을 찾아 바르게 계산해 보세요.

```
    0 . 8
  + 0 . 9
  ─────────
    0 . 1 7
```
➡

13 빈칸에 알맞은 수를 써넣으세요.

1.5	0.7	
7	4.6	

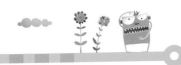

14 리본 끈이 3 m 있습니다. 상자를 포장하는 데 리본 끈을 사용하였더니 1.6 m가 남았습니다. 상자를 포장하는 데 사용한 리본 끈은 몇 m인가요?

( )

15 빈칸에 알맞은 수를 써넣으세요.

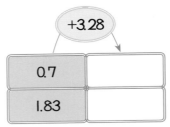

	+3.28
0.7	
1.83	

16 ☐ 안에 알맞은 수를 써넣으세요.

$$
\begin{array}{r}
0\ .\ 6\ \boxed{\ } \\
+\ 0\ .\ \boxed{\ }\ 4 \\
\hline
\boxed{\ }\ \ 1\ \ 2
\end{array}
$$

17 계산해 보세요.

(1)
$$
\begin{array}{r}
0\ .\ 5\ 2 \\
-\ 0\ .\ 4\ 8 \\
\hline
\end{array}
$$

(2)
$$
\begin{array}{r}
1\ 0\ .\ 9\ 6 \\
-\ \ \ 5\ .\ 8\ 8 \\
\hline
\end{array}
$$

서술형

18 0에서 9까지의 수 중에서 ☐ 안에 들어갈 수 있는 수를 모두 구하려고 합니다. 풀이 과정을 쓰고 답을 구해 보세요.

$$5.32+0.92 > 6.2\boxed{\ }1$$

( )

19 ㉠과 ㉡의 차를 구해 보세요.

$$3.51+㉠=7.5 \qquad ㉡-0.92=4.85$$

( )

서술형

20 5장의 카드를 한 번씩 모두 사용하여 소수 두 자리 수를 만들려고 합니다. 만들 수 있는 가장 큰 수와 가장 작은 수의 차는 얼마인지 풀이 과정을 쓰고 답을 구해 보세요.

7	2	3	9	.

( )

1 관계있는 것끼리 선으로 이어 보세요.

(1) 0.03 ·

(2) 1.63 ·

(3) $\dfrac{73}{100}$ ·

· ㉠ 0.73

· ㉡ 영 점 영삼

· ㉢ 일 점 육삼

서술형

2 1이 4개, $\dfrac{1}{10}$ 이 8개, $\dfrac{1}{100}$ 이 5개인 수를 소수로 나타내려고 합니다. 풀이 과정을 쓰고 답을 구해 보세요.

_____

_____

(   )

3 전체 크기가 1인 모눈종이에 0.354를 나타내어 보세요.

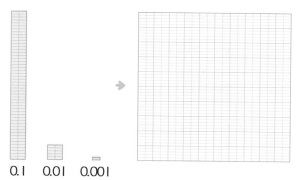

0.1   0.01   0.001

4 설명이 잘못된 것을 찾아 기호를 써 보세요.

㉠ 0.03은 0.01이 3개인 수입니다.

㉡ 0.01이 42개인 수는 0.42입니다.

㉢ $\dfrac{328}{100}$ 을 소수로 나타내면 0.328입니다.

㉣ 0.01이 20개인 수는 영 점 이라고 읽습니다.

(   )

5 두 소수의 크기를 바르게 비교한 것을 모두 고르 세요. (,   )

① 0.69 < 0.6

② 2.784 < 2.707

③ 1.25 = 1.250

④ 15.152 > 15.2

⑤ 4.792 > 4.79

6 같은 수끼리 짝 지은 것을 찾아 기호를 써 보세요.

㉠ 0.5, 5.0   ㉡ 7.04, 7.4

㉢ 0.01, 0.10   ㉣ 4.6, 4.60

(   )

7 세정이가 친구의 집에 가려고 합니다. 갈림길에서 더 큰 소수가 있는 길로 가면 세정이가 도착한 곳은 누구의 집인가요?

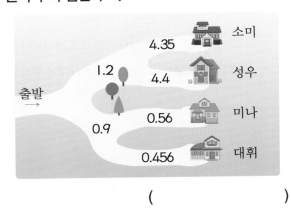

(   )

8 관계있는 것끼리 선으로 이어 보세요.

(1) 28의 $\dfrac{1}{100}$ ·   · ㉠ 2.08

(2) 0.208의 10배   ·   · ㉡ 0.28

(3) 2.08의 $\dfrac{1}{10}$ ·   · ㉢ 0.208

9 ⬜ 안에 들어가는 수를 모두 더하면 얼마인가요?

㉠ 50은 0.05의 ⬜배입니다.
㉡ 1.4는 0.014의 ⬜배입니다.
㉢ 17.35는 1.735의 ⬜배입니다.

(   )

10 마법의 방이 있습니다. 빨간 방에 들어갔다 나오면 무게가 10배가 되고, 파란 방에 들어갔다 나오면 무게가 $\dfrac{1}{10}$이 됩니다. 무게가 $4.5\,\mathrm{kg}$인 로봇이 빨간 방에 1번, 파란 방에 2번 들어갔다 나왔습니다. 로봇의 무게는 몇 kg이 되나요?

(   )

11 계산해 보세요.

(1) $0.6+0.8$ (2) $2.4+1.8$

서술형

12 흰색 종이 1묶음의 무게는 $0.418\,\mathrm{kg}$이고 파란색 종이 1묶음의 무게는 $1.45\,\mathrm{kg}$입니다. 흰색 종이 100묶음과 파란색 종이 10묶음의 무게의 합은 몇 kg인지 풀이 과정을 쓰고 답을 구해 보세요.

_____

_____

_____

(   )

13 그림을 보고 ⬜ 안에 알맞은 수를 써넣으세요.

$0.9-0.4=$ ⬜

14 ㉡에서 ㉢까지의 거리는 몇 km인가요?

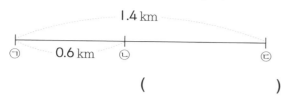

( )

15 가장 큰 수와 가장 작은 수의 합을 구해 보세요.

| 6.1 | 7.09 | 7.28 | 6.07 | 7.95 |

( )

16 소수 두 자리 수의 덧셈식에서 숫자가 가려져 일부분이 보이지 않습니다. ㉠, ㉡, ㉢에 알맞은 숫자를 구해 보세요.

```
   ㉠ . 7 3
 + 3 . ㉡ 2
   8 . 3 ㉢
```

㉠: ( )

㉡: ( )

㉢: ( )

✋ 서술형

17 어떤 수에 4.9를 더해야 할 것을 잘못하여 빼었더니 7.47이 되었습니다. 바르게 계산한 값은 얼마인지 풀이 과정을 쓰고 답을 구해 보세요.

_____

_____

_____

( )

18 빈칸에 알맞은 수를 써넣으세요.

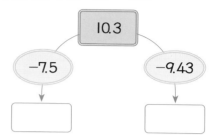

19 다음에서 설명하는 두 수를 보 기 에서 찾아 두 수의 차를 구해 보세요.

> ㉠ 1.5보다 크고 2보다는 작은 수입니다.
>
> ㉡ 1보다 크고 2보다 작은 수 중 2가 쓰인 수입니다.

보 기

| 0.42 | 1.64 | 1.02 | 1.17 |

( )

✋ 서술형

20 재호 아버지의 몸무게는 75.3 kg이고 재호의 몸무게는 아버지의 몸무게의 $\frac{1}{10}$ 보다 25.8 kg 더 무겁습니다. 동생의 몸무게는 재호보다 7.5 kg 더 가벼울 때 동생의 몸무게는 몇 kg인지 풀이 과정을 쓰고 답을 구해 보세요.

_____

_____

_____

( )

연습 각 단계에 따라 문제를 풀어 보세요.

1 효주와 지원이는 각각 고구마를 캤습니다. 효주는 2.45 kg을 캤고 지원이가 효주에게 1.26 kg을 주었더니 두 사람이 가진 고구마의 무게가 같아졌습니다. 지원이가 처음에 캔 고구마는 몇 kg인지 구해 보세요.

1단계 지원이에게서 고구마를 받은 후 효주의 고구마의 무게는 몇 kg이 되었나요?

(   )

2단계 지원이가 처음에 캔 고구마는 몇 kg인가요?

(   )

도전 위에서 푼 방법을 생각하며 풀어 보세요.

1-1 의란이와 길호는 각각 사과를 땄습니다. 의란이는 3.5 kg을 땄고 길호가 의란이에게 1.2 kg을 주었더니 두 사람이 가진 사과의 무게가 같아졌습니다. 길호가 처음에 딴 사과는 몇 kg 인지 구해 보세요.

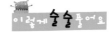

풀이

_____

_____

_____

_____

답 _____

① 길호에게서 사과를 받은 후 의란이의 사과의 무게는 몇 kg이 되었는지 구합니다.

② 길호가 처음에 딴 사과는 몇 kg인지 구합니다.

연습 각 단계에 따라 문제를 풀어 보세요.

2 길이가 1.75 m인 색 테이프 3개를 0.7 m만큼 겹쳐서 한 줄로 길게 이어 붙였습니다. 이어 붙인 색 테이프의 전체 길이는 몇 m인지 구해 보세요.

1.75 m

0.7 m

1단계 색 테이프 3개의 길이의 합은 몇 m가 되나요?

( )

2단계 겹쳐진 부분의 길이의 합은 몇 m인가요?

( )

3단계 이어 붙인 색 테이프의 전체 길이는 몇 m인가요?

( )

도전 위에서 푼 방법을 생각하며 풀어 보세요.

2-1 길이가 2.08 m인 리본 3개를 0.3 m만큼 겹쳐서 한 줄로 길게 이어 붙였습니다. 이어 붙인 리본의 전체 길이는 몇 m인지 구해 보세요.

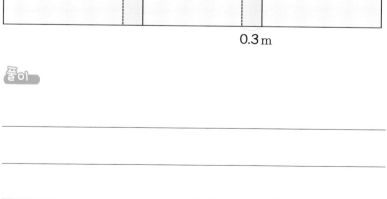

2.08 m

0.3 m

이렇게 술술풀어요

① 리본 3개의 길이의 합을 구합니다.

② 겹쳐진 부분의 길이의 합을 구합니다.

③ 이어 붙인 리본의 전체 길이를 구합니다.

풀이

답

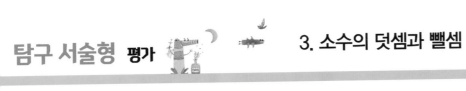
탐구 서술형 평가

연습 각 단계에 따라 문제를 풀어 보세요.

3 무게가 각각 같은 야구공과 축구공이 있습니다. 야구공 1개와 축구공 3개의 무게의 합은 1.495 kg이고, 야구공 1개와 축구공 2개의 무게의 합은 1.045 kg입니다. 야구공 1개의 무게는 몇 kg인지 구해 보세요.

1단계 축구공 1개의 무게는 몇 kg인가요?

( )

2단계 축구공 2개의 무게의 합은 몇 kg인가요?

( )

3단계 야구공 1개의 무게는 몇 kg인가요?

( )

도전 위에서 푼 방법을 생각하며 풀어 보세요.

3-1 무게가 각각 같은 배구공과 농구공이 있습니다. 배구공 1개와 농구공 3개의 무게의 합은 2.08 kg이고, 배구공 1개와 농구공 2개의 무게의 합은 1.48 kg입니다. 배구공 1개의 무게는 몇 kg인지 구해 보세요.

풀이

이렇게 술술풀어요

① 농구공 1개의 무게를 구합니다.

② 농구공 2개의 무게의 합을 구합니다.

③ 배구공 1개의 무게를 구합니다.

답

실전 시험처럼 문제를 풀어 보세요.

4 길이가 1.48 m인 색 테이프 3개를 일정한 길이만큼 겹쳐서 한 줄로 길게 이어 붙였더니 전체 길이가 3.96 m가 되었습니다. 겹쳐진 한 부분의 길이는 몇 m인지 구해 보세요.

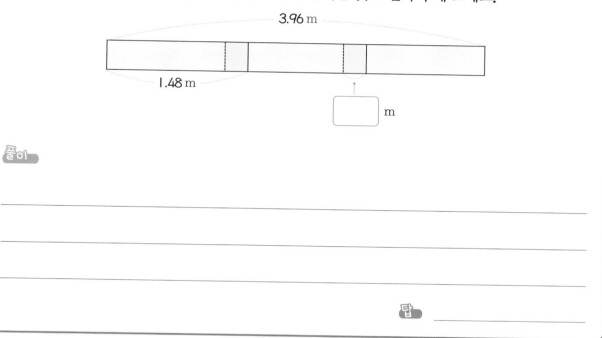

풀이

답 _____

3
단원

실전 시험처럼 문제를 풀어 보세요.

5 무게가 각각 같은 강아지 인형과 곰 인형이 있습니다. 강아지 인형 2개와 곰 인형 3개의 무게의 합은 2.79 kg이고, 강아지 인형 1개와 곰 인형 1개의 무게의 합은 1.071 kg입니다. 강아지 인형 1개의 무게는 몇 kg인지 구해 보세요.

풀이

답 _____

4 - 1 수직을 알아볼까요

● **수직**: 두 직선이 만나서 이루는 각이 직각일 때, 두 직선은 서로 수직이라고 합니다.

● **수선**: 두 직선이 서로 수직으로 만나면 한 직선을 다른 직선에 대한 수선이라고 합니다.

● **수선을 긋는 방법**

방법1 삼각자를 사용하여 주어진 직선에 대한 수선 긋기

➡ 삼각자에서 직각을 낀 변 중 한 변을 주어진 직선에 맞추고 직각을 낀 다른 한 변을 따라 선을 그으면 됩니다.

방법2 각도기를 사용하여 주어진 직선에 대한 수선 긋기

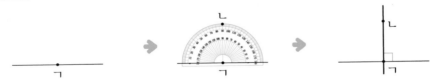

➡ 각도기의 중심을 점 ㄱ에 맞추고 각도기의 밑금을 주어진 직선과 일치하도록 맞춘 후 각도기에서 90°가 되는 눈금 위에 점 ㄴ을 찍어 점 ㄱ과 직선으로 잇습니다.

• **수직과 수선 알아보기**
└ 수선은 '수직인 직선'의 준말입니다.

① 직선 가와 직선 나는 서로 수직입니다.
② 직선 가에 대한 수선은 직선 나입니다.
③ 직선 나에 대한 수선은 직선 가입니다.

• 주어진 직선에 대한 수선은 셀 수 없이 많이 그을 수 있습니다.

• 한 점과 한 직선이 주어졌을 때, 주어진 점을 지나고 주어진 직선에 대한 수선은 1개만 그을 수 있습니다.

4 - 2 평행을 알아볼까요

● **평행**: 한 직선에 수직인 두 직선을 그었을 때, 그 두 직선은 서로 만나지 않습니다. 이와 같이 서로 만나지 않는 두 직선을 평행하다고 합니다.

● **평행선**: 평행한 두 직선을 평행선이라고 합니다.

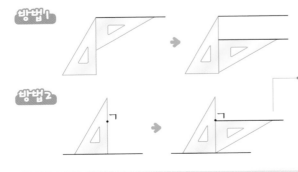

방법1

방법2

─ 삼각자 2개를 놓은 후 한 삼각자를 고정하고 다른 삼각자를 움직여 평행선을 긋습니다.

• ㉠ 삼각자의 한 변을 직선에 맞추고 다른 한 변이 점 ㄱ을 지나도록 놓습니다.
㉡ 다른 삼각자를 사용하여 점 ㄱ을 지나고 주어진 직선과 평행한 직선을 긋습니다.

• 평행선은 아무리 길게 늘여도 서로 만나지 않습니다.

• 주어진 직선과 평행한 직선은 셀 수 없이 많이 그을 수 있습니다.

• 한 점과 한 직선이 주어졌을 때, 주어진 점을 지나고 주어진 직선과 평행한 직선은 1개만 그을 수 있습니다.

1 ☐ 안에 알맞은 기호를 써넣으세요.

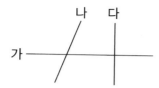

> 직선 가에 수직인 직선은 직선 ☐ 입니다.
>
> 또 직선 다는 직선 ☐ 에 대한 수선입니다.

2 서로 수직인 두 변이 없는 도형은 어느 것인가요?

( )

①

②

③

④

⑤

3 삼각자나 각도기를 사용하여 주어진 직선에 대한 수선을 그어 보세요.

(1) 삼각자 사용   (2) 각도기 사용

4 ☐ 안에 알맞은 말을 써넣으세요.

> 직선 가에 수직인 직선은 직선 ☐ 와 직선
>
> ☐ 이므로 평행선은 직선 ☐ 와 직선
>
> ☐ 입니다.

5 평행선은 모두 몇 쌍인가요?

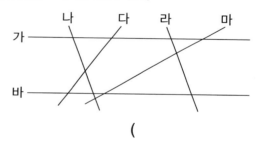

( )

6 삼각자를 사용하여 점 ㅇ을 지나고 직선 가와 평행한 직선을 그어 보세요.

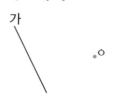

7 평행선이 있는 사각형을 그려 보세요.

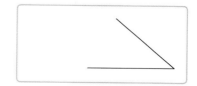

교과서 핵심잡기   4. 사각형

4 - 3   평행선 사이의 거리를 알아볼까요

◉ **평행선 사이의 거리**: 평행선의 한 직선에서 다른 직선에 수선을 긋습니다. 이때 이 수선의 길이를 평행선 사이의 거리라고 합니다.

(예)

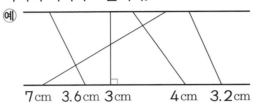

7cm   3.6cm   3cm   4cm   3.2cm

➡ 평행선 사이의 거리는 3cm입니다.

• 평행선 사이의 선분 중에서 수선의 길이가 가장 짧습니다.

• 평행선 사이의 수선의 길이는 모두 같습니다. 따라서 평행선 사이의 거리는 모두 같습니다.

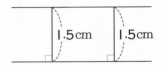

1.5cm   1.5cm

✿ **직선 가와 나는 서로 평행합니다. 평행선 사이의 거리를 나타내는 선분은 어느 것인가요?**

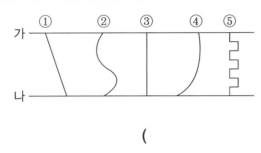

(   )

풀이

평행선 사이의 선분 중에서 가장 짧은 선분의 길이를 평행선 사이의 거리라고 합니다.

답 ③

---

4 - 4   사다리꼴을 알아볼까요

◉ **사다리꼴**: 평행한 변이 한 쌍이라도 있는 사각형을 사다리꼴이라고 합니다.

평행

◉ **여러 가지 모양의 사다리꼴**: 직사각형 모양의 종이띠를 선을 따라 잘랐을 때 잘라 낸 도형들은 모두 사다리꼴입니다.

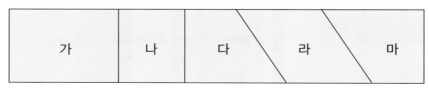

가   나   다   라   마

➡ 가, 나, 다, 라, 마는 모두 사다리꼴입니다.

• 사다리꼴은 평행한 변이 한 쌍만 있는 사각형이 아니라 평행한 변이 적어도 한 쌍인 사각형을 말합니다. 즉 평행한 변이 있기만 하면 되고 평행사변형과 같이 평행한 변이 두 쌍 있어도 사다리꼴입니다.

• 사다리꼴에서 마주 보는 한 쌍의 변이 서로 평행하다는 것은 두 변 사이의 거리가 같다는 것입니다.

4 - 3 평행선 사이의 거리를 알아볼까요

1 직선 가와 직선 나는 서로 평행합니다. 평행선 사이의 거리는 몇 cm인가요?

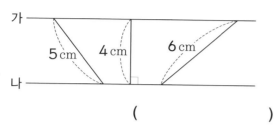

( )

2 평행선 사이의 거리를 재어 보세요.

( )

3 평행선 사이의 거리가 2 cm가 되도록 주어진 직선과 평행한 직선을 그어 보세요.

4 - 4 사다리꼴을 알아볼까요

4 사다리꼴을 모두 찾아 기호를 써 보세요.

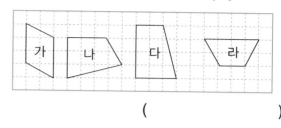

( )

5 직사각형 모양의 종이띠를 선을 따라 잘랐을 때, 잘라낸 도형 중 사다리꼴을 모두 찾아 기호를 써 보세요.

( )

6 다음 도형은 사다리꼴입니다. 그 이유를 써 보세요.

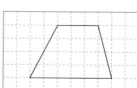

이유

4 - 5 평행사변형을 알아볼까요

◉ **평행사변형**: 마주 보는 두 쌍의 변이 서로 평행한 사각형을 평행사변형이라고 합니다.

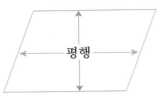

◉ **여러 가지 모양의 평행사변형**

◉ **평행사변형의 성질**
① 마주 보는 두 변의 길이가 같습니다.
② 마주 보는 두 각의 크기가 같습니다.
③ 이웃한 두 각의 크기의 합이 180°입니다.

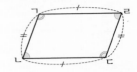

• 평행사변형은 평행한 변이 있으므로 사다리꼴이라고도 할 수 있습니다.

• **평행사변형의 성질**

① (변 ㄱㄴ)=(변 ㄹㄷ)
  (변 ㄱㄹ)=(변 ㄴㄷ)
② (각 ㄱㄴㄷ)=(각 ㄷㄹㄱ)
  (각 ㄴㄱㄹ)=(각 ㄹㄷㄴ)
③ (각 ㄱㄴㄷ)+(각 ㄴㄱㄹ)
  =180°

4 - 6 마름모를 알아볼까요

◉ **마름모**: 네 변의 길이가 모두 같은 사각형을 마름모라고 합니다.

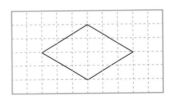

◉ **여러 가지 모양의 마름모**

◉ **마름모의 성질**
① 네 변의 길이가 모두 같습니다.
② 마주 보는 두 각의 크기가 같습니다.
③ 이웃한 두 각의 크기의 합이 180°입니다.
④ 마주 보는 꼭짓점끼리 이은 선분이 서로 수직으로 만나고 이등분합니다.

• **마름모의 성질**

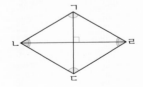

① (변 ㄱㄴ)=(변 ㄴㄷ)
  =(변 ㄷㄹ)=(변 ㄹㄱ)
② (각 ㄱㄴㄷ)=(각 ㄷㄹㄱ)
  (각 ㄴㄱㄹ)=(각 ㄹㄷㄴ)
③ (각 ㄱㄴㄷ)+(각 ㄴㄱㄹ)
  =180°
④ 선분 ㄱㄷ과 선분 ㄴㄹ은 서로 수직입니다.

4 - 5 평행사변형을 알아볼까요

1 평행사변형이 <u>아닌</u> 것을 찾아 기호를 써 보세요.

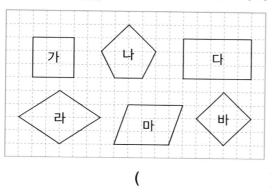

(   )

2 ☐ 안에 알맞은 수를 써넣으세요.

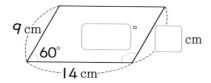

3 평행사변형에 대하여 바르게 말한 친구의 이름을 써 보세요.

 항상 마주 보는 두 변의 길이가 같아.
건식

 항상 네 변의 길이가 같아.
성민

(   )

4 - 6 마름모를 알아볼까요

4 마름모를 모두 찾아 기호를 써 보세요.

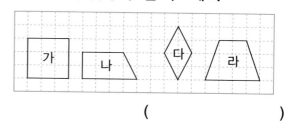

(   )

5 마름모의 네 변의 길이의 합은 몇 cm인가요?

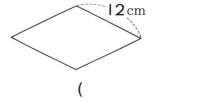

(   )

6 마름모를 완성해 보세요.

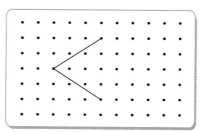

4
단원

4 - 7 여러 가지 사각형을 알아볼까요

◉ 직사각형의 성질
① 직사각형은 마주 보는 두 변의 길이가 같습니다
② 직사각형은 네 각이 모두 직각입니다.

◉ 정사각형의 성질
① 정사각형은 네 변의 길이가 모두 같습니다.
② 정사각형은 네 각이 모두 직각입니다.

◉ 여러 가지 사각형의 성질 이해하기

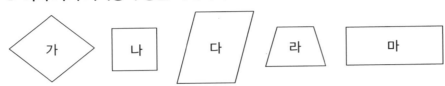

사다리꼴	평행한 변이 있습니다. 
평행사변형	마주 보는 두 쌍의 변이 서로 평행합니다.
마름모	네 변의 길이가 모두 같습니다.
직사각형	네 각이 모두 직각입니다.
정사각형	네 변의 길이가 모두 같고 네 각이 모두 직각입니다.

• 직사각형과 정사각형의 관계
네 각이 모두 직각이고 네 변의 길이가 모두 같으면 마주 보는 변의 길이도 모두 같으므로 정사각형은 직사각형입니다.

• 사각형의 포함 관계

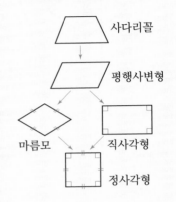

4 - 7 여러 가지 사각형을 알아볼까요

다음 물음에 답하세요. [1~7]

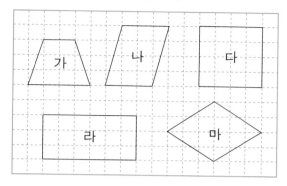

가   나   다

라   마

1 평행한 변이 있는 사각형을 모두 찾아 기호를 써 보세요.

( )

2 마주 보는 두 쌍의 변이 평행한 사각형을 모두 찾아 기호를 써 보세요.

( )

3 네 변의 길이가 모두 같은 사각형을 모두 찾아 기호를 써 보세요.

( )

4 네 각이 모두 직각인 사각형을 모두 찾아 기호를 써 보세요.

( )

5 네 변의 길이가 모두 같고 네 각이 모두 직각인 사각형을 찾아 기호를 써 보세요.

( )

6 사각형 마의 이름이 될 수 있는 것을 모두 고르세요. (, ,)

① 마름모   ② 직사각형
③ 정사각형   ④ 사다리꼴
⑤ 평행사변형

7 바르게 말한 친구는 누구인가요?

사각형 다와 라는 직사각형이야.
아람

사각형 다와 마는 정사각형이야.
빛나

( )

4 단원

8 다음 막대로 만들 수 없는 사각형을 모두 고르세요. (,)

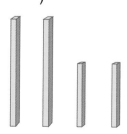

① 마름모   ② 직사각형
③ 정사각형   ④ 사다리꼴
⑤ 평행사변형

1 서로 수직인 변이 있는 도형을 모두 찾아 기호를 써 보세요.

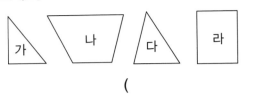

(   )

2 삼각자를 사용하여 직선 가에 대한 수선을 바르게 그은 것을 찾아 기호를 써 보세요.

(   )

✍ 서술형

3 직선 가는 직선 나에 대한 수선입니다. ㉠과 ㉡의 크기의 차는 몇 도인지 풀이 과정을 쓰고 답을 구해 보세요.

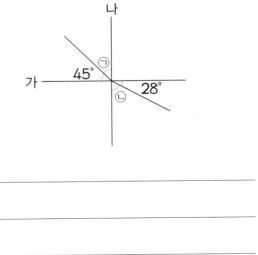

(   )

● 그림을 보고 물음에 답하세요. [4~5]

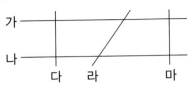

4 직선 가와 수직인 직선을 모두 찾아 써 보세요.

(   )

5 평행선은 모두 몇 쌍인가요?

(   )

중요

6 평행선 사이의 거리를 나타내는 선분은 어느 것인가요? (   )

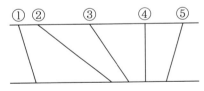

7 평행선 사이의 거리는 몇 cm인지 재어 보세요.

(   )

8 다음과 같이 정사각형 모양의 종이를 자른 후 빗금친 부분을 펼쳤을 때 만들어지는 사각형의 이름을 써 보세요.

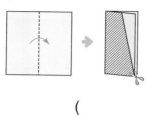

( )

9 사다리꼴을 완성해 보세요.

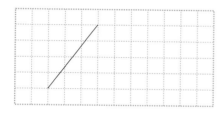

10 평행사변형은 모두 몇 개인가요?

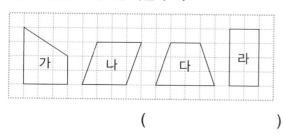

( )

11 평행사변형을 보고 ⬜ 안에 알맞은 수를 써넣으세요.

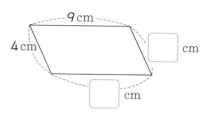

12 사각형 ㄱㄴㄷㄹ은 평행사변형입니다. ㉠의 크기를 구해 보세요.

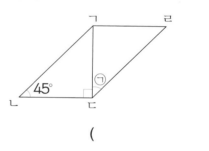

( )

● 사각형 ㄱㄴㄷㄹ은 마름모입니다. 물음에 답하세요. [13~14]

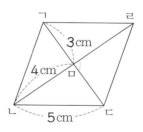

13 선분 ㄹㅁ의 길이는 몇 cm인가요?

( )

14 각 ㄹㅁㄷ의 크기는 몇 도인가요?

( )

15 도형판에서 한 꼭짓점만 옮겨서 마름모를 만들어 보세요.

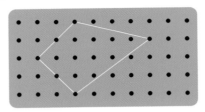

주의

16 그림에서 찾을 수 있는 크고 작은 마름모는 모두 몇 개인가요?

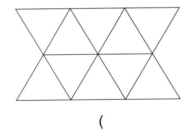

( )

⬤ 여러 가지 도형을 보고 물음에 답하세요.

[17~18]

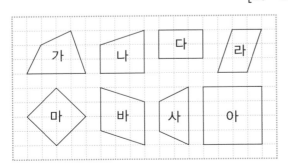

17 평행사변형을 모두 찾아 기호를 써 보세요.

( )

서술형

18 도형 아는 마름모인가요? 그렇게 생각한 이유를 써 보세요.

답 _____

이유 _____

_____

19 직사각형 모양의 종이띠를 선을 따라 자를 때 찾을 수 없는 도형은 어느 것인가요? ( )

| 가 | 나 | 다 | 라 | 마 |

① 마름모   ② 사다리꼴
③ 정사각형   ④ 직사각형
⑤ 평행사변형

응용

20 정사각형 가와 직사각형 나의 네 변의 길이의 합이 같을 때 정사각형의 한 변의 길이는 몇 cm인가요?

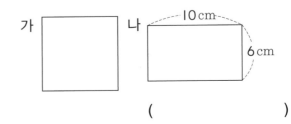

( )

직선 가와 직선 나는 서로 평행합니다. 그림을 보고 물음에 답하세요. [1~2]

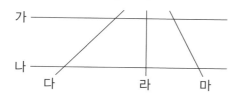

1 직선 가에 수직인 직선을 찾아 써 보세요.

(   )

2 직선 라에 대한 수선을 모두 찾아 써 보세요.

(   )

3 직선 가에 대한 수선을 그어 보세요.

가 ——————————————

4 그림에 대한 설명으로 옳은 것을 모두 고르세요.

(,   )

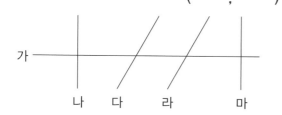

① 서로 평행한 직선은 1쌍 있습니다.
② 직선 가와 직선 다는 서로 수직입니다.
③ 직선 다와 직선 마는 서로 평행합니다.
④ 직선 마는 직선 가에 대한 수선입니다.
⑤ 직선 나와 직선 마는 만나지 않습니다.

5 삼각자를 사용하여 평행선을 바르게 그은 것을 모두 찾아 기호를 써 보세요.

(   )

6 도형에서 평행선 사이의 거리를 구하려면 어느 변의 길이를 재어야 하나요?

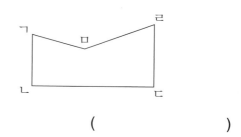

(   )

7 도형에서 변 ㄱㅇ과 변 ㅂㅅ은 서로 평행합니다. 변 ㄱㅇ과 변 ㅂㅅ 사이의 거리는 몇 cm인가요?

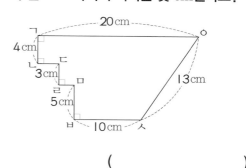

(   )

8 사다리꼴을 모두 찾아 기호를 써 보세요.

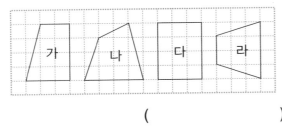

(   )

서술형

9 도형에서 찾을 수 있는 크고 작은 사다리꼴은 모두 몇 개인지 풀이 과정을 쓰고 답을 구해 보세요.

_____

_____

_____

_____

(   )

10 평행사변형에 대해 **잘못** 설명한 것을 모두 고르세요. (,   )

① 이웃하는 두 변의 길이가 같습니다.
② 마주 보는 두 쌍의 변이 평행합니다.
③ 마주 보는 두 변의 길이가 같습니다.
④ 마주 보는 두 각의 크기가 같습니다.
⑤ 마주 보는 두 각의 크기의 합은 180°입니다.

11 평행사변형을 보고 ☐ 안에 알맞은 수를 써넣으세요.

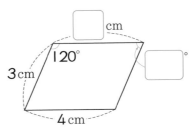

서술형

12 다음 도형이 평행사변형이 **아닌** 이유를 써 보세요.

이유 _____

_____

13 다음과 같이 직사각형 모양의 종이를 자른 후 빗금친 부분을 펼쳤을 때 만들어지는 사각형의 이름을 써 보세요.

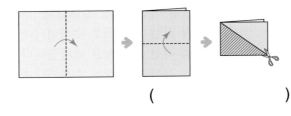

(   )

14 네 변의 길이의 합이 56 cm인 마름모입니다. ☐ 안에 알맞은 수를 써넣으세요.

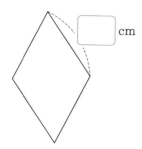

cm

15 나머지 두 변을 그어 마름모를 완성하려고 합니다. 어느 점과 이어야 하는지 기호를 써 보세요.

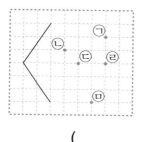

(   )

✋서술형

16 마름모와 정사각형을 겹치지 않게 이어 붙였습니다. ㉠의 크기는 몇 도인지 풀이 과정을 쓰고 답을 구해 보세요.

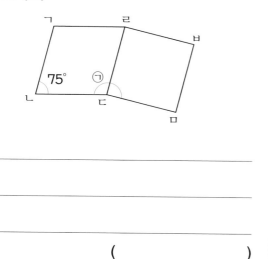

_____

_____

_____

(   )

● 직사각형 모양의 종이띠를 선을 따라 잘랐습니다. 물음에 답하세요. [17~18]

17 사다리꼴을 모두 찾아 기호를 써 보세요.

(   )

18 직사각형은 모두 몇 개인가요?

(   )

19 다음 막대로 만들 수 있는 사각형을 모두 고르세요. (,   ,   )

① 마름모
② 사다리꼴
③ 정사각형
④ 직사각형
⑤ 평행사변형

👥

20 색종이를 오른쪽의 사다리꼴 모양으로 여러 장 오려서 아래 모눈종이를 겹치지 않게 빈틈 없이 덮으려고 합니다. 사다리꼴 모양이 모두 몇 장 필요한가요?

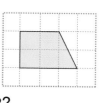

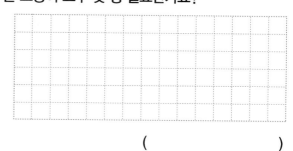

(   )

1 서로 수직인 변이 있는 도형을 모두 고르세요.

(,   )

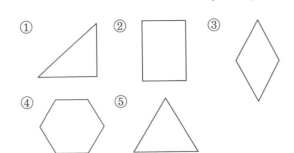

2 각도기를 사용하여 직선 가에 수직인 직선 ㄴㄱ을 긋는 순서대로 ☐ 안에 알맞게 기호를 써 보세요.

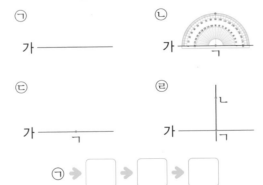

ㄱ → ☐ → ☐ → ☐

3 점 ㄱ에서 각 변에 수선을 그을 때 그을 수 있는 수선은 모두 몇 개인가요?

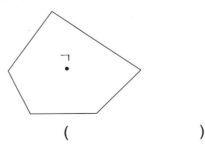

(   )

4 도형에서 서로 평행한 변을 찾아 써 보세요.

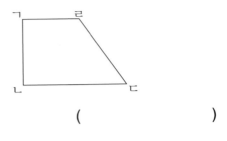

(   )

5 직선 가와 직선 나는 서로 평행합니다. ㉠의 크기는 몇 도인가요?

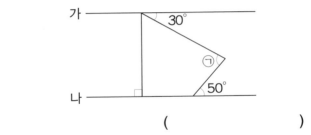

(   )

6 평행선 사이의 거리가 3 cm가 되도록 주어진 직선과 평행한 직선을 그어 보세요.

7 도형에서 평행선 사이의 거리는 몇 cm인지 풀이 과정을 쓰고 답을 구해 보세요.

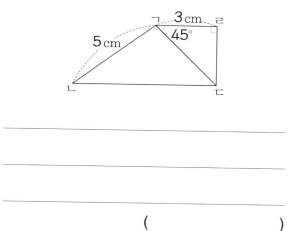

_____

_____

_____

( )

8 사다리꼴에 대한 설명으로 옳은 것은 어느 것인가요? ( )

① 네 각이 모두 직각입니다.
② 네 변의 길이가 모두 같습니다.
③ 마주 보는 변의 길이가 같습니다.
④ 마주 보는 각의 크기가 같습니다.
⑤ 마주 보는 한 쌍의 변이 평행합니다.

9 주어진 선분을 두 변으로 하는 사다리꼴을 만들 때 나머지 한 꼭짓점이 될 수 있는 점을 모두 고르세요. (,)

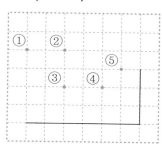

10 평행사변형입니다. 네 변의 길이의 합을 구해 보세요.

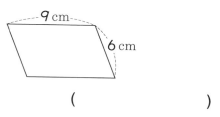

( )

11 사각형 ㄱㄴㄷㄹ은 평행사변형입니다. ㉮의 크기를 구해 보세요.

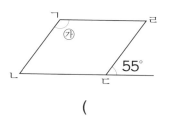

( )

12 사각형 ㄱㄴㄷㄹ은 평행사변형입니다. 크고 작은 평행사변형은 모두 몇 개인가요?

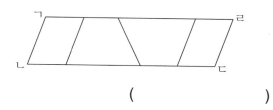

( )

13 마름모가 <u>아닌</u> 도형을 찾아 기호를 써 보세요.

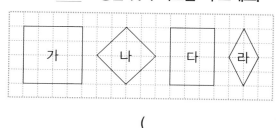

( )

14 마름모를 완성해 보세요.

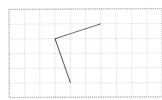

15 마름모입니다. ㉠과 ㉡의 크기의 합을 구해 보세요.

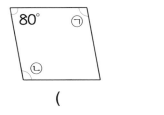

( )

🖐️서술형

16 정삼각형을 만들었던 철사를 펴서 마름모를 만들었습니다. 철사를 모두 사용하였다면 만든 마름모의 한 변의 길이는 몇 cm인지 풀이 과정을 쓰고 답을 구해 보세요.

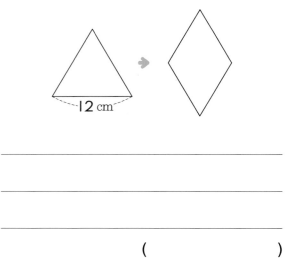

_____

_____

_____

( )

17 다음과 같이 직사각형 모양의 종이를 자른 후 빗금 친 부분을 펼쳤을 때 만들어지는 사각형의 이름을 써 보세요.

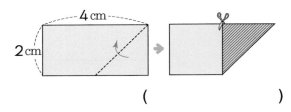

( )

18 조건을 만족하는 사각형을 모두 골라 ◯표 해 보세요.

• 마주 보는 두 쌍의 변이 서로 평행한 사각형입니다.
• 네 변의 길이가 모두 같은 사각형입니다.

마름모   사다리꼴
평행사변형
정사각형   직사각형

🖐️서술형

19 직사각형은 정사각형이라고 할 수 있나요? 그 이유를 써 보세요.

답 _____

이유 _____

_____

20 크기가 같은 두 직사각형을 그림과 같이 겹쳤습니다. 겹쳐진 사각형의 이름이 될 수 있는 것을 모두 고르세요. (, ,)

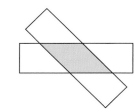

① 마름모
② 사다리꼴
③ 직사각형
④ 정사각형
⑤ 평행사변형

1 직사각형 ㄱㄴㄷㄹ에서 직선 가와 수직인 변을 모두 찾아 써 보세요.

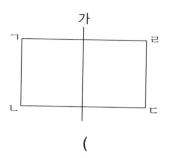

( )

2 점 ㄱ을 지나고 직선 ㄴㄷ에 수직인 직선을 그어 보세요.

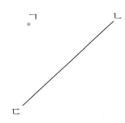

3 직선 가와 직선 다는 서로 수직입니다. ㉠의 크기는 몇 도인지 풀이 과정을 쓰고 답을 구해 보세요.

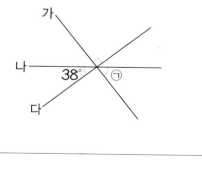

( )

4 수직인 변도 있고 평행한 변도 있는 도형을 모두 고르세요. (,)

① 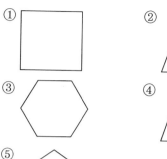 ②

③ 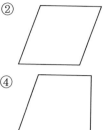 ④

⑤

5 삼각자를 사용하여 점 ㄱ을 지나고 직선 가와 평행한 직선을 그어 보세요.

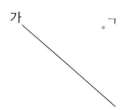

6 직선 가와 직선 나는 서로 평행합니다. 선분 ㄱㄴ이 평행선 사이의 거리를 나타낼 때 ㉠의 크기는 몇 도인가요?

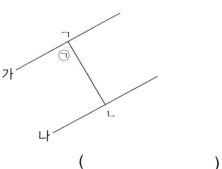

( )

7 도형에서 평행선을 찾아 평행선 사이의 거리는 몇 cm인지 재어 보세요.

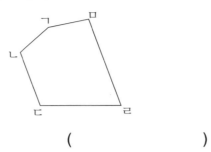

(   )

8 사각형에서 한 부분을 잘라 내어 사다리꼴이 되게 선을 그어 보세요.

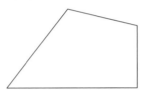

서술형

9 직사각형 모양의 종이띠를 선을 따라 잘랐을 때 잘라 낸 도형들은 모두 사다리꼴인가요? 그 이유를 써 보세요.

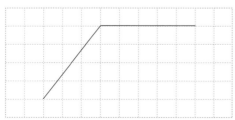

답 _____

이유 _____

_____

10 평행사변형을 완성해 보세요.

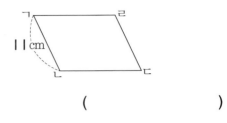

11 평행사변형 ㄱㄴㄷㄹ의 네 변의 길이의 합이 50 cm일 때, 변 ㄴㄷ의 길이를 구해 보세요.

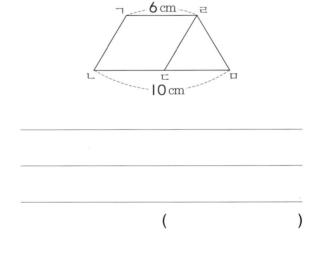

(   )

서술형

12 평행사변형과 정삼각형을 겹치지 않게 이어 붙인 사각형입니다. 사각형 ㄱㄴㅁㄹ의 네 변의 길이의 합은 몇 cm인지 풀이 과정을 쓰고 답을 구해 보세요.

_____

_____

_____

(   )

13 마름모에 대한 설명으로 잘못된 것은 어느 것인가요? (   )

① 평행사변형입니다.
② 네 변의 길이가 모두 같습니다.
③ 네 각의 크기가 모두 같습니다.
④ 서로 평행한 변이 2쌍 있습니다.
⑤ 마주 보는 각의 크기가 모두 같습니다.

사각형 ㄱㄴㄷㄹ은 마름모입니다. 물음에 답하세요. [14~15]

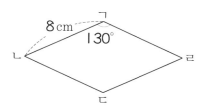

14 각 ㄱㄴㄷ의 크기를 구해 보세요.

(   )

15 네 변의 길이의 합을 구해 보세요.

(   )

16 평행사변형과 마름모를 겹치지 않게 이어 붙인 사각형입니다. 사각형 ㄱㄴㅁㅂ의 네 변의 길이의 합은 몇 cm인가요?

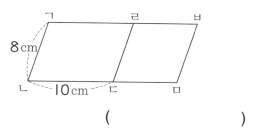

(   )

17 직사각형입니다. ☐ 안에 알맞은 수를 써 넣으세요.

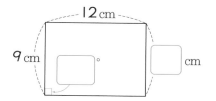

18 관계있는 것끼리 선으로 이어 보세요.

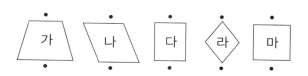

마주 보는 두 쌍의 변이 서로 평행한 사각형

가   나   다   라   마

네 각의 크기가 모두 같은 사각형

4단원

🖐서술형

19 사각형에 대한 설명으로 **잘못된** 것을 찾아 기호를 쓰고, 그 이유를 써 보세요.

> ㉠ 마름모는 정사각형입니다.
> ㉡ 정사각형은 직사각형입니다.
> ㉢ 마름모는 평행사변형입니다.
> ㉣ 평행사변형은 사다리꼴입니다.

(   )

이유 _____

_____

20 칠교판 조각을 사용하여 다음과 같은 직사각형을 만들려고 합니다. 칠교판 조각은 몇 조각이 필요한가요?

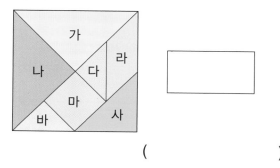

(   )

연습 각 단계에 따라 문제를 풀어 보세요.

1 직선 가와 직선 나는 서로 평행합니다. ㉠의 크기는 몇 도인지 구해 보세요.

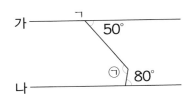

1단계 점 ㄱ을 지나고 직선 나에 수직인 직선을 그어 보세요.

2단계 수직인 직선을 그어 만들어진 사각형에서 ㉠을 제외한 세 각의 크기의 합을 구해 보세요.

(   )

3단계 ㉠의 크기를 구해 보세요.

(   )

도전 위에서 푼 방법을 생각하며 풀어 보세요.

1-1 직선 가와 직선 나는 서로 평행합니다. ㉠의 크기는 몇 도인지 구해 보세요.

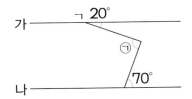

풀이

_____

_____

_____

_____

답 _____

이렇게 술술 풀어요

① 점 ㄱ을 지나고 직선 나에 수직인 직선을 그어 봅니다.

② 수직인 직선을 그어 만들어진 사각형에서 ㉠을 제외한 세 각의 크기의 합을 구합니다.

③ ㉠의 크기를 구합니다.

연습 각 단계에 따라 문제를 풀어 보세요.

2 세 직선 가, 나, 다는 서로 평행합니다. 직선 가와 직선 다 사이의 거리는 몇 cm인지 구해 보세요.

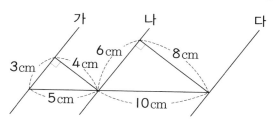

1단계 직선 가와 직선 나 사이의 거리는 몇 cm인가요?

(   )

2단계 직선 나와 직선 다 사이의 거리는 몇 cm인가요?

(   )

3단계 직선 가와 직선 다 사이의 거리는 몇 cm인가요?

(   )

4단원

도전 위에서 푼 방법을 생각하며 풀어 보세요.

2-1 세 직선 가, 나, 다는 서로 평행합니다. 직선 가와 직선 다 사이의 거리는 몇 cm인지 구해 보세요.

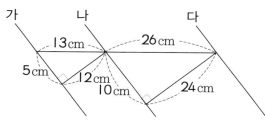

이렇게 술술 풀어요

① 직선 가와 직선 나 사이의 거리를 구합니다.

② 직선 나와 직선 다 사이의 거리를 구합니다.

③ 직선 가와 직선 다 사이의 거리를 구합니다.

풀이

_____

_____

_____

_____

 _____

연습 각 단계에 따라 문제를 풀어 보세요.

3 마름모 3개를 겹치지 않게 이어 붙였습니다. ㉠의 크기는 몇 도인지 구해 보세요.

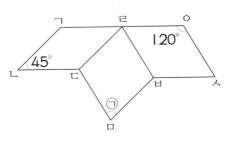

　　　1단계 각 ㄱㄹㄷ과 각 ㅇㄹㅂ의 크기를 차례로 구해 보세요.

(　　　, 　　　)

　　　2단계 각 ㄷㄹㅂ의 크기를 구해 보세요.

(　　　)

　　　3단계 ㉠의 크기를 구해 보세요.

(　　　)

도전 위에서 푼 방법을 생각하며 풀어 보세요.

3-1 마름모 3개를 겹치지 않게 이어 붙였습니다. ㉠의 크기는 몇 도인지 구해 보세요.

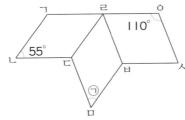

이렇게 술술 풀어요

① 각 ㄱㄹㄷ과 각 ㅇㄹㅂ의 크기를 차례로 구합니다.

② 각 ㄷㄹㅂ의 크기를 구합니다.

③ ㉠의 크기를 구합니다.

　　풀이

_____

_____

_____

_____

답 _____

4 직선 가와 직선 나는 서로 평행합니다. ㉠의 크기를 구해 보세요.

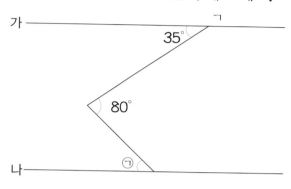

4
단원

풀이

답

5 마름모 3개를 겹치지 않게 이어 붙였습니다. ㉠의 크기는 몇 도인지 구해 보세요.

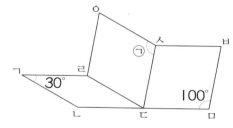

풀이

답

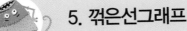
5 - 1 꺾은선그래프를 알아볼까요

◎ **꺾은선그래프**: 수량을 점으로 표시하고, 그 점들을 선분으로 이어 그린 그래프를 꺾은선그래프라고 합니다.

◎ **막대그래프와 꺾은선그래프 비교하기**

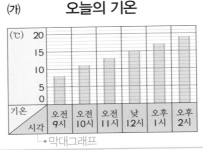

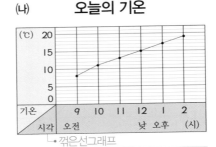

같은 점	예 • 오늘의 기온을 나타냈습니다. • 눈금의 크기가 같습니다.
다른 점	예 막대그래프는 막대로, 꺾은선그래프는 선으로 나타냈습니다.

• **그림그래프**: 알려고 하는 수 (조사한 수)를 그림으로 나타낸 그래프를 그림그래프라고 합니다.

마을	생산량
진달래	🍎🍎🍎🍎🍎🍎
백합	🍎🍎🍎🍎🍎🍎🍎
동백	🍎🍎🍎🍎🍎🍎
장미	🍎🍎🍎🍎🍎🍎

🍎10상자 🍎1상자

• **막대그래프**: 조사한 자료를 막대 모양으로 나타낸 그래프를 막대그래프라고 합니다.

---

5 - 2 꺾은선그래프에서 무엇을 알 수 있을까요

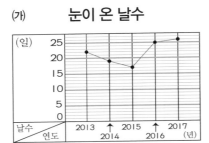

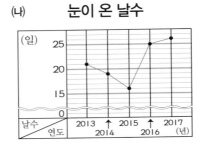

◎ **두 그래프의 같은 점**
① 두 그래프는 눈이 온 날수를 조사하여 나타낸 것입니다.
② 가로에는 연도를 나타내고 세로에는 날수를 나타냈습니다.
③ 세로 눈금 한 칸의 크기는 1일입니다.

◎ **두 그래프의 다른 점**
① (가) 그래프는 세로 눈금이 0부터 시작합니다.
② (나) 그래프는 물결선을 사용하였고 세로 눈금이 물결선 위로 15부터 시작합니다.

◎ **(나) 그래프의 세로 눈금이 물결선 위로 15부터 시작하는 이유**
① 15보다 작은 값이 없기 때문입니다.
② 가장 작은 값이 16일이기 때문입니다.
③ 세로 눈금 칸이 넓어져서 변화하는 모습이 더 잘 나타납니다.

• **꺾은선그래프를 살펴보는 방법**

제목 살펴보기
↓
가로와 세로 살펴보기
↓
눈금의 크기 살펴보기

• **꺾은선그래프에서 물결선의 필요성**
① 필요 없는 부분은 물결선으로 그리고 물결선 위로 시작할 수를 정합니다.
② 물결선을 사용하면 세로 눈금 칸이 넓어져서 변화하는 모습을 잘 나타낼 수 있습니다.

5-1 꺾은선그래프를 알아볼까요

어느 도시의 어제 오후의 지하철 승객 수를 조사하여 나타낸 그래프입니다. 물음에 답하세요.

[1~4]

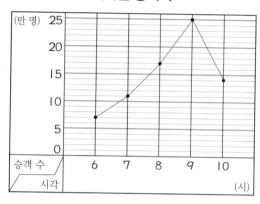

지하철 승객 수

1 위와 같은 그래프를 무슨 그래프라고 하나요?

( )

2 세로 눈금 한 칸은 몇 명을 나타내나요?

( )

3 꺾은선그래프의 가로와 세로는 각각 무엇을 나타내나요?

㉠ 가로: ( )

㉡ 세로: ( )

4 위 그래프에서 꺾은선은 무엇을 나타내나요?

( )

5-2 꺾은선그래프에서 무엇을 알 수 있을까요

동생의 몸무게를 매월 1일에 조사하여 나타낸 그래프입니다. 물음에 답하세요. [5~8]

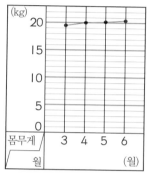

⑦ 동생의 몸무게

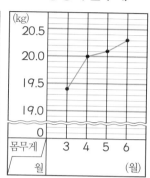

⑭ 동생의 몸무게

5 ☐ 안에 알맞은 말을 써넣으세요.

⑦와 ⑭ 그래프의 다른 점은 ⑭ 그래프에
☐ 이 있는 것입니다.

6 ⑦와 ⑭ 그래프 중 동생의 몸무게 변화를 더 뚜렷하게 알 수 있는 그래프는 어느 것인가요?

( )

7 몸무게가 가장 많이 늘어난 때는 몇 월과 몇 월 사이인가요?

( )

8 두 그래프에 대한 설명으로 옳은 것은 어느 것인가요? ( )

① 세로는 월을 나타냅니다.
② 가로는 몸무게를 나타냅니다.
③ 세로 눈금 한 칸의 크기가 다릅니다.
④ 몸무게가 점점 가벼워지고 있습니다.
⑤ 몸무게가 가장 무거운 달은 3월입니다.

5 - 3 꺾은선그래프를 어떻게 그릴까요

◉ 꺾은선그래프로 나타내기

(예)

우리나라 지진 발생 횟수 · 규모 3 이상을 나타낸 표입니다.

연도(년)	2014	2015	2016	2017
발생 횟수(회)	8	5	34	19

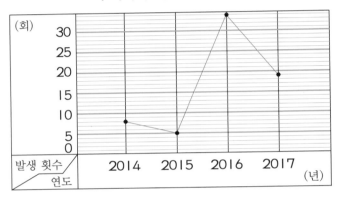

우리나라 지진 발생 횟수

• **꺾은선그래프로 나타내는 방법**
① 가로와 세로 중 어느 쪽에 조사한 수를 나타낼 것인가를 정합니다.
② 눈금 한 칸의 크기를 정합니다.
③ 조사한 수 중에서 가장 큰 수를 나타낼 수 있도록 눈금의 수를 정합니다.
④ 가로 눈금과 세로 눈금이 만나는 자리에 점을 찍습니다.
⑤ 점들을 선분으로 잇습니다.
⑥ 꺾은선그래프에 제목을 붙입니다.

5 - 4 자료를 조사하여 꺾은선그래프를 그려 볼까요

◉ **자료를 수집하여 꺾은선그래프로 나타내기**
① 원하는 주제를 정합니다.
② 자료를 수집하고 정리합니다.
③ 제목과 함께 꺾은선그래프로 나타냅니다.
④ 꺾은선그래프로 알 수 있는 내용을 정리하여 씁니다.

• **우리 주변에서 꺾은선그래프를 사용하는 예**
① 신문, 잡지, 인터넷을 통해 조사한 꺾은선그래프 등
② 통계청, 어린이 통계 동산, 전국학생통계대회 자료 등

5 - 5 꺾은선그래프는 어디에 쓰일까요

① 위 꺾은선그래프를 보고 알 수 있는 내용

(예)
> 연도별로 우리나라에 발생한 지진의 횟수를 살펴보면 2015년에 비해 2016년에 갑자기 많이 증가한 것을 알 수 있습니다.
> └ 2015년과 2016년 사이의 선이 가장 많이 기울어져 있기 때문입니다.

② 위 꺾은선그래프를 보고 알 수 있는 내용을 통해 의사 결정하기

(예)
> 2016년에 지진 발생 횟수가 갑자기 증가하였습니다. 따라서 우리나라도 지진에 대비할 필요성이 높아졌습니다.

• 꺾은선그래프는 중간 값을 알아보거나 앞으로의 일을 예상하는 데 사용하기 좋은 그래프입니다. 지금까지 점점 커졌다고 반드시 규칙적으로 커지는 것은 아니므로 그래프의 내용을 통해 올바른 의사 결정을 하는 것이 중요합니다.

5 - 3 꺾은선그래프를 어떻게 그릴까요

🐝 어느 지역의 오늘의 기온을 조사하여 나타낸 표를 보고 꺾은선그래프로 나타내려고 합니다. 물음에 답하세요. [1~4]

오늘의 기온

시각(시)	오전 9시	낮 12시	오후 3시	오후 6시
기온(℃)	12	17	18	16

1 꺾은선그래프의 가로에 시각을 나타낸다면 세로에는 무엇을 나타내어야 하나요?

( )

2 세로 눈금 한 칸은 몇 ℃를 나타내어야 좋을까요?

( )

3 물결선을 사용하여 꺾은선그래프를 그린다면, 물결선은 몇 ℃와 몇 ℃ 사이에 넣으면 좋을까요?

( )

4 꺾은선그래프로 나타내어 보세요.

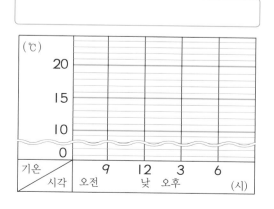

5 - 4 자료를 조사하여 꺾은선그래프를 그려 볼까요

5 자료를 수집하여 꺾은선그래프로 나타내려고 할 때 가장 먼저 해야 할 일은 무엇인지 기호를 쓰세요.

> ㉠ 원하는 주제를 정합니다.
> ㉡ 자료를 수집하고 정리합니다.
> ㉢ 제목과 함께 꺾은선그래프로 나타냅니다.

( )

5 - 5 꺾은선그래프는 어디에 쓰일까요

🐝 일주일 동안 진영이의 수영 기록을 조사하여 나타낸 꺾은선그래프입니다. 물음에 답하세요. [6~7]

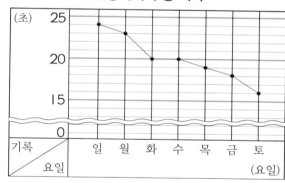

6 그래프를 보고 알 수 있는 내용으로 이야기를 완성해 보세요.

진영이의 기록을 살펴보면

_____

7 전날과 비교하여 기록이 가장 많이 좋아진 때는 무슨 요일인가요?

( )

● 어느 지역의 월별 평균 기온을 조사하여 나타낸
그래프입니다. 물음에 답하세요. [1~4]

월별 평균 기온

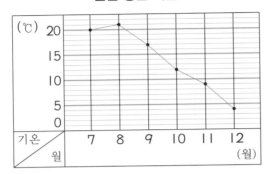

1 위와 같은 그래프를 무슨 그래프라고 하나요?

(   )

2 알맞은 말에 ◯표 해 보세요.

> 그래프에서 가로는 (기온 , 월)을, 세로는
> (기온 , 월)을 나타냅니다.

3 세로 눈금 한 칸은 몇 ℃를 나타내나요?

(   )

4 꺾은선은 무엇을 나타내나요?

(   )

● 서울의 5월 중 하루의 기온을 조사하여 나타낸 꺾
은선그래프입니다. 물음에 답하세요. [5~8]

5월 하루 기온

5 꺾은선그래프의 가로와 세로는 각각 무엇을 나타
내나요?

㉠ 가로: (   )

㉡ 세로: (   )

6 오전 6시의 기온은 몇 ℃인가요?

(   )

중요

7 기온이 가장 높은 때는 언제이고, 그때의 기온은
몇 ℃인가요?

(,   )

서술형

8 물결선을 넣는다면 물결선 위에 시작하는 눈금은
얼마로 하는 것이 좋은지 풀이 과정을 쓰고 답을
구해 보세요.

_____

_____

(   )

● 연준이의 키를 1월부터 4월까지 매월 1일에 재어 나타낸 꺾은선그래프입니다. 물음에 답하세요.

[9~11]

연준이의 키

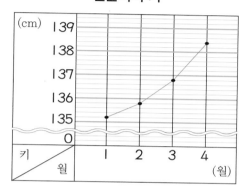

9 세로 눈금 한 칸은 몇 cm를 나타내나요?

( )

주의

10 그래프를 보고 빈칸에 알맞은 수를 써넣으세요.

연준이의 키

월(월)	1	2	3	4
키(cm)				

중요

11 그래프를 보고 잘못 설명한 것을 모두 고르세요.

(,)

① 세로는 키를 나타냅니다.
② 2월에는 1월보다 6 cm 더 자랐습니다.
③ 키가 가장 많이 자란 때는 3월과 4월 사이입니다.
④ 키가 전월과 비교하여 가장 적게 자란 때는 3월입니다.
⑤ 필요 없는 부분을 물결선으로 줄여서 변화하는 모습이 잘 나타납니다.

주의

12 다음 자료를 그래프로 나타낼 때 막대그래프로 나타내면 좋은 것에는 '막', 꺾은선그래프로 나타내면 좋은 것에는 '꺾'이라고 써넣으세요.

⑴ 시간별 교실의 기온 변화 ( )
⑵ 도시별 자동차 수 ( )

● 어느 하루 막대 그림자의 길이를 재어 나타낸 표를 보고 꺾은선그래프로 나타내려고 합니다. 물음에 답하세요. [13~14]

막대 그림자의 길이

시각 (시)	오전 10시	오전 11시	낮 12시	오후 1시	오후 2시
길이 (cm)	15	13	8	9	11

13 꺾은선그래프의 가로에 시각을 나타낸다면 세로에는 무엇을 나타내어야 하나요?

( )

14 위의 표를 보고 꺾은선그래프로 나타내어 보세요.

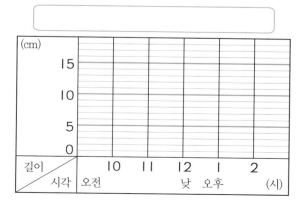

● 매월 1일 예진이네 고양이의 무게를 재어 나타낸 표를 보고 꺾은선그래프로 나타내려고 합니다. 물음에 답하세요. [15~17]

고양이의 무게

월(월)	1	2	3	4	5	6	7
무게 (kg)	20.2	20.4	21.0	20.9	21.3	21.1	21.4

15 세로 눈금 한 칸은 몇 kg을 나타내어야 하나요?

(　　)

① 0.1 kg　　　② 0.5 kg
③ 1 kg　　　④ 5 kg
⑤ 10 kg

16 ☐ 안에 알맞은 수를 써넣고 알맞은 말에 ◯표 해 보세요.

> 고양이의 무게가 가장 가벼운 때는 ☐ kg 이고 가장 무거운 때는 ☐ kg이므로 물결선은 0 kg과 (20 kg , 25 kg) 사이에 넣으면 좋습니다.

17 꺾은선그래프로 나타내어 보세요.

(kg)

0

무게 / 월　　1　2　3　4　5　6　7　(월)

● 어느 마트의 월별 소고기와 돼지고기 판매량을 나타낸 꺾은선그래프입니다. 물음에 답하세요.

[18~20]

소고기 판매량

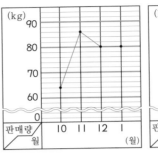

돼지고기 판매량

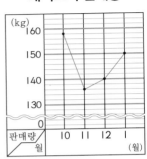

18 소고기 판매량이 가장 많았던 때의 돼지고기 판매량은 몇 kg인가요?

(　　　　　　)

19 전월과 비교하여 소고기 판매량의 변화가 없었던 때의 돼지고기 판매량은 전월과 비교하여 몇 kg 더 늘었나요?

(　　　　　　)

🖊서술형

20 소고기 판매량과 돼지고기 판매량을 더하여 판매량이 가장 많은 때는 몇 월인지 풀이 과정을 쓰고 답을 구해 보세요.

_____

_____

_____

(　　　　　　)

1 시간이 지남에 따라 변화하는 양을 점으로 표시하고, 그 점들을 선분으로 이어 그린 그래프를 무엇이라고 하나요?

(   )

● 어느 하루 효주네 교실의 기온을 조사하여 나타낸 그래프입니다. 물음에 답하세요. [2~3]

효주네 교실의 기온

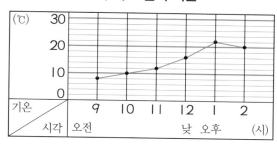

2 세로 눈금 한 칸은 몇 ℃를 나타내나요?

(   )

중요

3 그래프를 보고 바르게 설명한 것을 찾아 기호를 써 보세요.

> ㉠ 가로는 기온을 나타냅니다.
> ㉡ 세로는 시각을 나타냅니다.
> ㉢ 오전 9시의 기온은 4 ℃입니다.
> ㉣ 꺾은선은 교실의 기온 변화를 나타냅니다.

(   )

● 어느 지역의 연도별 눈이 온 날수를 조사하여 꺾은선그래프로 나타낸 것입니다. 물음에 답하세요. [4~6]

㈎ 눈이 온 날수

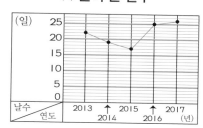

㈏ 눈이 온 날수

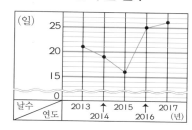

서술형

4 두 그래프의 같은 점을 2가지 써 보세요.

> ·
>
> ·

5 두 그래프의 다른 점을 설명한 것입니다. ☐ 안에 알맞은 수를 써넣으세요.

> ㈎는 세로 눈금이 ☐ 부터 시작합니다.
>
> ㈏는 물결선이 있고 세로 눈금이 물결선 위로
>
> ☐ 부터 시작합니다.

서술형

6 ㈏ 그래프와 같이 물결선을 사용하여 나타내면 어떤 점이 좋은지 써 보세요.

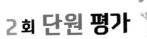
12월 어느 하루의 기온을 조사하여 나타낸 꺾은선그래프입니다. 물음에 답하세요. [7~9]

하루 기온

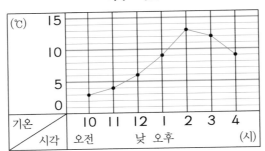

7 기온이 가장 높은 때는 몇 시인가요?

(   )

8 기온의 변화가 가장 큰 때는 몇 시와 몇 시 사이인가요?

(   )

9 오전 11시 30분의 기온은 몇 ℃였을지 써 보세요.

(   )

주전자에 끓인 물을 식히면서 1분마다 물의 온도를 재어 나타낸 표를 보고 꺾은선그래프로 나타내려고 합니다. 물음에 답하세요. [10~11]

물의 온도

시간(분)	1	2	3	4	5
온도(℃)	100	98	95	89	81

10 물결선은 어디와 어디 사이에 넣으면 좋나요?

(   )

① 0℃와 80℃ 사이   ② 0℃와 90℃ 사이
③ 0℃와 100℃ 사이   ④ 80℃와 100℃ 사이
⑤ 90℃와 100℃ 사이

11 꺾은선그래프를 완성해 보세요.

물의 온도

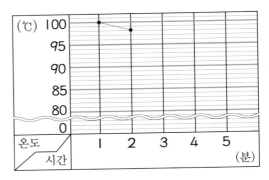

효주가 쓴 글을 읽고 꺾은선그래프로 나타내려고 합니다. 물음에 답하세요. [12~14]

나는 일주일 간격으로 토마토 싹의 키를 재어 표로 나타내었다. 시들까봐 걱정했는데 잘 자라서 기분이 좋다.

토마토 싹의 키

날짜(일)	1	8	15	22	29
키(cm)	1	3	5	9	14

12 꺾은선그래프를 완성해 보세요.

13 토마토 싹의 키가 가장 많이 자란 때는 며칠과 며칠 사이인가요?

(   )

14 효주가 일주일 후에 토마토 싹의 키를 잰다면 몇 cm가 될지 풀이 과정을 쓰고 답을 구해 보세요.

_____

_____

_____

(   )

● 어느 지역의 미세먼지가 나쁨을 기록한 날수를 조사하여 나타낸 꺾은선그래프입니다. 물음에 답하세요. [15~17]

미세먼지가 나쁨을 기록한 날수

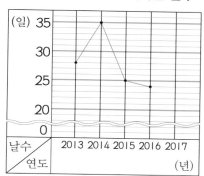

주의

15 2017년도에는 미세먼지가 나쁨을 기록한 날수가 2016년과 비교하여 2일 줄어들었습니다. 꺾은선그래프를 완성해 보세요.

16 2013년의 미세먼지가 나쁨을 기록한 날수는 며칠인가요?

(   )

17 2015년에는 2014년과 비교하여 미세먼지가 나쁨을 기록한 날수가 어떻게 변했나요?

(   )

● 어느 과일 가게의 요일별 사과와 배 판매량을 나타낸 꺾은선그래프입니다. 물음에 답하세요.

[18~19]

사과와 배의 판매량

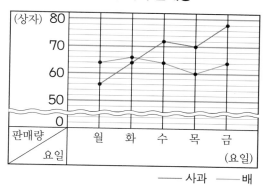

—— 사과   —— 배

18 사과 판매량과 배 판매량의 차가 가장 클 때는 언제인가요?

(   )

응용

19 월요일에는 사과와 배 중 어느 것이 몇 상자 더 많이 팔렸나요?

(,   )

주의

20 다음 조사 내용을 나타내기에 알맞은 그래프를 찾아 기호를 써 보세요.

> ㉠ 나라별 자동차 수
> ㉡ 반별 안경을 쓴 학생 수
> ㉢ 연도별 초등학생 수의 변화
> ㉣ 어느 학생의 일 년 동안의 몸무게의 변화

막대그래프	꺾은선그래프

어느 지역의 연도별 적설량을 나타낸 막대그래프와 꺾은선그래프입니다. 그래프를 보고 물음에 답하세요. [1~2]

 (가) 적설량   (나) 적설량

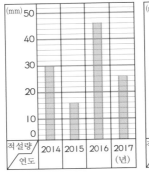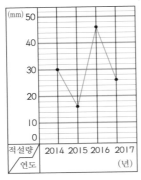

1 (가)와 (나) 그래프 중 적설량의 변화를 한눈에 알아보기 쉬운 그래프를 찾아 기호를 써 보세요.

( )

✎ 서술형

2 두 그래프의 같은 점과 다른 점을 한 가지씩 써 보세요.

같은 점	
다른 점	

어느 동화책 판매량을 매월 말일에 조사하여 나타낸 꺾은선그래프입니다. 물음에 답하세요. [3~6]

동화책 판매량

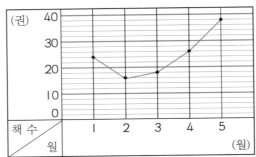

3 세로 눈금 한 칸은 몇 권을 나타내나요?

( )

4 동화책이 가장 많이 팔린 때와 가장 적게 팔린 때는 각각 몇 월인가요?

㉠ 가장 많이 팔린 때: ( )

㉡ 가장 적게 팔린 때: ( )

5 동화책 판매량의 변화가 가장 적은 때는 몇 월과 몇 월 사이인가요?

( )

6 전월과 비교하여 동화책 판매량이 가장 많이 늘어난 때는 몇 월이고, 몇 권 늘어났나요?

(,)

민선이의 몸무게를 매월 1일에 재어 기록한 표를 보고 꺾은선그래프로 나타내려고 합니다. 물음에 답하세요. [7~9]

민선이의 몸무게

월(월)	3	4	5	6	7
몸무게 (kg)	27.5	27.9	28.2	27.6	28.7

7 물결선을 사용한 꺾은선그래프로 나타내려고 합니다. 세로 눈금의 시작은 몇 kg으로 하고, 세로 눈금 한 칸은 몇 kg으로 하면 좋은가요? ( )

	세로 눈금의 시작	세로 눈금 한 칸의 크기
①	27 kg	1 kg
②	27.5 kg	0.1 kg
③	27.5 kg	1 kg
④	28 kg	0.1 kg
⑤	28 kg	1 kg

8 꺾은선그래프로 나타내어 보세요.

민선이의 몸무게

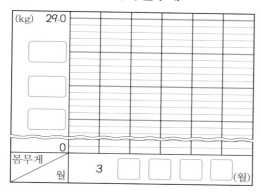

9 몸무게의 변화가 가장 큰 때는 몇 월과 몇 월 사이 인가요?

(   )

🌼 길호가 쓴 글을 읽고 꺾은선그래프로 나타내려고 합니다. 물음에 답하세요. [10~12]

나는 100 m 달리기 선수가 되고 싶어서 열심 히 연습을 하고 있습니다. 그래서 나의 월별 최고 기록을 조사하여 표로 나타내었습니다.

월별 최고 기록

월(월)	3	4	5	6
기록(초)	13.1	12.7	12.6	12.4

10 꺾은선그래프를 완성해 보세요.

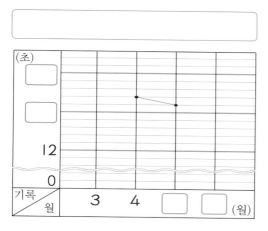

11 알맞은 말에 ◯표 해 보세요.

길호의 100 m 최고 기록이 점점 (줄어들고 , 늘어나고) 있으므로 기록이 점점 (좋아지고 , 나 빠지고) 있습니다.

12 전월과 비교하여 기록이 가장 많이 좋아진 때는 몇 월인가요?

(   )

🌼 우리나라 국민 1인당 쌀 소비량을 연도별로 조사 하여 나타낸 꺾은선그래프입니다. 물음에 답하세 요. [13~14]

국민 1인당 쌀 소비량

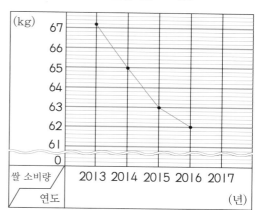

13 2017년도 국민 1인당 쌀 소비량은 61.8 kg입니 다. 꺾은선그래프를 완성해 보세요.

📝 **서술형**

14 쌀 소비량이 가장 많은 때와 가장 적은 때의 쌀 소비량의 차는 몇 kg인지 풀이 과정을 쓰고 답을 구해 보세요.

_____

_____

_____

(   )

네 식물의 길이의 변화를 조사하여 나타낸 꺾은선 그래프입니다. 물음에 답하세요. [15~18]

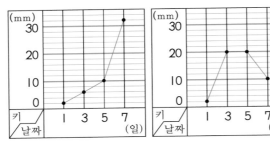

(가) 식물의 키   (나) 식물의 키

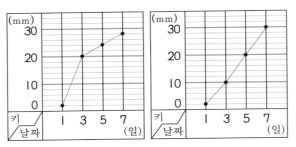

(다) 식물의 키   (라) 식물의 키

15 처음에는 천천히 자라다가 시간이 지나면서 빠르게 자라는 식물은 어느 것인가요?

(   )

16 처음에는 빠르게 자라다가 시간이 지나면서 천천히 자라는 식물은 어느 것인가요?

(   )

17 조사하는 동안 시들기 시작한 식물은 어느 것인가요?

(   )

서술형

18 조사하는 동안 길이가 가장 많이 자란 식물은 어느 것인지 풀이 과정을 쓰고 답을 구해 보세요.

_____

_____

_____

(   )

규민이의 월별 멀리뛰기 최고 기록의 변화를 한눈에 알아보기 쉽게 나타내려고 합니다. 물음에 답하세요. [19~20]

월별 멀리뛰기 최고 기록

월(월)	3	4	5	6	7	8
기록(cm)	131	135	142	144	146	149

19 막대그래프와 꺾은선그래프 중 어느 그래프로 나타내는 것이 좋은가요?

(   )

20 알맞은 그래프로 나타내어 보세요.

월별 멀리뛰기 최고 기록

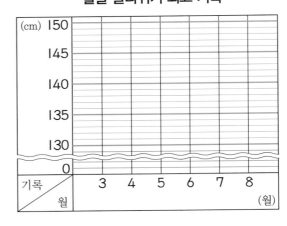

지영이네 학교의 연도별 입학생 수를 조사하여 나타낸 꺾은선그래프입니다. 물음에 답하세요.

[1~3]

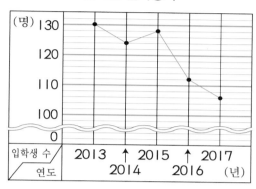

연도별 입학생 수

1 꺾은선그래프를 보고 바르게 설명한 것을 모두 고르세요. (,   )

① 세로는 연도를 나타냅니다.
② 가로는 입학생 수를 나타냅니다.
③ 세로 눈금 한 칸은 2명을 나타냅니다.
④ 입학생 수가 가장 많은 때는 2013년입니다.
⑤ 2013년부터 입학생 수가 계속 줄고 있습니다.

2 입학생 수의 변화가 가장 적은 때는 몇 년과 몇 년 사이인가요?

(   )

3 전년과 비교하여 입학생 수가 가장 많이 줄어든 때는 몇 년이고, 몇 명 줄었나요?

(,   )

수지가 감기에 걸린 동안 매일 체온을 재어 나타낸 꺾은선그래프입니다. 물음에 답하세요. [4~6]

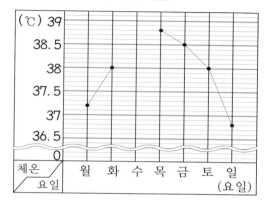

수지의 체온

4 월요일의 체온은 몇 °C였나요?

(   )

5 화요일은 월요일보다 체온이 몇 °C 올랐나요?

(   )

🖊서술형

6 수요일에 수지의 체온은 몇 °C였을지 풀이 과정을 쓰고 답을 구해 보세요.

_____

_____

(   )

어느 지역의 월별 강수량을 나타낸 표를 보고 물결선을 사용하여 꺾은선그래프로 나타내려고 합니다. 물음에 답하세요. [7~9]

월별 강수량

월(월)	2	3	4	5	6
강수량 (mm)	45	41	55	51	48

7 꺾은선그래프의 가로에 월을 나타낸다면 세로에는 무엇을 나타내어야 하나요?

( )

8 물결선은 몇 mm와 몇 mm 사이에 넣으면 좋은가요?

( )

9 꺾은선그래프로 나타내어 보세요.

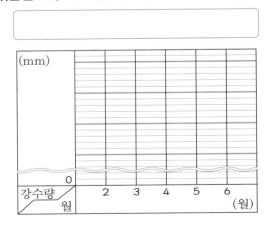

2월 한 달 동안 어느 지역의 해 뜨는 시각을 조사하여 나타낸 꺾은선그래프입니다. 물음에 답하세요. [10~12]

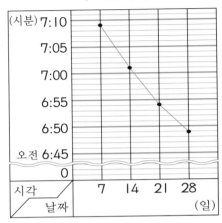

10 7일에 해가 뜬 시각은 오전 몇 시 몇 분인가요?

( )

11 14일은 7일과 비교하여 해 뜨는 시각이 어떻게 변했나요?

( )

12 일주일 후인 3월 7일에 해 뜨는 시각은 오전 몇 시 몇 분이라고 예상하는지 풀이 과정을 쓰고 답을 구해 보세요.

_____

_____

( )

● 어느 피겨 스케이팅 선수의 기록을 연도별로 조사하여 나타낸 꺾은선그래프입니다. 물음에 답하세요. [13~16]

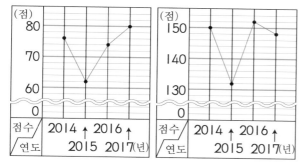

기술 점수   예술 점수

13 기술 점수의 변화가 가장 심한 때는 몇 년과 몇 년 사이인가요?

(   )

14 전년과 비교하여 예술 점수가 떨어진 해를 모두 써 보세요.

(,   )

15 기술 점수가 74점일 때의 예술 점수는 몇 점인가요?

(   )

🖐서술형

16 피겨 스케이팅 대회에서는 기술 점수와 예술 점수를 더해서 점수를 얻습니다. 점수가 가장 높은 때는 언제인지 풀이 과정을 쓰고 답을 구해 보세요.

_____

_____

_____

_____

(   )

● 우리나라 국민 1인당 온실가스 배출량을 조사하여 나타낸 표와 꺾은선그래프입니다. 물음에 답하세요. [17~19]

온실가스 배출량

연도(년)	2000	2005	2010	2015
배출량 (톤)			13.3	13.5

온실가스 배출량

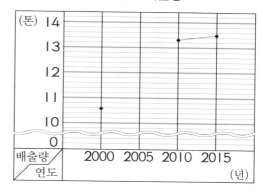

17 2000년의 국민 1인당 온실가스 배출량은 몇 톤인가요?

(   )

18 2010년에는 2005년에 비해 1인당 온실가스가 1.7톤 늘어났습니다. 표와 꺾은선그래프를 완성해 보세요.

19 2000년부터 2015년까지 국민 1인당 온실가스 배출량은 몇 톤 더 많아졌나요?

(   )

20 막대그래프와 꺾은선그래프 중 꺾은선그래프로 나타내면 더 좋은 것을 모두 고르세요.

(,   )

① 도시별 인구 수
② 월별 기온의 변화
③ 혈액형별 학생 수
④ 학생들이 좋아하는 계절
⑤ 연도별 자동차 생산량의 변화

연습 각 단계에 따라 문제를 풀어 보세요.

1 규민이와 혜성이의 월별 스피드스케이팅 최고 기록을 나타낸 꺾은선그래프입니다. 전월과 비교하여 기록이 가장 많이 좋아진 때의 두 사람의 기록의 차를 구해 보세요.

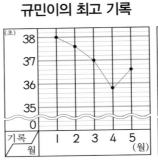

규민이의 최고 기록

혜성이의 최고 기록

1단계 전월과 비교하여 기록이 가장 많이 좋아진 때의 규민이의 기록은 몇 초인가요?

( )

2단계 전월과 비교하여 기록이 가장 많이 좋아진 때의 혜성이의 기록은 몇 초인가요?

( )

3단계 전월과 비교하여 기록이 가장 많이 좋아진 때의 두 사람의 기록의 차는 몇 초인가요?

( )

도전 위에서 푼 방법을 생각하며 풀어 보세요.

1-1 시원이와 영희의 월별 수학 점수를 나타낸 꺾은선그래프입니다. 전월과 비교하여 성적이 가장 많이 오른 때의 두 사람의 성적의 차를 구해 보세요.

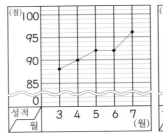

시원이의 월별 수학 점수   영희의 월별 수학 점수

이렇게 술술 풀어요

① 전월과 비교하여 성적이 가장 많이 오른 때의 시원이의 성적을 구합니다.

② 전월과 비교하여 성적이 가장 많이 오른 때의 영희의 성적을 구합니다.

③ 전월과 비교하여 성적이 가장 많이 오른 때의 두 사람의 성적의 차를 구합니다.

풀이

_____

_____

_____

답 _____

연습 각 단계에 따라 문제를 풀어 보세요.

2 어느 지역에 눈이 온 날수를 조사하여 꺾은선그래프로 나타내었습니다. 2012년부터 2016년까지 눈이 온 날수는 모두 36일이고 2015년에는 2016년보다 눈이 1일 더 적게 왔다고 합니다. 꺾은선그래프를 완성해 보세요.

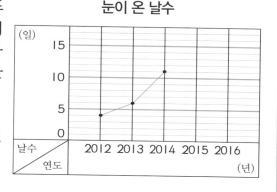

눈이 온 날수

1단계 2015년과 2016년에 눈이 온 날은 모두 며칠인가요?

( )

2단계 2015년과 2016년에 눈이 온 날은 각각 며칠인가요?

㉠ 2015년: ( ), ㉡ 2016년: ( )

3단계 꺾은선그래프를 완성해 보세요.

도전 위에서 푼 방법을 생각하며 풀어 보세요.

2-1 어느 지역에 기온이 영하로 내려간 날수를 조사하여 꺾은선그래프로 나타내었습니다. 2013년부터 2017년까지 기온이 영하로 내려간 날수는 모두 40일이고 2016년에는 2017년보다 기온이 영하로 내려간 날수가 3일 더 적었다고 합니다. 꺾은선그래프를 완성해 보세요.

기온이 영하로 내려간 날수

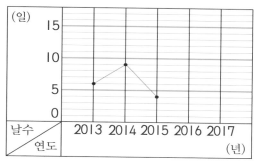

이렇게 술술 풀어요

① 2016년과 2017년에 기온이 영하로 내려간 날은 모두 며칠인지 구합니다.

② 2016년과 2017년에 기온이 영하로 내려간 날은 각각 며칠인지 구합니다.

③ 꺾은선그래프를 완성합니다.

연습 각 단계에 따라 문제를 풀어 보세요.

3 길호와 의란이의 월별 몸무게를 나타낸 꺾은선그래프입니다. 두 사람의 몸무게의 차가 가장 클 때의 몸무게의 차는 몇 kg인지 구해 보세요.

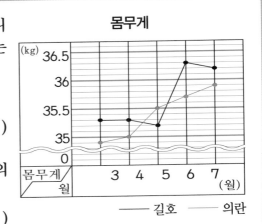

몸무게

1단계 두 사람의 몸무게의 차가 가장 클 때는 몇 월인가요?

(   )

2단계 두 사람의 몸무게의 차가 가장 클 때의 두 사람의 몸무게는 세로 눈금 몇 칸만큼 차이가 나나요?

(   )

3단계 두 사람의 몸무게의 차가 가장 클 때의 몸무게의 차는 몇 kg인가요?

(   )

도전 위에서 푼 방법을 생각하며 풀어 보세요.

3-1 성일이와 희진이의 월별 키를 나타낸 꺾은선그래프입니다. 두 사람의 키의 차가 가장 클 때의 키의 차는 몇 cm인지 구해 보세요.

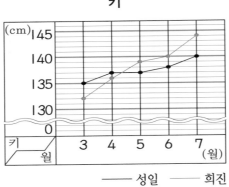

키

── 성일 ── 희진

이렇게 술술풀어요

① 두 사람의 키의 차가 가장 클 때는 언제인지 구합니다.

② 두 사람의 키의 차가 가장 클 때의 두 사람의 키는 세로 눈금 몇 칸만큼 차이가 나는지 구합니다.

③ 두 사람의 키의 차가 가장 클 때의 키의 차는 몇 cm인지 구합니다.

풀이

_____

_____

_____

답 _____

4 어느 지역에 월별 비가 온 날수를 조사하여 표와 꺾은선그래프로 나타내었습니다. 5월부터 10월까지 비가 온 날은 모두 69일이고, 5월에는 6월보다 비가 2일 더 적게 왔습니다. 표와 꺾은선그래프를 완성해 보세요.

월별 비가 온 날수

월(월)	5	6	7	8	9	10
날수(일)			20			5

월별 비가 온 날수

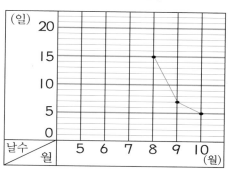

 풀이

5 승철이와 예원이의 월별 저금액을 조사하여 꺾은선그래프로 나타내었습니다. 저금액의 차가 가장 큰 때와 가장 작은 때의 저금액의 차는 얼마인지 각각 구해 보세요.

월별 저금액

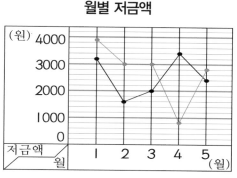

풀이

답 _____

6 - 1 다각형을 알아볼까요

◉ **다각형**: 선분으로만 둘러싸인 도형을 다각형이라고 합니다.
◉ **다각형의 이름**: 변의 수에 따라 삼각형, 사각형, 오각형, 육각형, 칠각형, 팔각형 등으로 부릅니다.

다각형의 이름	삼각형	사각형	오각형
변의 수(개)	3	4	5
꼭짓점의 수(개)	3	4	5
다각형의 모양			

다각형의 이름	육각형	칠각형	팔각형
변의 수(개)	6	7	8
꼭짓점의 수(개)	6	7	8
다각형의 모양			

└ 다각형의 변의 수가 늘어날수록 점차 원에 가까운 모양이 됩니다.

 다각형의 이름은 변의 수에 따라 정해져.

 도형마다 변의 수와 꼭짓점의 수가 같아.

• **선분**: 두 점을 곧게 이은 선을 말합니다.

• **변**
① 도형의 가장자리에 있는 선분을 말합니다.
② 곡선이 아닌 곧은 선입니다.

꼭짓점 ── 변

• **다각형이 아닌 도형**
① 선분으로 둘러싸여 있지 않고 열려 있는 도형

(예)

② 선분이 아닌 곡선이 있는 도형

(예)

🌸 **선분으로만 둘러싸인 도형을 찾아 기호를 써 보세요.**

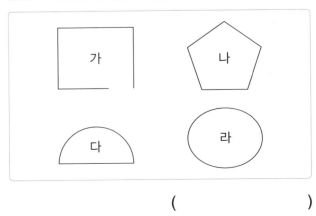

( )

풀이
나와 같이 선분으로만 둘러싸인 도형을 다각형이라고 합니다.
가. 선분으로 둘러싸여 있지 않고 열려 있는 도형입니다.
다. 곡선과 선분으로 둘러싸인 도형입니다.
라. 곡선으로만 둘러싸인 도형입니다.

답 나

6-1 다각형을 알아볼까요

도형을 보고 물음에 답하세요. [1~2]

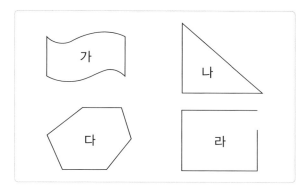

1 위 도형에서 다각형을 모두 찾아 기호를 써 보세요.

(   )

2 다각형이 아닌 이유를 적은 것입니다. 어떤 도형에 해당하는 것인지 기호를 써 보세요.

(1) 곡선이 있기 때문입니다.

(   )

(2) 선분으로 둘러싸여 있지 않고 열려 있기 때문입니다.

(   )

3 다음 공에서 찾을 수 있는 다각형의 이름을 모두 써 보세요.

(,   )

4 다각형을 보고 빈칸에 알맞은 수나 말을 써넣으세요.

다각형의 모양		
변의 수(개)		
다각형의 이름		

5 다각형을 보고 빈칸에 알맞은 수를 써넣으세요.

다각형의 모양		
변의 수(개)		
꼭짓점의 수(개)		

6 다각형의 이름을 써 보세요.

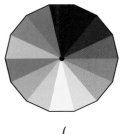

(   )

6 - 2 변의 길이와 각의 크기가 모두 같은 다각형을 알아볼까요

◉ **정다각형**: 변의 길이가 모두 같고, 각의 크기가 모두 같은 다각형을 정다각형이라고 합니다.

◉ **정다각형의 이름**: 변의 수에 따라 정삼각형, 정사각형, 정오각형, 정육각형, 정칠각형, 정팔각형 등으로 부릅니다.
　┌● 도형마다 변의 수와 꼭짓점의 수가 같습니다.

정삼각형	정사각형	정오각형	정육각형
△	□	⬠	⬡

• **정다각형이 아닌 도형**

① 각의 크기는 모두 같으나 변의 길이가 모두 같지 않은 도형

예

② 변의 길이와 각의 크기가 모두 같지 않은 도형

예

---

6 - 3 대각선을 알아볼까요

◉ **대각선**: 다각형에서 서로 이웃하지 않는 두 꼭짓점을 이은 선분을 대각선이라고 합니다.

➡ 대각선은 선분 ㄱㄷ, 선분 ㄴㄹ입니다.

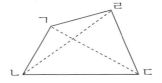

◉ **여러 가지 사각형의 대각선**

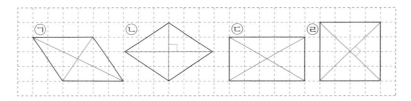

㉠ 평행사변형: 두 대각선의 길이가 항상 같지는 않습니다.
㉡ 마름모: 두 대각선이 서로 수직으로 만납니다.
㉢ 직사각형: 두 대각선의 길이가 같습니다.
㉣ 정사각형: 두 대각선의 길이가 같고 서로 수직으로 만납니다.

• ★**각형의 대각선의 개수**
　┌● 모든 꼭짓점이 이웃하고 있기 때문에 대각선을 그을 수 없습니다.

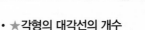 ➡ 0개

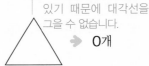 ➡ 2개

 ➡ 5개

(★각형의 대각선의 개수)
=(꼭짓점의 수)×(한 꼭짓점에서 그을 수 있는 대각선의 수)
÷2

✿ 오른쪽 도형에서 그을 수 있는 대각선의 수를 구해 보세요.

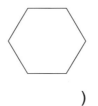

(　　　　)

풀이
한 꼭짓점에서 그을 수 있는 대각선의 수가 3개이고 꼭짓점의 수가 6개입니다. 이때 한 꼭짓점에서 그은 대각선이 두 번씩 겹치므로 18개의 절반은 9개입니다.

답 9개

6 - 2 변의 길이와 각의 크기가 모두 같은 다각형을 알아볼까요

도형을 보고 물음에 답하세요. [1~3]

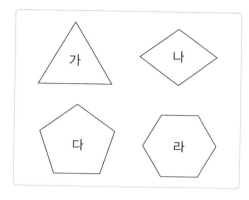

1 변의 길이가 모두 같은 다각형을 모두 찾아 기호를 써 보세요.

( )

2 각의 크기가 모두 같은 다각형을 모두 찾아 기호를 써 보세요.

( )

3 정다각형을 모두 찾아 기호를 써 보세요.

( )

4 한 변의 길이가 6 cm인 정육각형의 모든 변의 길이의 합을 구해 보세요.

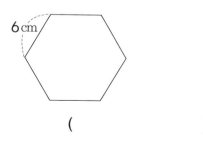

( )

6 - 3 대각선을 알아볼까요

도형을 보고 물음에 답하세요. [5~7]

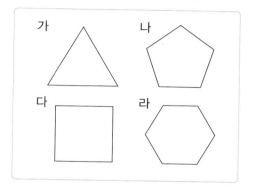

5 각각의 도형에 대각선을 모두 그어 보세요.

6 대각선의 수가 많은 것부터 차례대로 기호를 써 보세요.

(, , ,)

7 두 대각선이 서로 수직으로 만나는 다각형을 찾아 기호를 써 보세요.

( )

8 바르게 설명한 것은 ◯표, 잘못 설명한 것은 ✕표 하세요.

(1) 평행사변형에는 대각선을 그을 수 없습니다.

( )

(2) 마름모는 두 대각선이 서로 수직으로 만납니다.

( )

6 - 4 모양 만들기를 해 볼까요

◎ 여러 가지 모양 조각 알아보기

◎ 모양 조각으로 다각형 만들어 보기

(예)

◎ 모양 조각으로 여러 가지 모양을 만들어 꾸미기

(예)

• 칠교 조각을 사용하여 다각형 만들기

(예)

6 - 5 모양 채우기를 해 볼까요

◎ 같은 모양을 여러 가지 방법으로 채우기

(예)

◎ 네 가지 모양 조각을 모두 사용하여 모양 채우기

(예)

• 모양 조각의 구성

모양 조각은 1960년대에 미국의 초등과학연구회가 개발한 학습 자료입니다. 기본적으로 6가지 색으로 구분된 6가지 도형(정삼각형, 평행사변형, 사다리꼴, 정육각형, 정사각형, 마름모)을 모아 놓은 것입니다.

6 - 4 모양 만들기를 해 볼까요

모양 조각을 보고 물음에 답하세요. [1~3]

1 다음 설명에 알맞은 모양 조각을 찾아 기호를 써 보세요.

> 변의 길이가 모두 같고, 각의 크기가 모두 같은 다각형입니다.

( )

2 모양 조각 가를 사용하여 정육각형을 만들려고 합니다. 모양 조각은 몇 개 필요한가요?

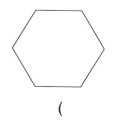

( )

3 모양 조각 다를 사용하여 정육각형을 만들려고 합니다. 모양 조각은 몇 개 필요한가요?

( )

6 - 5 모양 채우기를 해 볼까요

4 모양을 채우고 있는 다각형의 이름을 써 보세요.

( )

5  을 사용하여 정사각형을 채워 보세요.

6 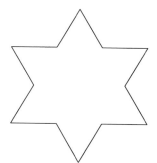 을 사용하여 모양을 채워 보세요.

b 단원

1 그림과 같이 선분으로만 둘러싸인 도형을 무엇이라고 하나요?

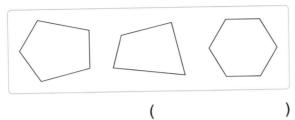

( )

2 다각형이 아닌 것을 모두 찾아 ✕표 하세요.

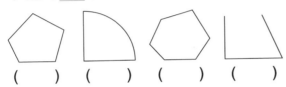

( ) ( ) ( ) ( )

3 육각형을 찾아 기호를 써 보세요.

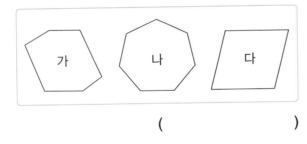

( )

4 관계있는 것끼리 선으로 이어 보세요.

(1)  · · ㉠ 팔각형

(2)  · · ㉡ 칠각형

5 도형판에 만든 다각형의 이름을 써 보세요.

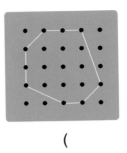

( )

중요

6 정다각형의 이름을 써 보세요.

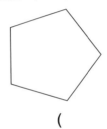

( )

서술형

7 정육각형을 바르게 그린 사람은 누구인지 풀이 과정을 쓰고 답을 구해 보세요.

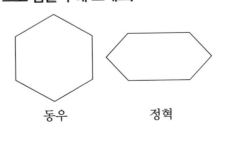

동우 정혁

_____

_____

( )

8 변이 8개인 정다각형의 이름을 써 보세요.

( )

12 육각형에 그을 수 있는 대각선은 모두 몇 개인가요?

( )

9 모든 변의 길이의 합이 65 cm인 정오각형의 한 변의 길이는 몇 cm인가요?

( )

13 두 대각선이 서로 수직으로 만나는 사각형을 모두 찾아 기호를 써 보세요.

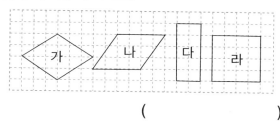

( )

10 대각선을 바르게 나타낸 것에 ◯표 해 보세요.

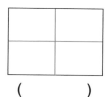 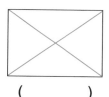

( ) ( )

서술형

14 사각형 ㄱㄴㄷㄹ은 직사각형입니다. 선분 ㄴㄹ의 길이는 몇 cm인지 풀이 과정을 쓰고 답을 구해 보세요.

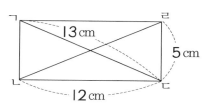

_____

_____

( )

11 다각형에 대각선을 모두 그어 보세요.

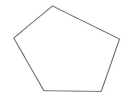

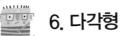

● 모양 조각을 보고 물음에 답하세요. [15~17]

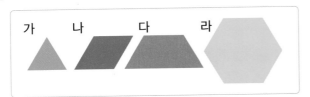

15 다음은 위의 모양 조각 중에서 1개를 고르고 그 모양에 대해 설명한 것입니다. 고른 모양 조각의 기호와 다각형의 이름을 써 보세요.

> 변의 길이와 각의 크기가 모두 같고, 6개의 변으로 둘러싸인 도형입니다.

(,   )

16 모양 조각 나를 사용하여 모양 조각 라를 만들려고 합니다. 모양 조각 나는 몇 개 필요한가요?

(   )

17 모양 조각 가, 나를 사용하여 사다리꼴을 만들어 보세요.

● 다각형을 사용하여 꾸민 모양을 보고 물음에 답하세요. [18~19]

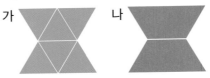

18 모양을 채우고 있는 다각형의 이름을 써 보세요.

가: (   )

나: (   )

중요

19 모양 채우기 방법을 바르게 설명한 것에 모두 ◯ 표 하세요.

㉠ 빈틈없이 이어 붙였습니다.   (   )
㉡ 서로 겹치도록 이어 붙였습니다.   (   )
㉢ 길이가 같은 변끼리 이어 붙였습니다. (   )

20 다음 모양 조각을 사용하여 서로 다른 방법으로 마름모를 채워 보세요. (단 같은 모양 조각을 여러 번 사용할 수 있습니다.)

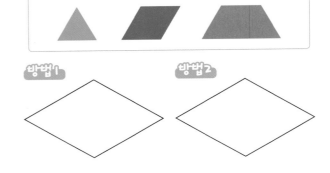

그림을 보고 물음에 답하세요. [1~2]

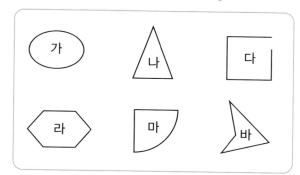

1 다각형을 모두 찾아 기호를 써 보세요.

( )

2 육각형을 찾아 기호를 써 보세요.

( )

서술형
3 다음 도형이 다각형이 <u>아닌</u> 이유를 써 보세요.

이유 _____
_____

4 도형의 이름을 써 보세요.

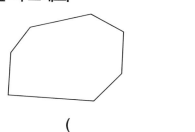

( )

5 점 종이에 그려진 선분을 이용하여 오각형을 완성해 보세요.

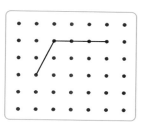

중요
6 ☐ 안에 알맞은 말을 써넣으세요.

☐ 의 길이가 모두 같고, ☐ 의 크기가 모두 같은 다각형을 정다각형이라고 합니다.

7 정육각형을 찾아 ◯표 해 보세요.

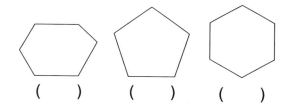

( ) ( ) ( )

8 다음에서 설명하는 도형의 이름을 써 보세요.

• 9개의 선분으로 둘러싸인 도형입니다.
• 변의 길이가 모두 같습니다.
• 각의 크기가 모두 같습니다.

( )

6 단원

9 한 변의 길이가 12 cm인 정팔각형이 있습니다. 이 정팔각형의 모든 변의 길이의 합은 몇 cm인지 풀이 과정을 쓰고 답을 구해 보세요.

_____

_____

(   )

10 다음과 같이 서로 이웃하지 않는 두 꼭짓점을 이은 선분을 무엇이라고 하나요?

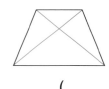

(   )

11 도형에 대각선을 모두 그어 보세요.

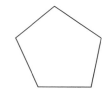

12 대각선의 개수가 가장 많은 도형은 어느 것인가요? (   )

① 원   ② 마름모
③ 삼각형   ④ 육각형
⑤ 직사각형

13 보 기 에서 두 대각선이 항상 서로 수직으로 만나는 사각형을 모두 찾아 기호를 써 보세요.

보 기
| ㉠ 직사각형 | ㉡ 평행사변형 |
| ㉢ 마름모 | ㉣ 정사각형 |

(   )

14 사각형 ㄱㄴㄷㄹ이 정사각형일 때, 두 대각선의 길이의 합을 구해 보세요.

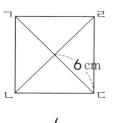

(   )

15 다음 모양을 만드는 데 사용한 2가지 모양 조각의 이름을 써 보세요.

(,   )

16 2가지 모양 조각을 사용하여 삼각형을 만들어 보세요. (단, 같은 모양 조각을 여러 번 사용할 수 있습니다.)

17 다음 모양을 만들려면 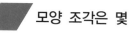 모양 조각은 몇 개 필요한가요?

(   )

18 같은 모양 조각으로 평행사변형의 빈칸을 채워 보세요.

● 모양 조각을 보고 물음에 답하세요. [19~20]

가   나   다   라   마

19 모양 조각 마를 사용하여 정사각형을 채워 보세요.

6 단원

*주의

20 모양 조각을 모두 사용하여 주어진 모양을 채워 보세요.

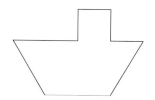

● 모양자를 보고 물음에 답하세요. [1~2]

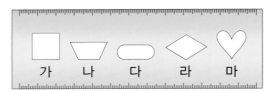

가   나   다   라   마

1 모양자에서 다각형을 모두 찾아 기호를 써 보세요.

(   )

서술형

2 모양자에서 다각형이 <u>아닌</u> 것을 모두 찾아 기호를 쓰고, 그 이유를 써 보세요.

기호 _____

이유 _____

_____

3 도형의 이름을 써 보세요.

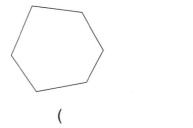

(   )

4 변이 11개인 다각형의 이름을 쓰세요.

(   )

5 팔각형을 바르게 그린 사람은 누구인가요?

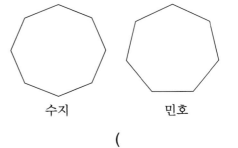

수지   민호

(   )

6 정오각형을 모두 찾아 ◯표 하세요.

(   )   (   )   (   )   (   )

7 주어진 선을 이용하여 정육각형을 완성해 보세요.

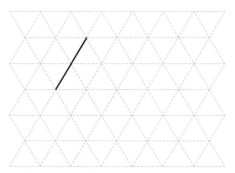

8 다음 설명에 알맞은 도형의 이름은 무엇인지 풀이 과정을 쓰고 답을 구하세요.

- 10개의 선분으로 둘러싸인 도형입니다.
- 변의 길이가 모두 같습니다.
- 각의 크기가 모두 같습니다.

_____

_____

(   )

9 한 변의 길이가 14 cm이고 모든 변의 길이의 합이 84 cm인 정다각형의 이름을 써 보세요.

(   )

10 다각형에 대각선을 모두 그어 보세요.

11 도형에 그을 수 있는 대각선의 수의 합을 구해 보세요.

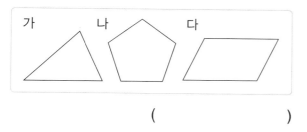

(   )

12 표시된 꼭짓점에서 그을 수 있는 대각선을 모두 그어 보고, 알게 된 점을 써 보세요.

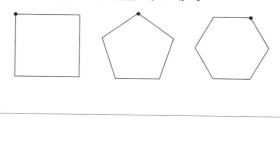

_____

_____

13 다음 중 잘못 설명한 것은 어느 것인가요?

(   )

① 정육각형의 대각선은 모두 9개입니다.
② 마름모는 두 대각선의 길이가 같습니다.
③ 직사각형의 두 대각선의 길이는 같습니다.
④ 정사각형의 두 대각선은 서로 수직으로 만납니다.
⑤ 평행사변형의 한 대각선은 다른 대각선을 반으로 나눕니다.

14 정사각형입니다. ▢ 안에 알맞은 수를 써넣으세요.

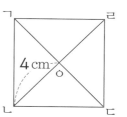

각 ㄱㅇㄹ의 크기는 ▢°이고, 선분 ㄱㄷ의 길이는 ▢ cm입니다.

6 단원

● 모양 조각을 보고 물음에 답하세요. [15~17]

가　　나　　다

15 다각형의 모양을 만드는 데 사용한 모양 조각을 찾아 기호와 다각형의 이름을 써 보세요.

(　　　　，　　　　　)

16 모양 조각 가를 이용하여 모양 조각 나를 4개 만들려고 합니다. 모양 조각 가는 몇 개 필요한가요?

(　　　　　　　　　)

17 모양 조각을 사용하여 다각형을 만들고, 만든 다각형의 이름을 써 보세요.

(　　　　　　　　　)

18 　，　　2가지 모양 조각을 모두 사용하여 정사각형을 채울 수 있는 방법을 나타내어 보세요.

● 모양 조각을 보고 물음에 답하세요. [19~20]

19 모양 조각을 한 가지만 사용하여 서로 다른 방법으로 평행사변형을 채워 보세요. (단, 같은 모양 조각을 여러 번 사용할 수 있습니다.)

방법1　　　　　　方법2

20 세 가지 모양 조각을 모두 사용하여 주어진 모양을 채워 보세요. (단, 같은 모양 조각을 여러 번 사용할 수 있습니다.)

그림을 보고 물음에 답하세요. [1~2]

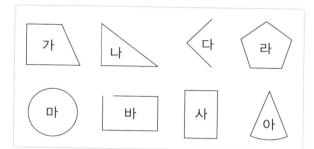

1 다각형을 모두 찾아 기호를 써 보세요.

(   )

2 정다각형을 찾아 기호를 써 보세요.

(   )

3 칠각형을 모두 찾아 ◯표 하세요.

(   )   (   )   (   )

4 안전표지판의 테두리에서 볼 수 있는 다각형의 이름을 써 보세요.

(   )

5 점 종이에 그려진 선분을 이용하여 육각형을 완성해 보세요.

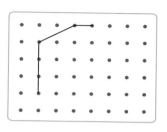

6 다음 도형은 정다각형이 아닙니다. 그 이유를 써 보세요.

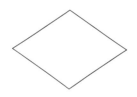

이유 _____

_____

6
단원

7 정다각형 모양을 찾아 색칠해 보세요.

모양 조각으로
육각형을
만들었어요.

 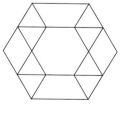

8 다음 설명에 알맞은 도형의 이름을 써 보세요.

> • 변이 8개인 다각형입니다.
> • 변의 길이가 모두 같습니다.
> • 각의 크기가 모두 같습니다.

(   )

9 한 변의 길이가 6 cm이고 모든 변의 길이의 합이 72 cm인 정다각형이 있습니다. 이 도형의 이름을 써 보세요.

(   )

10 다각형에 대각선을 모두 그어 보세요.

(1) 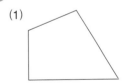   (2)

서술형

11 삼각형에 대각선을 그을 수 <u>없는</u> 이유를 써 보세요.

이유 _____

_____

그림을 보고 물음에 답하세요. [12~13]

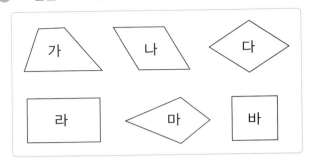

12 두 대각선의 길이가 같은 사각형을 모두 찾아 기호를 써 보세요.

(   )

13 두 대각선이 서로 수직이고, 길이가 같은 사각형을 찾아 기호를 써 보세요.

(   )

서술형

14 사각형 ㄱㄴㄷㄹ은 직사각형이고 삼각형 ㅇㄷㄹ은 정삼각형입니다. 선분 ㄱㄷ의 길이는 몇 cm인지 풀이 과정을 쓰고 답을 구해 보세요.

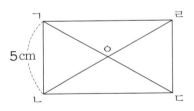

_____

_____

_____

(   )

모양 조각을 사용하여 만든 모양입니다. 물음에 답하세요. [15~16]

15 모양을 만드는 데 사용한 다각형을 모두 찾아 ◯표 하세요.

(삼각형 , 사각형 , 육각형)

서술형

16 어떻게 만들었는지 설명해 보세요.

_____

_____

17 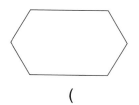 을 사용하여 다음 도형을 만들려면 모양 조각은 몇 개 필요한가요?

(   )

모양 조각을 보고 물음에 답하세요. [18~20]

가   나   다

18 모양을 채우고 있는 모양 조각을 찾아 기호를 써 보세요.

(   )

19 모양 조각 가로 육각형의 빈칸을 채워 보세요.

6 단원

20 세 가지 모양 조각을 사용하여 서로 다른 방법으로 평행사변형을 채워 보세요. (단, 같은 모양 조각을 여러 번 사용할 수 있습니다.)

방법1   방법2

각 단계에 따라 문제를 풀어 보세요.

1 세 변의 길이의 합이 36 cm인 정삼각형에 선을 그었더니 작은 정삼각형 4개가 만들어졌습니다. 만들어진 작은 정삼각형 1개의 세 변의 길이의 합은 몇 cm인가요?

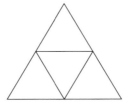

1단계 큰 정삼각형의 한 변의 길이는 몇 cm인가요?

(   )

2단계 작은 정삼각형의 한 변의 길이는 몇 cm인가요?

(   )

3단계 작은 정삼각형 1개의 세 변의 길이의 합은 몇 cm인가요?

(   )

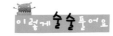 위에서 푼 방법을 생각하며 풀어 보세요.

1-1 여섯 변의 길이의 합이 78 cm인 정육각형에 선을 그었더니 정삼각형 6개가 만들어졌습니다. 만들어진 정삼각형 1개의 세 변의 길이의 합은 몇 cm인가요?

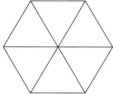

이렇게 술술 풀어요

① 정육각형의 한 변의 길이를 구합니다.

② 정삼각형의 한 변의 길이를 구합니다.

③ 정삼각형 1개의 세 변의 길이의 합을 구합니다.

풀이

2 다음 설명에 알맞은 도형을 보 기 에서 찾아 기호를 써 보세요.

> **보 기**
> ㉠ 마름모 ㉡ 정사각형
> ㉢ 직사각형 ㉣ 평행사변형

> • 대각선이 2개입니다.
> • 두 대각선의 길이가 같습니다.
> • 두 대각선이 서로 수직으로 만납니다.

1단계 대각선이 2개인 다각형의 이름을 써 보세요.

(   )

2단계 **1단계** 의 다각형 중 두 대각선의 길이가 같은 도형을 모두 찾아 기호를 써 보세요.

(   )

3단계 **2단계** 의 도형 중 두 대각선이 서로 수직으로 만나는 도형을 찾아 기호를 써 보세요.

(   )

2-1 다음 설명에 알맞은 도형을 보 기 에서 찾아 기호를 써 보세요.

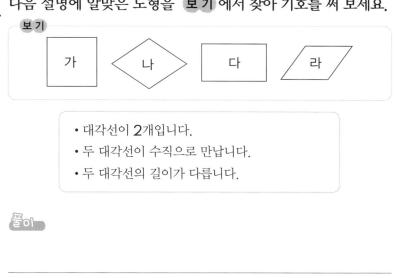

> • 대각선이 2개입니다.
> • 두 대각선이 수직으로 만납니다.
> • 두 대각선의 길이가 다릅니다.

이렇게 술술풀어요

① 대각선이 2개인 다각형의 이름을 구합니다.

② 두 대각선이 서로 수직으로 만나는 사각형을 찾습니다.

③ 두 대각선의 길이가 다른 사각형을 찾습니다.

 풀이

_____

_____

답 _____

연습 각 단계에 따라 문제를 풀어 보세요.

3 오각형의 다섯 각의 크기의 합을 구해 보세요.

1단계 오각형의 한 꼭짓점 ㄱ에서 그을 수 있는 대각선을 모두 그어 보세요.

2단계 한 꼭짓점에서 그을 수 있는 대각선을 모두 그으면 삼각형 몇 개로 나누어지나요?

( )

3단계 오각형의 다섯 각의 크기의 합을 구해 보세요.

( )

도전 위에서 푼 방법을 생각하며 풀어 보세요.

3-1 육각형의 여섯 각의 크기의 합을 구해 보세요.

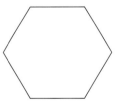

① 한 꼭짓점에서 그을 수 있는 대각선을 모두 그어 봅니다.

② 육각형은 삼각형 몇 개로 나누어지는지 구합니다.

③ 육각형의 여섯 각의 크기의 합을 구합니다.

풀이

답

4 다음 도형은 여러 가지 종류의 정다각형을 서로 붙여 놓은 것입니다. 이 도형의 모든 변의 길이의 합은 몇 cm인가요?

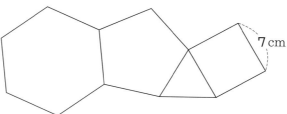

7 cm

풀이

답

6
단원

5 정오각형입니다. ㉠의 크기는 몇 도인지 구해 보세요.

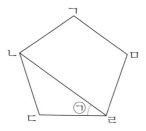

풀이

답

100점
예상문제

수학 4-2

3~4
학년군

1 분수의 덧셈과 뺄셈

1 $\frac{4}{5}+\frac{2}{5}$ 를 그림으로 나타내고 ☐ 안에 알맞은 수를 써넣으세요.

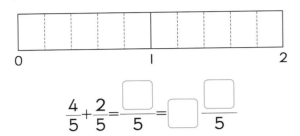

$$\frac{4}{5}+\frac{2}{5}=\frac{\boxed{}}{5}=\boxed{}\frac{\boxed{}}{5}$$

2 두 수의 합과 차를 각각 구해 보세요.

$\frac{3}{8}$	$\frac{7}{8}$

㉠ 합: (   )

㉡ 차: (   )

3 ☐ 안에 들어갈 수 있는 수 중에서 가장 작은 수를 구해 보세요.

$$\frac{9}{12}-\frac{\boxed{}}{12}<\frac{5}{12}$$

(   )

4 계산한 결과를 찾아 선으로 이어 보세요.

(1) $4\frac{2}{9}+\frac{4}{9}$ •   • ㉠ $4\frac{6}{9}$

(2) $7\frac{1}{9}-1\frac{4}{9}$ •   • ㉡ 5

(3) $3\frac{7}{9}+1\frac{2}{9}$ •   • ㉢ $5\frac{6}{9}$

5 큰 그릇에는 물이 $5\frac{4}{10}$ L, 작은 그릇에는 물이 $2\frac{6}{10}$ L 들어 있습니다. 두 그릇에 들어 있는 물은 모두 몇 L인가요?

식 _____

답 _____

6 두 삼각형의 세 변의 길이의 합은 같습니다. ☐ 안에 알맞은 수를 구해 보세요.

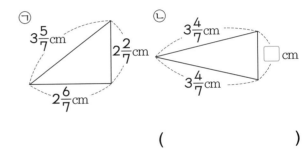

(   )

서술형

7 어떤 수에 $2\frac{3}{4}$ 을 더해야 할 것을 잘못하여 뺐더니 $3\frac{3}{4}$ 이 되었습니다. 바르게 계산한 값과 잘못 계산한 값의 차는 얼마인지 풀이 과정을 쓰고 답을 구해 보세요.

풀이 _____

_____

_____

답 _____

8 색종이를 다음과 같이 접은 후 선을 긋고 선을 따라 잘랐습니다. ☐ 안에 알맞은 기호를 써넣고 알맞은 말에 ◯표 하세요.

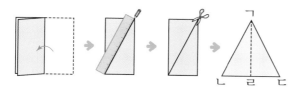

삼각형 ㄱㄴㄷ에서 변 ㄱㄴ과 변 ☐ 의 길이가 같고, 각 ㄱㄴㄷ과 각 ☐ 의 크기가 같으므로 삼각형 ㄱㄴㄷ은 (이등변삼각형 , 정삼각형)입니다.

9 정삼각형을 찾아 기호를 써 보세요.

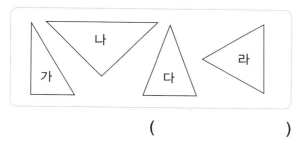

(   )

10 ☐ 안에 알맞은 수를 써넣으세요.

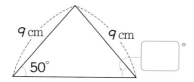

⬤ 정삼각형의 성질을 알아보려고 합니다. 물음에 답하세요. [11~12]

11 주어진 선분을 한 변으로 하는 정삼각형을 그려 보세요.

서술형

12 각도기를 사용하여 각의 크기를 재어 보고 정삼각형에 대해 알게 된 것을 써 보세요.

_____

_____

13 삼각형을 분류하여 빈칸에 기호를 써넣으세요.

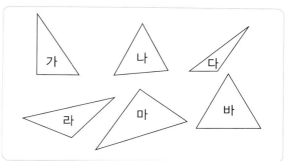

예각삼각형	직각삼각형	둔각삼각형

14 세 각 중 두 각의 크기가 30°, 30°인 삼각형이 있습니다. 이 삼각형의 이름이 될 수 있는 것을 모두 고르세요. (,   )

① 정삼각형   ② 예각삼각형
③ 직각삼각형   ④ 둔각삼각형
⑤ 이등변삼각형

---

3   소수의 덧셈과 뺄셈

15 ㉠, ㉡에 알맞은 소수를 써 보세요.

```
 ├──┼──┼──┼──┼──┼──┼──┼──┼──┼──┤
4.9         5.0         5.1
      ↑㉠      ↑㉡
```

㉠: (   )
㉡: (   )

16 지수는 1.68 km를 걸었고 하성이는 1296 m를 걸었습니다. 지수와 하성이 중 더 많이 걸은 사람은 누구인가요?

(   )

---

17 ☐ 안에 알맞은 수를 써넣으세요.

4.5의 $\frac{1}{10}$은 ☐ 이고, $\frac{1}{100}$은 ☐ 입니다.

18 계산 결과가 가장 큰 것은 어느 것인가요? (   )

① 2.8+2.9   ② 1.2+3.3
③ 0.2+4.4   ④ 1.5+2.5
⑤ 3.4+1.8

19 수 카드를 한 번씩 모두 사용하여 만들 수 있는 소수 두 자리 수 중에서 가장 큰 수와 둘째로 큰 수의 합을 구해 보세요.

(   )

20 밀가루가 4 kg 있습니다. 그중에서 1.5 kg으로 빵을 만들었고 2.08 kg으로 케이크를 만들었습니다. 사용하고 남은 밀가루는 몇 kg인가요?

(   )

4 사각형

1 그림을 보고 잘못 설명한 친구를 찾아 이름을 써 보세요.

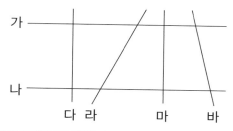

> 세정: 서로 평행한 직선은 2쌍 있습니다.
> 세운: 직선 가에 대한 수선은 직선 라입니다.
> 의건: 직선 마와 수직인 직선은 직선 가와 직선 나입니다.

(   )

[서술형]

2 직선 가와 직선 나는 평행선이 아닙니다. 그 이유를 써 보세요.

[이유] _____

_____

3 직사각형 모양의 종이띠를 선을 따라 잘랐을 때 잘라 낸 도형 중 사다리꼴을 모두 찾아 기호를 써 보세요.

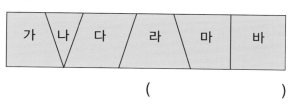

(   )

4 평행사변형입니다. ☐ 안에 알맞은 수를 써넣으세요.

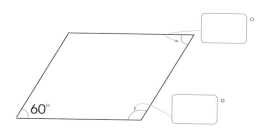

5 길이가 48 cm인 철사로 만들 수 있는 가장 큰 마름모의 한 변의 길이는 몇 cm인가요?

(   )

6 다음 도형의 이름으로 알맞은 것을 모두 고르세요. (,   )

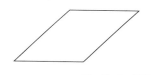

① 마름모   ② 사다리꼴
③ 정사각형   ④ 직사각형
⑤ 평행사변형

7 [보 기] 중 오른쪽 막대 4개를 모두 사용하여 만들 수 있는 사각형은 모두 몇 가지인가요?

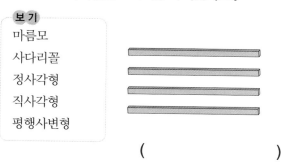

> [보 기]
> 마름모
> 사다리꼴
> 정사각형
> 직사각형
> 평행사변형

(   )

100점 예상 문제

5 꺾은선그래프

8 □ 안에 알맞은 말을 써넣으세요.

수량을 점으로 표시하고, 그 점들을 선분으로 이어 그린 그래프를 □ 라고 합니다.

⊛ 어느 지역의 1월 최고 기온을 조사하여 꺾은선그래프로 나타내었습니다. 물음에 답하세요.
[9~10]

최고 기온

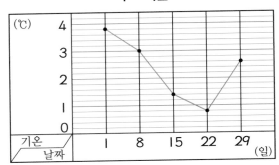

9 그래프를 보고 빈칸에 알맞은 수를 써넣으세요.

최고 기온

날짜(일)	1	8	15	22	29
기온(℃)					

서술형

10 그래프를 보고 알 수 있는 내용을 2가지 써 보세요.

·_____

·_____

⊛ 재호가 기르는 화초의 키를 매월 1일에 재어 나타낸 표를 보고 꺾은선그래프로 나타내려고 합니다. 물음에 답하세요. [11~14]

화초의 키

월(월)	1	2	3	4	5
키(cm)	8	10	14	20	28

11 꺾은선그래프의 가로에 월을 나타낸다면 세로에는 무엇을 나타내어야 하나요?

( )

12 꺾은선그래프로 나타내어 보세요.

화초의 키

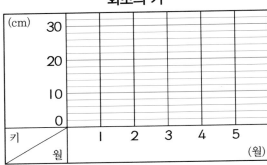

13 화초의 키가 가장 많이 자란 때는 몇 월과 몇 월 사이인가요?

( )

14 6월 1일에 화초의 키를 잰다면 몇 cm가 될지 예상해 보세요.

( )

도형을 보고 물음에 답하세요. [15~16]

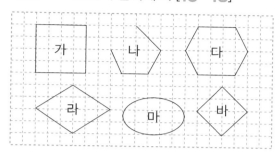

15 다각형을 모두 찾아 기호를 써 보세요.

( )

16 정다각형을 모두 찾아 기호를 써 보세요.

( )

서술형

17 한 변의 길이가 8 cm인 정구각형의 아홉 변의 길이의 합은 몇 cm인지 풀이 과정을 쓰고 답을 구해 보세요.

풀이 _____

_____

답 _____

18 칠각형에 그을 수 있는 대각선의 수를 구해 보세요.

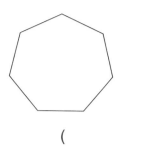

( )

19 선분 ㄱㄷ의 길이는 몇 cm인가요?

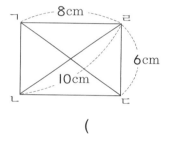

( )

20 모양 조각 가를 이용하여 모양 조각 나를 3개 만들려고 합니다. 모양 조각 가는 모두 몇 개 필요한가요?

가   나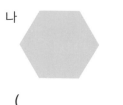

( )

1 분수의 덧셈과 뺄셈

1 ☐ 안에 들어갈 수 <u>없는</u> 수는 어느 것인가요?

( )

$$1 < \frac{3}{5} + \frac{\square}{5} < 2$$

① 3   ② 4   ③ 5
④ 6   ⑤ 7

2 다음 수 중에서 두 수를 골라 합이 가장 큰 덧셈
식을 만들 때 그 합은 얼마인지 풀이 과정을 쓰고
답을 구해 보세요.

$$1\frac{2}{4} \qquad \frac{19}{4} \qquad 2\frac{3}{4} \qquad 3\frac{1}{4}$$

풀이 _____

_____

_____

답 _____

3 계산해 보세요.

(1) $5\frac{3}{4} + 6\frac{2}{4}$ (2) $9 - 7\frac{2}{8}$

4 색칠한 부분의 길이는 몇 cm인가요?

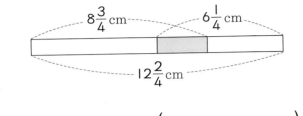

( )

2 삼각형

5 세 변의 길이의 합이 20 cm인 이등변삼각형이
있습니다. 길이가 다른 한 변의 길이가 8 cm일
때 길이가 같은 두 변 중 한 변의 길이는 몇 cm인
가요?

( )

6 ㉠의 크기는 몇 도입니까?

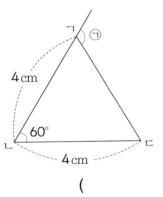

( )

7 삼각형의 일부가 지워졌습니다. 이 삼각형은 예각
삼각형, 직각삼각형, 둔각삼각형 중 어떤 삼각형
인가요?

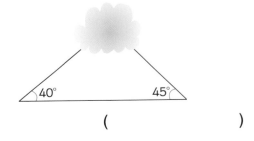

( )

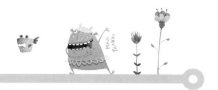

3 소수의 덧셈과 뺄셈

8 다음 수를 소수로 쓰고 읽어 보세요.

> 0.1이 7개, 0.01이 6개인 수

쓰기 _____

읽기 _____

9 계산 결과가 큰 것부터 순서대로 ◯ 안에 번호를 써넣으세요.

$$2.73 + 3.08$$

$$4.38 + 1.5$$

$$2.75 + 2.86$$

서술형 🖐

10 연준이네 집에서 약국을 지나 병원까지 가는 길은 집에서 곧바로 병원까지 가는 길보다 몇 km 더 먼가요?

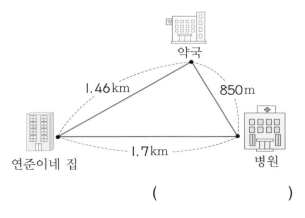

약국

1.46km   850m

연준이네 집   1.7km   병원

(_____)

4 사각형

11 각도기를 사용하여 주어진 직선에 수직인 직선을 그으려고 합니다. 점 ㄱ과 어느 점을 이어야 하나요?

( )

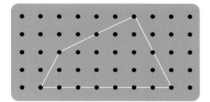

12 도형판에서 꼭짓점 한 개만 옮겨서 사다리꼴을 만들어 보세요.

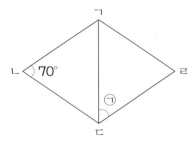

서술형 🖐

13 사각형 ㄱㄴㄷㄹ은 마름모입니다. ㉠의 크기는 몇 도인지 풀이 과정을 쓰고 답을 구해 보세요.

풀이 _____

_____

_____

_____

답 _____

100점
예상
문제

5 꺾은선그래프

경인이의 학년별 키를 매년 3월에 조사하여 꺾은
선그래프로 나타내었습니다. 물음에 답하세요.

[14~16]

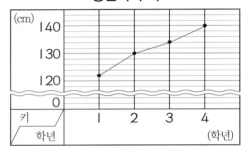

경인이의 키

14 그래프를 보고 잘못 설명한 것을 찾아 기호를 써
보세요.

> ㉠ 가로는 학년을 나타냅니다.
>
> ㉡ 세로는 키를 나타냅니다.
>
> ㉢ 4학년 때의 키는 140 cm입니다.
>
> ㉣ 4학년 때는 3학년 때보다 키가 3 cm 더 자랐
> 습니다.

(   )

15 키의 변화가 가장 큰 때는 몇 학년과 몇 학년 사
이인가요?

(   )

서술형

16 그래프의 세로 눈금이 물결선 위로 120 cm부터
시작합니다. 이렇게 나타내면 어떤 점이 좋은지
써 보세요.

_____

_____

6 다각형

17 길이가 48 cm인 철사를 구부려서 가장 큰 정육
각형을 만들려고 합니다. 한 변의 길이를 몇 cm
로 해야 하나요?

(   )

서술형

18 다음 도형이 다각형이 <u>아닌</u> 이유를 써 보세요.

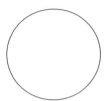

이유 _____

_____

19 잘못 설명한 것을 찾아 기호를 써 보세요.

> ㉠ 마름모의 두 대각선은 길이가 같습니다.
>
> ㉡ 정사각형의 두 대각선은 서로 수직입니다.
>
> ㉢ 직사각형의 두 대각선은 한 대각선이 다른 대
> 각선을 반으로 나눕니다.

(   )

20 주어진 모양 조각을 모두 사용하여 마름모를 채워
보세요. (단, 같은 모양 조각을 여러 번 사용할 수
있습니다.)

1 분수의 덧셈과 뺄셈

1 계산 결과를 비교하여 ◯ 안에 >, =, <를 알맞게 써넣으세요.

$$\frac{4}{7}+\frac{5}{7} \bigcirc 3\frac{1}{7}-1\frac{6}{7}$$

2 그림을 보고 ☐ 안에 알맞은 수를 써넣으세요.

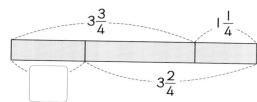

3 ★-♥의 값은 얼마인지 풀이 과정을 쓰고 답을 구해 보세요.

$$3\frac{5}{7}+★=7\frac{2}{7} \qquad ★-1\frac{5}{7}=♥$$

풀이 _____

_____

_____

답 _____

2 삼각형

4 삼각형의 세 변의 길이가 다음과 같을 때 이등변삼각형이 <u>아닌</u> 것은 어느 것인가요? ( )

① 3 cm, 3 cm, 3 cm
② 4 cm, 6 cm, 4 cm
③ 5 cm, 6 cm, 7 cm
④ 6 cm, 9 cm, 9 cm
⑤ 10 cm, 10 cm, 2 cm

5 한 변의 길이가 9 cm인 정사각형 모양의 색종이로 다음과 같이 삼각형을 그렸습니다. 그린 삼각형의 세 변의 길이의 합은 몇 cm인가요?

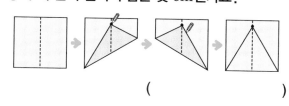

( )

6 이등변삼각형과 정삼각형을 겹치지 않게 이어 붙인 것입니다. ㉠의 크기는 몇 도인가요?

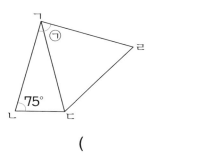

( )

7 직사각형 모양의 종이띠를 선을 따라 잘랐습니다. 예각삼각형은 모두 몇 개인가요?

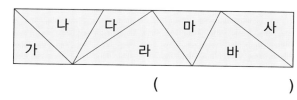

( )

3 소수의 덧셈과 뺄셈

8 소수에서 소수 첫째 자리 숫자와 그 숫자가 나타내는 수를 차례대로 써 보세요.

> 6.407

(,   )

서술형

9 0에서 9까지의 수 중에서 ㉠과 ㉡에 알맞은 수는 각각 얼마인지 풀이 과정을 쓰고 답을 구해 보세요.

> 15.30㉠ > 15.3㉡8

풀이 _____

_____

_____

답 ㉠: _____ , ㉡: _____

10 무게가 0.148 kg인 야구공이 있습니다. 무게가 같은 야구공 100개의 무게는 몇 kg인가요?

(   )

11 ㉠과 ㉡에 알맞은 수의 차를 구해 보세요.

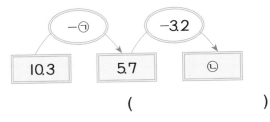

(   )

4 사각형

12 수선과 평행선이 모두 있는 글자는 모두 몇 개인가요?

> ㄱ ㄷ ㄹ ㅇ ㅍ ㅎ

(   )

13 평행선 사이의 거리가 1 cm가 되도록 주어진 직선과 평행한 직선을 2개 그어 보세요.

14 직사각형 모양의 종이띠를 선을 따라 잘랐을 때 직사각형과 정사각형은 각각 몇 개 만들어지나요?

가	나	다	라	마	바

㉠ 직사각형: (   )

㉡ 정사각형: (   )

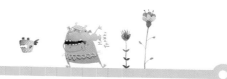

5 꺾은선그래프

전국에서 황사가 발생한 날수를 연도별로 조사하여 나타낸 표를 보고 꺾은선그래프로 나타내려고 합니다. 물음에 답하세요. [15~17]

황사가 발생한 날수

연도(년)	2007	2008	2009	2010	2011
날수(일)	22	20	18	25	16

15 세로 눈금 한 칸은 며칠을 나타내어야 하나요?

(   )

16 물결선은 며칠과 며칠 사이에 넣으면 좋은가요?

(   )

17 꺾은선그래프로 나타내어 보세요.

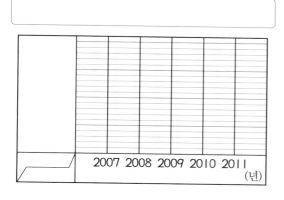

6 다각형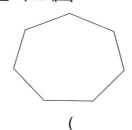

18 도형의 이름을 써 보세요.

(   )

19 다음 설명에 알맞은 도형의 이름과 이 도형에 그을 수 있는 대각선의 수를 차례대로 구해 보세요.

- 변의 길이가 모두 같습니다.
- 각의 크기가 모두 같습니다.
- 6개의 선분으로 둘러싸여 있습니다.

(,   )

서술형

20 마름모 ㄱㄴㄷㄹ에서 선분 ㄱㅁ의 길이는 몇 cm인지 풀이 과정을 쓰고 답을 구해 보세요.

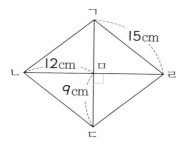

풀이 _____

_____

답 _____

1 분수의 덧셈과 뺄셈

1 계산 결과가 1보다 큰 것을 모두 골라 기호를 써 보세요.

$\bigcirc \dfrac{5}{9}+\dfrac{3}{9}$ $\bigcirc 1-\dfrac{1}{3}$

$\bigcirc 4\dfrac{3}{7}-3\dfrac{1}{7}$ $\textcircled{ㄹ} 1\dfrac{2}{5}+\dfrac{4}{5}$

(,   )

서술형

2 5장의 수 카드 중 3장을 뽑아 만들 수 있는 분모가 7인 대분수 중에서 가장 큰 수와 가장 작은 수의 합은 얼마인지 풀이 과정을 쓰고 답을 구해 보세요.

| 1 | 3 | 5 | 7 | 9 |

풀이 _____

_____

_____

답 _____

3 지원이는 등산로가 4 km인 산에 등산을 갔습니다. 산을 오르다가 정상까지 $1\dfrac{2}{5}$ km 남은 곳에서 쉬었습니다. 지금까지 온 거리는 몇 km인가요?

(   )

2 삼각형

4 삼각형의 세 변의 길이의 합을 구해 보세요.

(1) 이등변삼각형   (2) 정삼각형

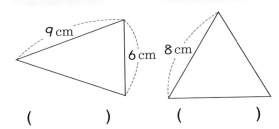

(   )   (   )

서술형

5 삼각형 ㄱㄴㄷ은 이등변삼각형이고 삼각형 ㄱㄹㅁ은 정삼각형입니다. ㉠의 크기는 몇 도인지 풀이 과정을 쓰고 답을 구해 보세요.

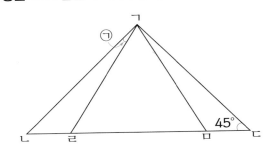

풀이 _____

_____

_____

_____

답 _____

6 도형을 잘라 예각삼각형 1개와 둔각삼각형 2개가 되도록 선분을 2개 그어 보세요.

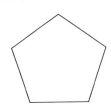

3 소수의 덧셈과 뺄셈

7 수직선에 0.42와 0.27을 화살표(↑)로 나타내고
○ 안에 >, =, <를 알맞게 써넣으세요.

0.42 ○ 0.27

8 ☐ 안에 알맞은 소수를 써넣으세요.

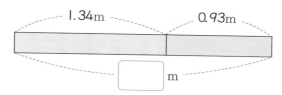

9 경인이와 시원이는 운동장에서 1 km 달리기를 하
고 있습니다. 경인이는 도착 지점을 0.2 km 앞에
두고 있고 시원이는 경인이보다 0.12 km 뒤에 있
습니다. 시원이가 달린 거리는 몇 km인가요?

( )

4 사각형

10 직선 가는 직선 다에 대한 수선입니다. ㉠과 ㉡의
각도의 차를 구해 보세요.

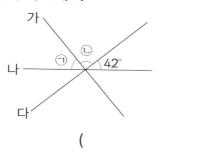

( )

11 도형판에 꼭짓점 한 개만 옮겨서 평행사변형을 만
들어 보세요.

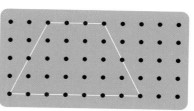

12 마름모를 보고 ☐ 안에 알맞은 수를 써넣으세요.

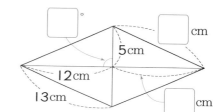

100점
예상
문제

서술형

13 평행사변형 가와 정사각형 나의 네 변의 길이의
합이 같을 때 정사각형 나의 한 변의 길이는 몇
cm인지 풀이 과정을 쓰고 답을 구해 보세요.

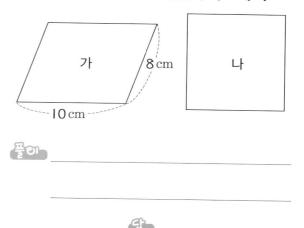

풀이 _____

_____

답 _____

5 꺾은선그래프

어느 지역의 기온이 영하로 내려간 날수를 월별로 조사하여 나타낸 꺾은선그래프입니다. 물음에 답하세요. [14~16]

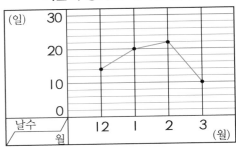

기온이 영하로 내려간 날수

14 그래프를 보고 빈칸에 알맞은 수를 써넣으세요.

월(월)	12	1	2	3
날수(일)				

15 영하로 내려간 날수가 가장 많은 달은 몇 월인가요?

( )

 서술형

16 그래프를 보고 알 수 있는 내용을 2가지 써 보세요.

· _____

· _____

6 다각형

17 안전 표지판에서 볼 수 있는 다각형의 이름을 써 보세요.

( )

서술형

18 다음 도형은 정다각형이 아닙니다. 그 이유를 써 보세요.

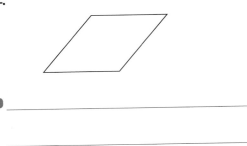

이유 _____

_____

19 다각형과 대각선의 수가 옳은 것을 모두 고르세요. (,)

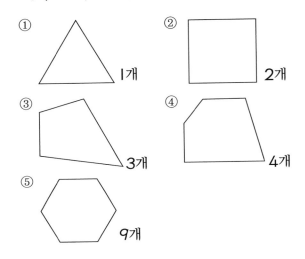

① 1개
② 2개
③ 3개
④ 4개
⑤ 9개

20 다음 모양을 만들려면  모양 조각은 각각 몇 개가 필요한가요?

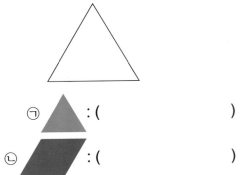

㉠ : ( )

㉡ : ( )

1 분수의 덧셈과 뺄셈

1 빈칸에 알맞은 수를 써넣으세요.

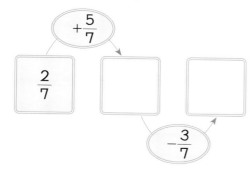

2 어떤 수보다 $1\frac{2}{15}$ 큰 수는 $3\frac{11}{15}$ 입니다. 어떤 수보다 $2\frac{4}{15}$ 만큼 더 작은 수를 구해 보세요.

(   )

서술형

3 ☐ 안에 들어갈 수 있는 자연수는 모두 몇 개인지 풀이 과정을 쓰고 답을 구해 보세요.

$$5-3\frac{2}{11} < \boxed{} < 2\frac{9}{11}+4\frac{4}{11}$$

풀이 _____

_____

_____

답 _____

2 삼각형

4 이등변삼각형을 오른쪽과 같이 완전히 겹쳐지도록 반으로 접었습니다. ㉠의 크기는 몇 도인가요?

(   )

5 도형에서 찾을 수 있는 크고 작은 예각삼각형은 모두 몇 개인가요?

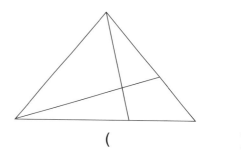

(   )

6 정삼각형 ㄱㄴㄷ과 이등변삼각형 ㄱㄷㄹ을 겹치지 않게 이어 붙여 만든 사각형입니다. 사각형 ㄱㄴㄷㄹ의 네 변의 길이의 합은 몇 cm인가요?

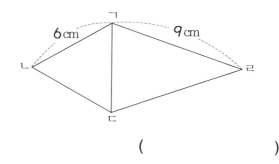

(   )

7 이등변삼각형이고 둔각삼각형인 도형을 찾아 기호를 써 보세요.

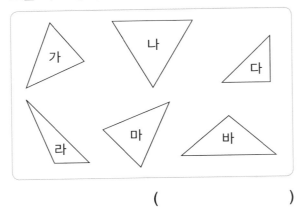

( )

3 소수의 덧셈과 뺄셈 🌿

8 ☐ 안에 알맞은 소수를 써넣으세요.

(1) 85 cm = ☐ m

(2) 527 m = ☐ km

9 어떤 수를 100배 해야 할 것을 잘못하여 $\frac{1}{10}$ 하였더니 3.97이 되었습니다. 바르게 계산하면 얼마인지 풀이 과정을 쓰고 답을 구해 보세요.

풀이 _____

_____

_____

답 _____

10 병호는 감자 0.7 kg과 당근 0.4 kg을 샀습니다. 병호가 산 감자와 당근은 모두 몇 kg인가요?

( )

11 ㉠과 ㉡에 알맞은 수 중에서 더 큰 수는 어느 것인가요?

㉠+1.07=4.24
7.56−㉡=4.35

( )

4 사각형

12 도형에서 평행선 사이의 거리는 몇 cm인가요?

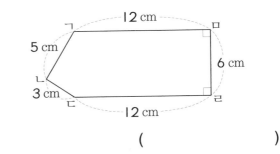

( )

13 마름모는 모두 몇 개인가요?

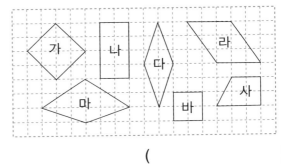

( )

14 다각형에 대해 잘못 설명한 사람은 누구인가요?

건창: 평행사변형은 사다리꼴입니다.
현희: 마름모는 네 각의 크기가 모두 같습니다.
정후: 정사각형은 마주 보는 두 변의 길이가 같습니다.

( )

7월에 한 달 동안 근후가 사는 지역의 해 뜨는 시각과 해 지는 시각을 조사하여 꺾은선그래프로 나타냈습니다. 물음에 답하세요. [15~17]

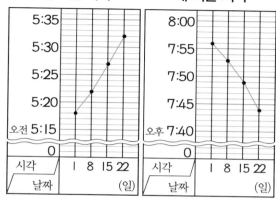

서술형

15 해 뜨는 시각과 해 지는 시각은 어떻게 변하고 있는지 설명해 보세요.

_____

_____

16 해 뜨는 시각이 오전 5시 22분인 날의 해 지는 시각은 몇 시 몇 분인가요?

(　　　　　　)

17 일주일 후인 7월 29일의 해 지는 시각은 몇 시 몇 분으로 예상할 수 있나요?

(　　　　　　)

18 대각선을 모두 그어 보세요.

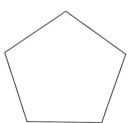

서술형

19 한 변이 3 cm인 정칠각형의 모든 변의 길이의 합은 몇 cm인지 풀이 과정을 쓰고 답을 구해 보세요.

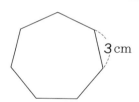

풀이 _____

_____

답 _____

20 평행사변형 ㄱㄴㄷㄹ에서 선분 ㄴㅁ의 길이는 몇 cm인가요?

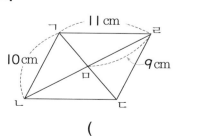

(　　　　　　)

100점
예상
문제

메모 Memo

선생님이 강력 추천하는

개념 PLUS

단원평가

10종 검정 교과서

완벽 분석 **수학**

종합평가

4·2

3~4학년군

교육의 길잡이·학생의 동반자
(주)교학사

1. 분수의 덧셈과 뺄셈

1 그림을 이용하여 $\frac{1}{6}+\frac{3}{6}$ 은 얼마인지 구해 보세요.

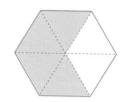

$$\frac{1}{6}+\frac{3}{6}=\frac{\boxed{}+\boxed{}}{6}=\frac{\boxed{}}{6}$$

2 계산해 보세요.

(1) $\frac{1}{6}+\frac{4}{6}$

( )

(2) $\frac{2}{8}+\frac{3}{8}$

( )

(3) $\frac{5}{12}+\frac{9}{12}$

( )

3 계산이 잘못된 부분을 찾아 바르게 고쳐 보세요.

$$\frac{1}{5}+\frac{3}{5}=\frac{1+3}{5+5}=\frac{4}{10}$$

$$\frac{1}{5}+\frac{3}{5}=\underline{}$$

4 푸드스타일리스트는 방송이나 사진 촬영을 위해 음식을 예쁘게 꾸미는 직업입니다. 음식 1개를 꾸며서 촬영하는데 $\frac{4}{6}$ 시간이 걸립니다. 음식 3개를 꾸며서 촬영을 한다면 몇 시간이 필요한가요?

푸드스타일리스트

( )

5 계산해 보세요.

(1) $2\frac{1}{7}+\frac{4}{7}$

( )

(2) $3\frac{6}{8}+2\frac{1}{8}$

( )

6 계산 결과를 비교하여 ○ 안에 >, =, <를 알맞게 써넣으세요.

$$1\frac{5}{9}+1\frac{6}{9}\ \bigcirc\ 2\frac{1}{9}+1\frac{3}{9}$$

7 길이가 $2\frac{4}{10}$ m와 $3\frac{3}{10}$ m인 두 색 테이프를 겹치지 않게 이어 붙였습니다. 이어 붙인 색 테이프의 전체 길이는 몇 m인가요?

( )

8 그림을 보고 $\dfrac{7}{8} - \dfrac{3}{8}$이 얼마인지 알아보세요.

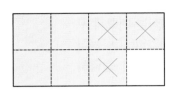

$$\dfrac{7}{8} - \dfrac{3}{8} = \dfrac{\Box}{\Box}$$

9 계산 결과가 큰 순서대로 기호를 써 보세요.

> ㉠ $\dfrac{7}{12} - \dfrac{5}{12}$
>
> ㉡ $\dfrac{8}{12} - \dfrac{4}{12}$
>
> ㉢ $\dfrac{6}{12} - \dfrac{3}{12}$

(   )

10 □ 안에 알맞은 수를 써넣어 ◦보기◦와 같은 방법으로 계산해 보세요.

> ◦보기◦
>
> $3 - 1\dfrac{7}{10} = \dfrac{30}{10} - \dfrac{17}{10} = \dfrac{13}{10} = 1\dfrac{3}{10}$

$5 - 3\dfrac{5}{7} = \dfrac{\Box}{7} - \dfrac{\Box}{7} = \dfrac{\Box}{7}$

$= \Box \dfrac{\Box}{7}$

11 계산을 하세요.

(1) $5 - \dfrac{7}{9}$

(   )

(2) $7 - 3\dfrac{3}{6}$

(   )

◦서술형◦

12 ◦보기◦의 수들 중에서 □ 안에 들어갈 수 있는 수를 모두 구하려고 합니다. 풀이 과정을 쓰고 답을 구해 보세요.

> ◦보기◦
>
> 1, 2, 3, 4, 5, 6, 7, 8, 9

> $1 - \dfrac{\Box}{9} > \dfrac{5}{9}$

_____

_____

_____

(   )

13 길이가 10 cm인 띠를 겹쳐서 붙였습니다. 전체 띠의 길이는 몇 cm인가요?

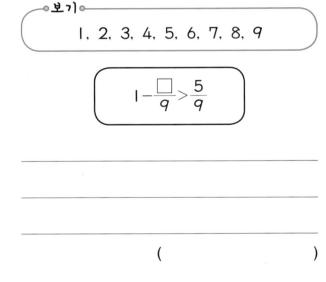

(   )

14 파티쉐는 케이크나 쿠키 등을 만드는 직업입니다. 파티쉐는 $2\frac{3}{6}$ 시간은 빵 재료를 손질하고, $3\frac{2}{6}$ 시간은 빵을 만듭니다. 그리고 나머지 시간에는 주방 정리를 합니다. 파티쉐가 일하는 시간이 8시간일 때 주방 정리하는 시간은 몇 시간인가요?

파티쉐

(   )

15 그림을 보고 □ 안에 알맞은 수를 써넣으세요.

$2\frac{2}{3} - 1\frac{1}{3} = \boxed{}\dfrac{\boxed{}}{\boxed{}}$

16 계산 결과가 가장 작은 뺄셈식에 ○표 하세요.

$2\frac{6}{8} - 1\frac{5}{8}$ $3\frac{5}{8} - 1\frac{2}{8}$ $4\frac{7}{8} - 2\frac{3}{8}$

(   ) (   ) (   )

17 딸기잼을 만드는 데 설탕 $3\frac{4}{5}$ kg 중에서 $1\frac{2}{5}$ kg 을 사용했습니다. 남은 설탕은 몇 kg인가요?

 _____

답 _____

18 계산해 보세요.

(1) $5\frac{4}{10} - 2\frac{9}{10}$

(   )

(2) $9\frac{1}{6} - 3\frac{2}{6}$

(   )

서술형

19 가장 큰 수와 가장 작은 수의 차를 구하려고 합니다. 풀이 과정을 쓰고 답을 구해 보세요.

$5\frac{4}{5}$ $10\frac{1}{5}$ $8\frac{2}{5}$

_____

_____

_____

(   )

20 현미를 $2\frac{7}{10}$ kg, 쌀을 $7\frac{5}{10}$ kg 샀습니다. 쌀은 현미보다 몇 kg 더 많이 샀나요?

 _____

답 _____

[1~2] 삼각형을 보고 물음에 답해 보세요.

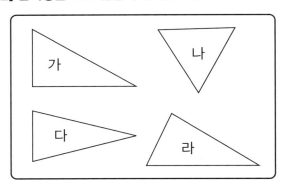

1 이등변삼각형을 모두 찾아 기호를 써 보세요.

(   )

2 정삼각형을 찾아 기호를 써 보세요.

(   )

3 ☐ 안에 알맞은 말을 써넣으세요.

⑴ 두 변의 길이가 같은 삼각형을 [   ]이 라고 합니다.

⑵ 세 변의 길이가 같은 삼각형을 [   ]이라 고 합니다.

• 서술형 •

4 주어진 삼각형이 정삼각형이 <u>아닌</u> 이유를 써 보세요.

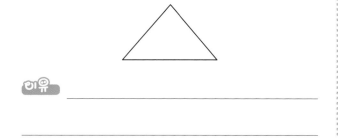

이유 _____

_____

[5~6] 도형은 이등변삼각형입니다. 물음에 답해 보세요.

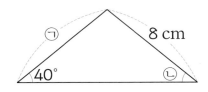

5 ㉠은 몇 cm인지 구해 보세요.

(   )

6 ㉡은 몇 도인지 구해 보세요.

(   )

7 ☐ 안에 알맞은 수를 써넣으세요.

⑴

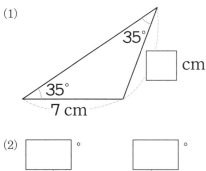

⑵

8 삼각형 ㄱㄴㄷ에서 각 ㄱㄴㄷ과 크기가 같은 각을 찾아 써 보세요.

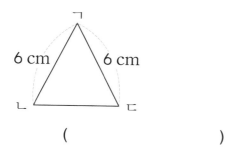

( )

9 삼각형의 두 각의 크기를 보고 이등변삼각형을 찾아 기호를 쓰려고 합니다. 풀이 과정을 쓰고 답을 구해 보세요.

ㄱ 30°, 100°
ㄴ 45°, 90°
ㄷ 55°, 60°

_____

_____

_____

( )

[10~11] 도형은 정삼각형입니다. 물음에 답해 보세요.

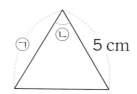

10 ㄱ은 몇 cm인지 구해 보세요.

( )

11 ㄴ은 몇 도인지 구해 보세요.

( )

12 정삼각형의 세 각의 크기를 재어 □ 안에 알맞은 말을 써넣으세요.

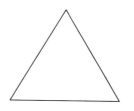

정삼각형은 세 각의 크기가 모두 ☐ .

13 □ 안에 알맞은 수를 써넣으세요.

(1)

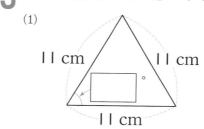

(2)

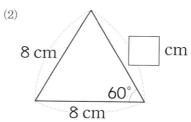

14 삼각형 ㄱㄴㄷ은 정삼각형입니다. 각 ㄱㄷㄹ의 크기는 몇 도인가요?

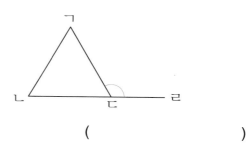

( )

15 □ 안에 알맞은 말을 써넣으세요.

(1) 세 각이 모두 예각인 삼각형을 [   ]이라고 합니다.

(2) 한 각이 둔각인 삼각형을 [   ]이라고 합니다.

16 삼각형의 세 각의 크기가 다음과 같을 때 예각삼각형을 찾아 기호로 써 보세요.

> ㉠ 45°, 110°, 25°
> ㉡ 50°, 60°, 70°
> ㉢ 45°, 45°, 90°

(   )

17 주어진 선분을 한 변으로 하는 예각삼각형과 둔각삼각형을 그려 보세요.

(1) 　예각삼각형

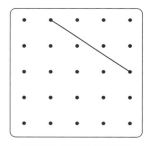

(2) 　둔각삼각형

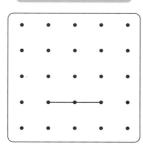

18 다음 삼각형의 이름이 될 수 있는 것을 모두 찾아 기호를 써 보세요.

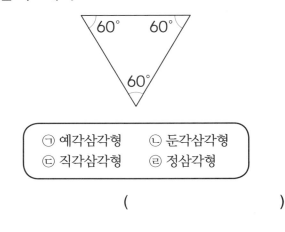

> ㉠ 예각삼각형　　㉡ 둔각삼각형
> ㉢ 직각삼각형　　㉣ 정삼각형

(   )

19 예각삼각형과 둔각삼각형을 각각 한 개씩 그렸을 때, 두 삼각형에서 찾을 수 있는 예각은 모두 몇 개인가요?

(   )

^{서술형}
20 삼각형의 세 각 중에서 두 각의 크기입니다. 예각삼각형을 찾으려고 합니다. 풀이 과정을 쓰고 기호를 써 보세요.

> ㉠ 35°, 55°
> ㉡ 20°, 65°
> ㉢ 40°, 60°

_____

_____

_____

(   )

1 전체 크기가 1인 모눈종이에 색칠된 부분을 소수로 나타내어 보세요.

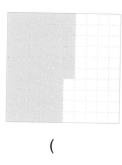

(   )

2 분수를 소수로 나타내고 읽어 보세요.

(1) $\dfrac{6}{100}$ = ☐   읽기 _____

(2) $\dfrac{64}{100}$ = ☐   읽기 _____

3 수직선을 보고 ☐ 안에 알맞은 소수를 써넣으세요.

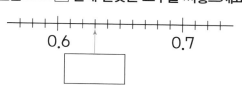

4 숫자 6이 나타내는 값을 써 보세요.

(1) 8.463 ➡ _____

(2) 21.826 ➡ _____

5 관계있는 것끼리 이어 보세요.

4.235	•		•	영 점 영이사
1.508	•		•	일 점 오영팔
0.024	•		•	사 점 이삼오

6 두 수의 크기를 비교하여 ○ 안에 >, =, <를 알맞게 써넣으세요.

(1) 0.35 ◯ 0.325

(2) 9.574 ◯ 9.576

7 크기가 큰 수부터 차례대로 써 보세요.

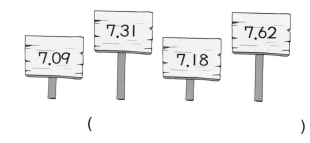

(   )

• 서술형 •

8 다음 카드 5장을 한 번씩 모두 사용하여 만들 수 있는 소수 세 자리 수 중에서 두 번째로 큰 소수는 무엇인지 풀이 과정을 쓰고 답을 구해 보세요.

| . | 1 | 4 | 6 | 8 |

_____

_____

_____

(   )

9 ×10 은 주어진 수를 10배로 만듭니다. 빈 곳에 알맞은 수를 써넣으세요.

(1) 7.014 ─ ×10 → ▢

(2) 0.247 ─ ×10 ─ ×10 → ▢

10 ㉠이 나타내는 수는 ㉡이 나타내는 수의 몇 배인지 써 보세요.

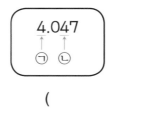

4.047
↑   ↑
㉠ ㉡

(   )

• 서술형 •

11 ▢ 안에 알맞은 수를 모두 더하면 얼마인지 풀이 과정을 쓰고 답을 구해 보세요.

- 0.24의 ▢배는 24입니다.
- 3.461은 3461의 $\frac{1}{▢}$ 입니다.
- 258의 $\frac{1}{▢}$ 은 25.8입니다.

_____

_____

_____

(   )

12 빈칸에 알맞은 수를 써넣으세요.

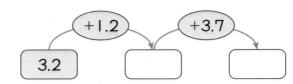

3.2 ─ +1.2 → ▢ ─ +3.7 → ▢

13 계산 결과가 같은 것끼리 이어 보세요.

0.7+0.2	•	•	0.9−0.2
0.3+0.4	•	•	1.4−0.5
0.8+0.7	•	•	1.8−0.3

14 설명하는 수를 구해 보세요.

> 3.42보다 1.91만큼 더 큰 수

( )

15 수호는 진아와 함께 이어달리기를 했습니다. 수호는 0.2 km를 달렸고 진아는 0.3 km를 달렸습니다. 두 사람이 달린 거리의 합은 몇 km인가요?

( )

16 □ 안에 알맞은 수를 써넣으세요.

1.35는 0.01이 $\boxed{}$ 개인 수이고, 0.52는 0.01이 $\boxed{}$ 개인 수입니다.

➡ 1.35−0.52는 0.01이 $\boxed{}$ 개이므로 $\boxed{}$ 입니다.

17 빈칸에 알맞은 수를 써넣으세요.

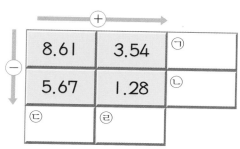

+		
8.61	3.54	㉠
5.67	1.28	㉡
㉢	㉣	

· 서술형

18 잘못 계산한 곳을 찾아 이유를 쓰고, 바르게 계산해 보세요.

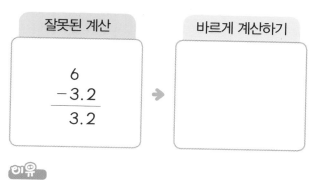

잘못된 계산		바르게 계산하기
$\begin{array}{r} 6 \\ -3.2 \\ \hline 3.2 \end{array}$	➡	

이유 _____

_____

19 정민이가 칼국수를 만드는 데 밀가루 0.5 kg이 필요합니다. 집에 있는 밀가루가 0.23 kg일 때 칼국수를 만들려면 밀가루 몇 kg이 더 필요한가요?

( )

20 다음은 어느 다이어트 회사 광고입니다. 광고에 나온 회원이 감량한 몸무게는 몇 kg인지 구해 보세요.

감량 전   감량 후

92.28 kg   57.95 kg

체계적인 운동과 규칙적인 식사로

6개월 동안 $\boxed{}$ kg 감량 성공

1 그림을 보고 □ 안에 알맞은 말을 써넣으세요.

두 직선이 만나서 이루는 각이 직각일 때, 두 직선은 서로 [   ] 이라고 합니다.

2 두 직선이 서로 수직인 것을 모두 찾아 기호를 써 보세요.

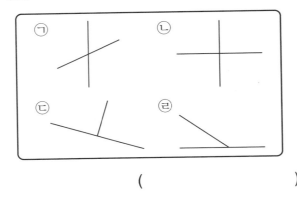

( )

3 삼각자를 사용하여 직선 가에 수직인 직선을 바르게 그은 것은 어느 것인가요? ( )

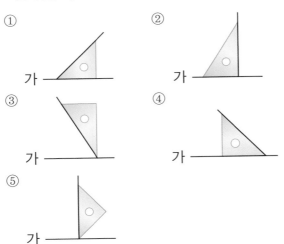

4 도형에서 서로 평행한 변을 모두 찾아 써 보세요.

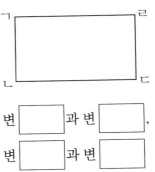

변 [   ] 과 변 [   ] ,
변 [   ] 과 변 [   ]

5 삼각자를 사용하여 주어진 직선과 평행한 직선을 그어 보세요.

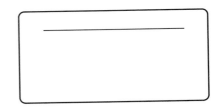

6 수직과 평행에 대해 말한 것입니다. <u>잘못</u> 말한 친구는 누구인가요?

현수: 평행한 두 직선은 서로 만나지 않아.
민정: 한 직선에 수직인 두 직선은 서로 수직이야.
희정: 한 직선에 평행한 두 직선은 서로 평행이야.

( )

7 평행선 사이의 거리를 나타내도록 점을 이어 보세요.

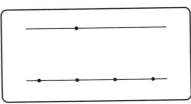

8 도형에서 평행선 사이의 거리는 몇 cm인가요?

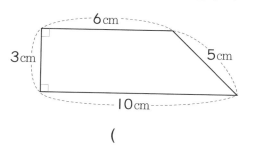

( )

9 다음과 같이 평행한 변이 한 쌍이라고 있는 사각형을 무엇이라고 하나요?

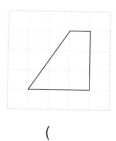

( )

서술형

10 도형은 사다리꼴입니다. 그 이유를 설명해 보세요.

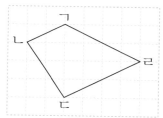

이유 _____

_____

11 사각형 ㄱㄴㄷㄹ에서 어느 부분을 잘라 내면 사다리꼴이 되나요? ( )

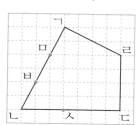

① 삼각형 ㄱㄴㄷ
② 삼각형 ㄱㄷㄹ
③ 삼각형 ㄱㄴㅅ
④ 삼각형 ㄹㅅㄷ
⑤ 삼각형 ㅂㄴㅅ

12 평행사변형을 모두 찾아 기호를 써 보세요.

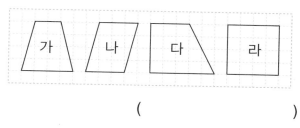

( )

13 도형은 평행사변형입니다. □ 안에 알맞은 수를 써넣으세요.

(1)

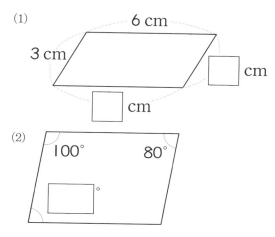

(2)

14 평행사변형에 대하여 틀리게 설명한 사람의 이름을 써 보세요.

경호: 마주 보는 두 변의 길이가 같습니다.
혜성: 마주 보는 두 각의 크기가 같습니다.
민호: 이웃한 두 각의 크기의 합은 90°입니다.

( )

15 도형은 마름모입니다. □ 안에 알맞은 수를 써넣으세요.

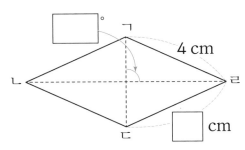

16 꼭짓점을 한 개 옮겨서 마름모를 만들어 보세요.

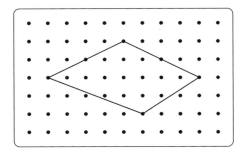

서술형

17 마름모 ㄱㄴㄷㄹ은 네 변의 길이의 합이 52 cm입니다. 변 ㄱㄴ의 길이는 몇 cm인지 풀이 과정을 쓰고 답을 구해 보세요.

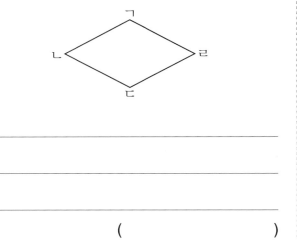

( )

18 다음을 모두 만족시키는 사각형의 이름을 써 보세요.

• 마주 보는 두 변은 서로 평행하고 길이가 같습니다.
• 네 각의 크기는 같습니다.
• 마주 보는 꼭짓점끼리 이은 두 선분은 수직이므로 만납니다.

( )

19 도형은 직사각형입니다. □ 안에 알맞은 수를 써넣으세요.

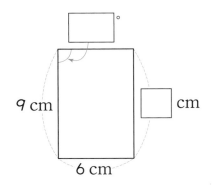

서술형

20 도형이 정사각형이 아닌 이유를 써 보세요.

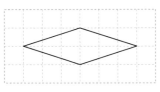

이유

[1~4] 학교 운동장의 온도를 조사하여 나타낸 그래프입니다. 물음에 답해 보세요.

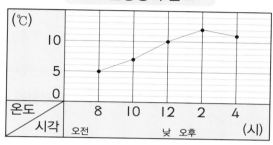

1 위와 같은 그래프를 무슨 그래프라고 하나요?

( )

2 가로와 세로는 각각 무엇을 나타내나요?

가로 ( )
세로 ( )

3 세로 눈금 한 칸은 몇 °C를 나타내나요?

( )

4 꺾은선은 무엇을 나타내나요?

( )

[5~7] 형준이는 자신이 기르는 강아지의 월별 무게를 조사하여 꺾은선그래프로 나타내었습니다. 물음에 답해 보세요.

강아지의 무게

월(월)	2	4	6	8	10
무게(kg)	3	4	6	9	11

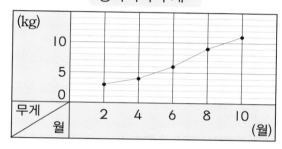

5 ☐ 안에 알맞은 수나 말을 써넣으세요.

(1) 그래프의 가로는 ☐ 을/를 나타냅니다.

(2) 그래프의 세로는 ☐ 을/를 나타냅니다.

(3) 세로 눈금 한 칸은 ☐ kg을 나타냅니다.

6 강아지의 무게가 가장 많이 늘어난 때는 몇 월과 몇 월 사이인가요?

( )과 ( ) 사이

• 서술형 •

7 꺾은선그래프가 표에 비해 어떤 점이 편리한지 써 보세요.

_____

_____

[8~10] 교실의 온도를 조사하여 나타낸 그래프입니다. 물음에 답해 보세요.

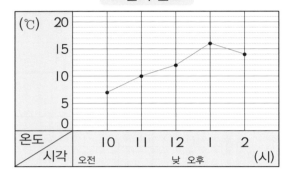

교실의 온도

8 온도가 가장 높은 때는 몇 시이고, 그때의 온도는 몇 ℃인가요?

높은 때 ( )
온도 ( )

9 온도가 낮아지기 시작한 시각은 몇 시부터인가요?
( )

서술형

10 오후 12시 30분의 온도는 약 몇 ℃라고 할 수 있는지 풀이 과정을 쓰고 답을 구해 보세요.

_____

_____

( )

[11~14] 강낭콩의 키를 날마다 조사하여 나타낸 표입니다. 물음에 답해 보세요.

강낭콩의 키

날짜(일)	1	2	3	4	5
키(cm)	3	5	6	8	12

11 꺾은선그래프의 가로와 세로에는 각각 무엇을 나타내야 하나요?

가로 ( )
세로 ( )

12 세로 눈금 한 칸은 몇 cm로 나타내야 하나요?
( )

13 표를 보고 꺾은선그래프로 나타내어 보세요.

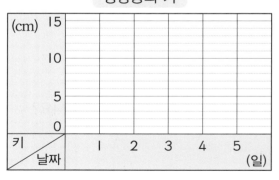

강낭콩의 키

14 강낭콩의 키가 전날에 비해 가장 많이 자란 날은 며칠인가요?
( )

[15~17] 다음은 병호의 체온을 I 시간마다 재어 나타낸 표입니다. 물음에 답해 보세요.

병호의 체온

시각(시)	6	7	8	9	10
체온(℃)	37.1	37.8	38.2	38	37.6

15 표를 보고 물결선을 사용한 꺾은선그래프로 나타낼 때 몇 ℃ 아래에 물결선을 넣으면 좋을까요?

( )

① 100℃　　② 38℃　　③ 37.8℃
④ 37.6℃　　⑤ 37.1℃

16 표를 보고 꺾은선그래프로 나타내어 보세요.

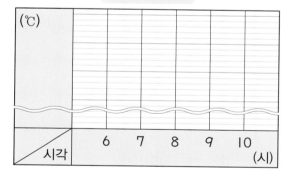

병호의 체온

17 전 시간에 비해 병호의 체온이 가장 많이 올라간 때는 몇 시인가요?

( )

[18~20] I 월의 기온과 핫팩 판매량을 조사하여 나타낸 꺾은선그래프입니다. 물음에 답해 보세요.

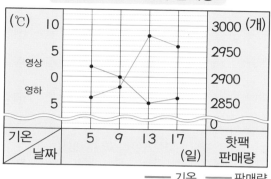

I 월의 기온과 핫팩 판매량

── 기온　── 판매량

18 핫팩 판매량이 가장 많은 날은 며칠인가요?

( )

19 5일의 기온과 핫팩 판매량은 각각 얼마인가요?

기온 ( )
핫팩 판매량 ( )

20 기온이 내려가면 핫팩 판매량은 어떻게 변하는지 알맞은 말에 ○표 하세요.

기온이 내려가면 핫팩 판매량은 (늘어납니다, 줄어듭니다).

[1~2] 도형을 보고 물음에 답해 보세요.

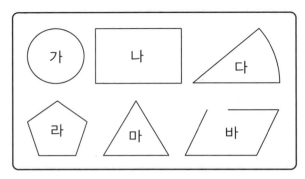

1 다각형을 모두 찾아 기호를 써 보세요.

(   )

2 도형 라와 마의 이름을 각각 써 보세요.

라 (   )

마 (   )

3 □ 안에 알맞은 말을 써넣으세요.

> 다각형은 삼각형, 사각형처럼 ⬜ 으로만 둘러싸인 도형입니다.

• 서술형

4 다음 도형 중에서 다각형이 <u>아닌</u> 것을 찾고, 그 이유를 써 보세요.

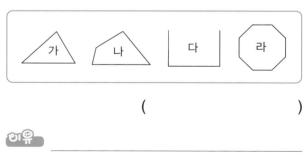

(   )

이유 _____

5 점 종이에 그려진 선분을 이용하여 육각형을 완성해 보세요.

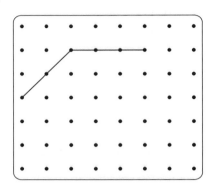

6 □ 안에 알맞은 말을 써넣으세요.

> 변의 길이가 모두 같고, 각의 크기가 모두 같은 다각형을 ⬜ 이라고 합니다.

• 서술형

7 아래의 도형을 보고 알맞게 설명한 사람의 이름을 쓰고 이유를 써 보세요.

> 민우: 변의 길이가 다르니까 정다각형이 아니야.
>
> 서영: 각의 크기가 모두 같으니까 정다각형이야.

⬜

(   )

이유 _____

8 설명에 알맞은 도형의 이름을 써 보세요.

> • 선분으로만 둘러싸인 도형입니다.
> • 변이 9개입니다.
> • 변의 길이가 모두 같고 각의 크기가 모두 같습니다.

(   )

9 축구공은 약 2300년 전에 아르키메데스라는 수학자가 만든 모양을 적용한 것입니다. 다음은 축구공을 펼쳐 놓은 모양입니다. 정오각형과 정육각형은 각각 몇 개인가요?

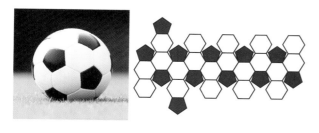

정오각형 (   )
정육각형 (   )

10 정다각형의 이름을 쓰고 모든 변의 길이의 합을 구해 보세요.

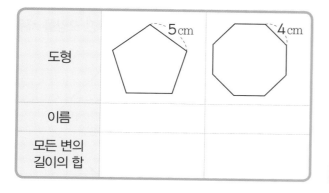

도형	5 cm	4 cm
이름		
모든 변의 길이의 합		

11 하늘에서 내리는 눈의 결정을 현미경으로 관찰한 사진입니다. 물이 눈으로 얼면서 정육각형 모양을 띤다고 합니다. 정육각형의 한 각의 크기가 120°일 때, 정육각형 모든 각의 크기의 합은 몇 도인가요?

(   )

12 도형에 대각선을 그어 보고 대각선은 모두 몇 개인지 구해 보세요.

(1)

(   )

(2)

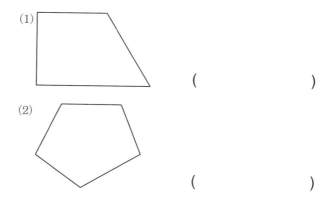

(   )

13 다음 중 그을 수 있는 대각선의 수가 가장 많은 도형은 어느 것인가요? (   )

①   ②   ③

④   ⑤

· 서술형 ·

14 대각선을 그을 수 <u>없는</u> 도형을 찾아 기호를 쓰고, 그 이유를 써 보세요.

⊙ 칠각형   ⊙ 삼각형   ⊙ 정팔각형

(   )

이유 _____

_____

15 도형은 직사각형입니다. □ 안에 알맞은 수를 써넣으세요.

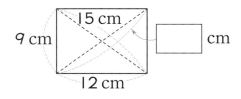

16 두 대각선이 서로 수직으로 만나는 것을 모두 찾아보세요.

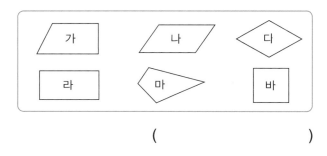

(   )

17 다음 모양을 만들려면 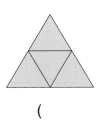 모양 조각은 몇 개 필요한가요?

(   )

[18~20] 모양 조각을 보고 물음에 답해 보세요.

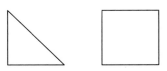

18 모양 조각을 모두 사용하여 정사각형을 채워 보세요.

19 모양 조각을 모두 사용하여 사다리꼴을 채워 보세요.

20 모양 조각을 모두 사용하여 주어진 모양을 채워 보세요.

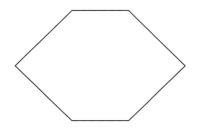

1 $\frac{4}{5}+\frac{3}{5}$ 을 그림에 색칠하고, □ 안에 알맞은 수를 써 넣으세요.

$\frac{4}{5}$

$\frac{3}{5}$

$\frac{4}{5}+\frac{3}{5}$

$$\frac{4}{5}+\frac{3}{5}=\frac{\boxed{}+\boxed{}}{5}=\frac{\boxed{}}{5}=\boxed{}\frac{\boxed{}}{5}$$

2 계산해 보세요.

(1) $\frac{3}{6}+\frac{2}{6}$

(   )

(2) $\frac{8}{10}+\frac{5}{10}$

(   )

3 바르게 계산한 것의 기호를 써 보세요.

ㄱ $\frac{1}{4}+\frac{3}{4}=\frac{1+3}{4}=\frac{4}{4}=1$

ㄴ $\frac{1}{4}+\frac{3}{4}=\frac{1+3}{4+4}=\frac{4}{8}$

(   )

4 빈칸에 알맞은 수를 써넣으세요.

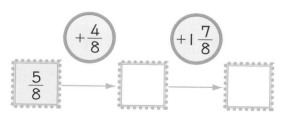

5 분모가 11인 진분수 중에서 $\frac{8}{11}$ 보다 큰 분수들의 합은 얼마인지 풀이 과정을 쓰고 답을 구해 보세요.

_____

_____

_____

(   )

6 계산 결과를 찾아 이어 보세요.

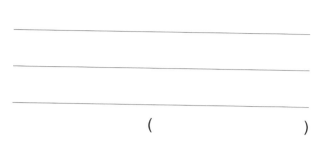

7 그림을 보고 집에서 학교를 거쳐 도서관까지 가는 거리는 몇 km인가요?

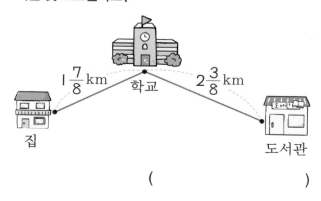

(   )

8 그림을 보고 $\dfrac{4}{5} - \dfrac{2}{5}$ 가 얼마인지 알아보세요.

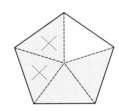

$\dfrac{4}{5} - \dfrac{2}{5} = \boxed{}$

9 빈칸에 알맞은 수를 써넣으세요.

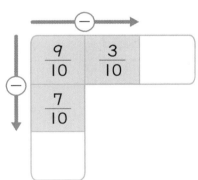

10 계산 결과가 다른 뺄셈식에 ○표 하세요.

$\dfrac{5}{7} - \dfrac{2}{7}$	$\dfrac{4}{7} - \dfrac{1}{7}$
$\dfrac{6}{7} - \dfrac{3}{7}$	$\dfrac{3}{7} - \dfrac{1}{7}$

·서술형·

11 두 사람이 설명하는 분수의 차는 얼마인지 풀이 과정을 쓰고 답을 구해 보세요.

명수   진희

_____

_____

_____

(   )

12 □ 안에 알맞은 수를 써넣으세요.

1은 $\dfrac{12}{12}$ 이므로 $\dfrac{1}{12}$ 이 $\boxed{}$ 개,

$\dfrac{9}{12}$ 는 $\dfrac{1}{12}$ 이 $\boxed{}$ 개이므로

$1 - \dfrac{9}{12}$ 는 $\dfrac{1}{12}$ 이 $\boxed{}$ 개입니다.

➡ $1 - \dfrac{9}{12} = \dfrac{\boxed{}}{12} - \dfrac{\boxed{}}{12}$

$= \dfrac{\boxed{} - \boxed{}}{12} = \dfrac{\boxed{}}{12}$

13 계산해 보세요.

(1) $2 - 1\dfrac{4}{5}$

(   )

(2) $6 - 2\dfrac{2}{7}$

(   )

·서술형·

14 한 장의 카드를 골라 □ 안에 수를 써넣어 식을 만들려고 합니다. 계산 결과가 가장 큰 식을 만들고 계산하는 풀이 과정을 쓰고 답을 구해 보세요.

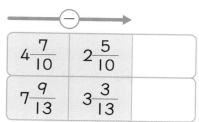

$$3 \quad 5 \quad 7 \qquad 7-1\frac{\square}{9}$$

풀이 _____

_____

_____

_____

15 빈 곳에 알맞은 수를 써넣으세요.

$-$		
$4\frac{7}{10}$	$2\frac{5}{10}$	
$7\frac{9}{13}$	$3\frac{3}{13}$	

16 경민이가 체육 시간에 축구공과 농구공을 던져서 날아간 거리는 각각 $5\frac{9}{10}$ m, $4\frac{3}{10}$ m입니다. 축구공은 농구공보다 몇 m 더 멀리 날아갔나요?

풀이 _____

답 _____

17 □ 안에 들어갈 수 있는 가장 작은 수를 구해 보세요.

$$5\frac{4}{11}-4\frac{8}{11}<\frac{\square}{11}$$

( )

[18~20] 대경이는 누나와 함께 슬러시 만들기를 하였습니다. 물음에 답해 보세요.

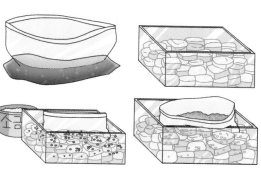

18 대경이는 음료수를 비닐팩의 $\frac{2}{12}$ 정도 되도록 부었습니다. 누나가 부족하다며 비닐팩 $\frac{3}{12}$ 정도의 음료수를 더 넣었습니다. 음료수의 양은 모두 얼마인가요?

비닐팩의 ( )정도입니다.

19 얼음이 모두 $25\frac{2}{4}$ 개 있었습니다. 그런데 슬러시를 만든 후 많이 녹아서 얼음이 $14\frac{3}{4}$ 개 남았습니다. 녹은 얼음은 몇 개인가요?

( )

20 소금은 슬러시 1개를 만들 때마다 $2\frac{1}{3}$ 스푼씩 넣어야 합니다. 슬러시를 3개 만들려면 몇 스푼의 소금이 필요한가요?

( )

1 이등변삼각형을 찾아 기호를 써 보세요.

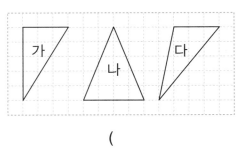

( )

2 수수깡 3개를 변으로 하여 이등변삼각형을 만들 수 있는 것에 ○표 하세요.

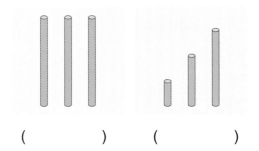

( ) ( )

서술형
3 어떤 삼각형인지 찾아 기호를 쓰고, 그 이유를 써 보세요.

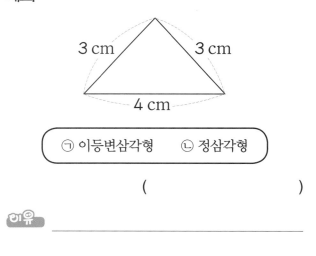

③ 이등변삼각형 ⓒ 정삼각형

( )

이유 _____

4 다음에서 설명하고 있는 도형의 이름을 써 보세요.

- 굽은 선은 없습니다.
- 변은 모두 3개입니다.
- 꼭짓점을 모두 3개입니다.
- 변의 길이는 모두 5 cm입니다.

( )

[5~6] 이등변삼각형의 세 각의 크기를 재어 보고, 이등변삼각형의 성질을 알아보세요.

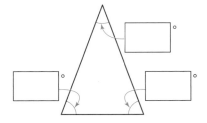

5 각도기를 사용하여 이등변삼각형의 세 각의 크기를 각각 재어 보세요.

6 □ 안에 알맞은 말에 ○표 하세요.

이등변삼각형은 (두 , 세) 각의 크기가 같습니다.

7 □ 안에 알맞은 수를 써넣으세요.

(1)

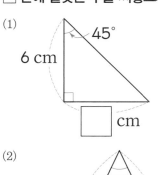

(2)

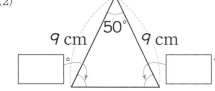

• 서술형 •

8 도형이 이등변삼각형이 <u>아닌</u> 이유를 써 보세요.

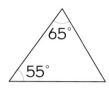

이유 _____

_____

9 □ 안에 알맞은 수를 써넣으세요.

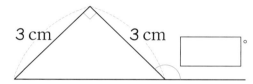

10 도형은 정삼각형입니다. □ 안에 알맞은 수를 써넣으세요.

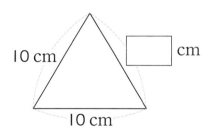

11 자와 각도기를 사용하여 정삼각형을 그려 보세요.

12 정삼각형에 대해 <u>잘못</u> 설명한 사람은 누구인지 써 보세요.

> **진오**: 정삼각형은 세 변의 길이가 모두 같아.
> **현수**: 정삼각형은 세 각의 크기가 모두 60°로 같아.
> **재현**: 정삼각형은 이등변삼각형이야.
> **수지**: 이등변삼각형은 정삼각형이야.

(   )

13 길이가 27 cm인 철사를 남기거나 겹쳐지는 부분이 없도록 구부려서 한 개의 정삼각형을 만들었습니다. 만든 정삼각형의 한 변의 길이는 몇 cm인가요?

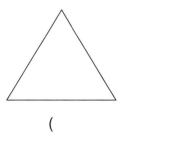

(   )

14 □ 안에 알맞은 수를 써넣으세요.

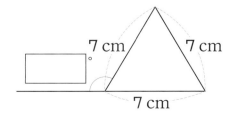

15 □ 안에 알맞은 말을 써넣으세요.

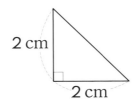

(1) 두 변의 길이가 같기 때문에 □□□ 삼각형입니다.

(2) 한 각이 직각이기 때문에 □□□ 삼각형입니다.

16 점선을 따라 직사각형 모양의 종이를 잘랐을 때 만들어지는 삼각형을 분류해 보세요.

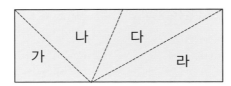

예각삼각형	직각삼각형	둔각삼각형

17 그림에서 예각삼각형과 둔각삼각형을 모두 찾아 기호를 써 보세요.

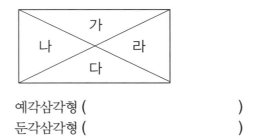

예각삼각형 (   )

둔각삼각형 (   )

18 삼각형에 대한 설명으로 옳은 것을 모두 찾아 ○표 하세요.

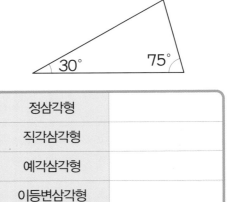

정삼각형	
직각삼각형	
예각삼각형	
이등변삼각형	

19 5개의 점 중에서 한 점과 주어진 선분의 양 끝점을 이어 삼각형을 만들려고 합니다. 둔각삼각형을 그릴 수 있는 점을 모두 찾아 번호를 써 보세요.

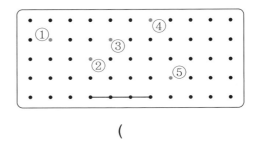

(   )

서술형

20 두 삼각형의 같은 점과 다른 점을 써 보세요.

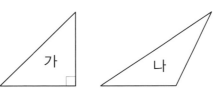

같은 점 _____

_____

다른 점 _____

_____

1 □안에 알맞은 수나 말을 써넣으세요.

> 3.45에서 3은 □의 자리 숫자이고, □
> 을/를 나타냅니다.
> 4는 소수 첫째 자리 숫자이고, □을/를 나
> 타냅니다.
> 5는 소수 □ 자리 숫자이고, □
> 을/를 나타냅니다.

2 밑줄 친 숫자가 나타내는 수를 써 보세요.

(1) 1.5<u>4</u> ➡ (　　　　　　　　　)

(2) 3.7<u>1</u> ➡ (　　　　　　　　　)

서술형

3 조건에 모두 맞는 소수를 구하려고 합니다. 풀이 과정을 쓰고 답을 구해 보세요.

> • 소수 두 자리 수입니다.
> • 5보다 크고 6보다 작습니다.
> • 소수 첫째 자리 숫자는 7입니다.
> • 소수 둘째 자리 숫자는 2입니다.

_____

_____

_____

(　　　　　　　　)

4 분수를 소수로 나타내고, 읽어 보세요.

(1) $\dfrac{52}{1000}$　　소수 (　　　　　　　　)

　　　　　　　　　읽기 (　　　　　　　　)

(2) $1\dfrac{442}{1000}$　　소수 (　　　　　　　　)

　　　　　　　　　읽기 (　　　　　　　　)

[5~6] 더 무거운 바벨을 들어 올린 선수는 누구인지 비교해 보세요.

현주 6.13 kg　　　　정훈 6.25 kg

5 수직선 위에 각각 점(·)으로 표시해 보세요.

> ㉠ 6.13　　㉡ 6.25

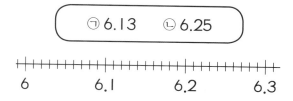

6　　　6.1　　　6.2　　　6.3

6 더 무거운 바벨을 들어 올린 선수는 누구인가요?

(　　　　　　　　　)

7 소수의 크기를 비교하여 ○ 안에 >, =, <를 알맞게 써넣으세요.

(1) 7.42 ◯ 5.85

(2) 4.08 ◯ 4.18

8 피겨 스케이팅 선수들의 기록입니다. 가장 점수가 높은 선수가 금메달을 받을 때 누가 금메달을 받게 되나요?

곽민정	김예림	유영
135.09점	135.21점	135.97점

(   )

·서술형·

9 0부터 9까지의 숫자 중에서 □ 안에 들어갈 수 있는 수를 모두 구하려고 합니다. 풀이 과정을 쓰고 답을 구해 보세요.

6.0□4 < 6.044

_____

_____

_____

(   )

10 빈칸에 알맞은 수를 써넣으세요.

$\frac{1}{10}$ ⟶ | 0 | . | 6 | | ⟶ 10배
$\frac{1}{10}$ ⟶ | | | | | ⟶ 10배

11 □ 안에 알맞은 수를 써넣으세요.

(1) 3.81은 0.381의 □ 배입니다.

(2) 40은 0.4의 □ 배입니다.

12 다른 수를 설명한 사람의 이름을 써 보세요.

희정: 5.16의 $\frac{1}{10}$

유진: 0.516의 100배

기준: 51.6의 $\frac{1}{100}$

(   )

13 계산해 보세요.

(1)
```
   4. 5
 + 3. 3
───────
```

(2)
```
   7. 8
 + 2. 6
───────
```

(3) 0.2+1.5=

(4) 8.6+3.7=

14 윤호가 감자 2.6 kg과 고구마 3.5 kg을 샀습니다. 윤호가 산 감자와 고구마의 무게는 모두 몇 kg인가요?

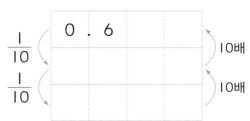

풀이 _____

답 _____

15 계산해 보세요.

(1)
$$\begin{array}{r} 3.8 \\ -\ 2.2 \\ \hline \end{array}$$

(2)
$$\begin{array}{r} 7.5 \\ -\ 0.9 \\ \hline \end{array}$$

(3) 6.4−5 =

(4) 10.1−5.9 =

서술형

16 잘못 계산한 이유를 쓰고, 바르게 계산해 보세요.

$$\begin{array}{r} 4.2\ 6 \\ +\quad 5.5 \\ \hline 4.8\ 1 \end{array}$$ ➔

이유 _____

_____

17 산 정상으로 가는 두 길 중 어느 길이 얼마나 더 가까운지 구해 보세요.

> 야생화 길 : 4.5 km

> 들국화 길 : 5.8 km

더 가까운 길 ( )

더 가까운 거리 ( )

[18~20] 병만이가 보물 지도를 가지고 보물을 찾으려고 합니다. 물음에 답해 보세요.

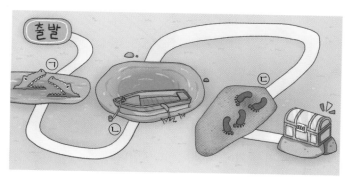

18 ㉠을 지나기 위해서는 끊어진 길의 길이인 17.5 m 보다 0.8 m 더 긴 다리가 필요합니다. 몇 m짜리 다리가 필요한가요?

( )

19 ㉡에서 큰 강을 만났습니다. 쪽지에 주어진 문제를 해결하면 강을 건너기 위해 필요한 배를 빌릴 수 있습니다. 문제를 풀어 보세요.

> 8.29   3.53   6.09
>
> 주어진 소수 중에서 가장 큰 수와 가장 작은 수의 차는 [ ] 입니다.

20 길을 잃었다가 ㉢에 도착하니 발자국이 바닥에 찍혀 있었습니다. 찍힌 발자국을 따라 밟기 위해 찍힌 발자국과 내 발자국의 크기의 차를 알아야 합니다. 두 발자국의 차는 몇 cm인가요?

내 발자국의 크기 ➔ 23.09 cm
찍힌 발자국의 크기 ➔ 25.35 cm

( )

1 그림을 보고 □ 안에 알맞은 말을 써넣으세요.

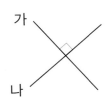

직선 가와 직선 나는 서로 [　　　]이고 직선 나는 직선 가에 대한 [　　　]입니다.

2 서로 수직인 변이 있는 도형을 모두 찾아 기호를 써 보세요.

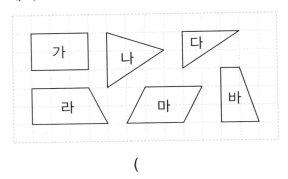

(　　　　　　　　　)

3 자동차가 수직인 선분을 따라가면 어느 곳에 도착하나요?

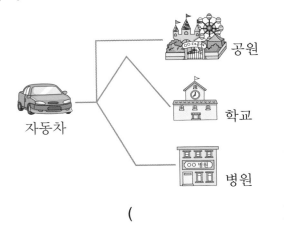

(　　　　　　　　　)

4 사각형에서 서로 평행한 변을 찾아 써 보세요.

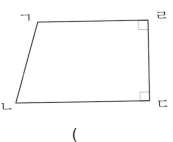

(　　　　　　　　　)

5 삼각자를 사용하여 평행선을 바르게 그은 것은 어느 것인가요? (　　　　)

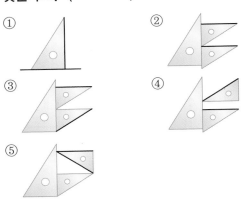

6 삼각자 2개를 사용하여 점 ㄱ을 지나고 주어진 직선에 평행한 직선을 그어 보세요.

7 직선 가, 나, 다는 서로 평행합니다. 평행선 가와 다 사이의 거리는 몇 cm인가요?

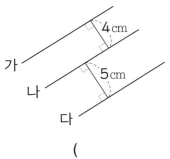

(　　　　　　　　　)

8 평행선 사이의 거리를 재어 보세요.

( )

9 직사각형 모양의 종이를 선을 따라 잘랐습니다. 사다리꼴은 모두 몇 개인가요?

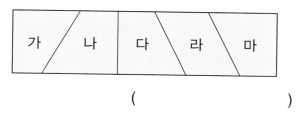

| 가 | 나 | 다 | 라 | 마 |

( )

10 5개의 점 중에서 한 점과 연결하여 사다리꼴을 완성하려고 합니다. 사다리꼴을 완성할 수 있는 점을 모두 찾아 보세요.

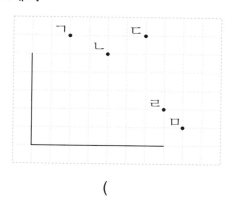

( )

서술형

11 도형이 사다리꼴인지 생각해 보고, 그렇게 생각한 이유를 써 보세요.

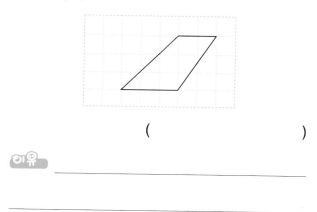

( )

이유 _____

_____

12 주어진 선분을 이용하여 평행사변형을 완성해 보세요.

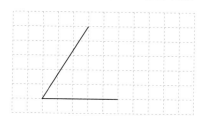

13 평행사변형을 보고 □ 안에 알맞은 수를 써넣으세요.

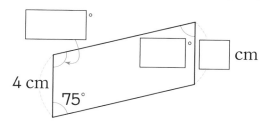

14 공작용 칼날의 모양을 본뜬 그림입니다. 칼날 둘레의 길이는 몇 cm인가요?

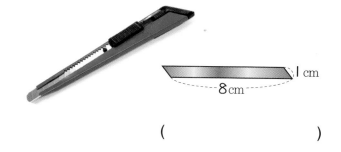

( )

15 마름모를 보고 □ 안에 알맞은 수를 써넣으세요.

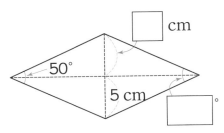

16 마름모의 네 변의 길이의 합이 16 cm입니다. 한 변의 길이를 구해 보세요.

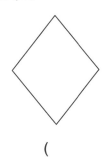

( )

서술형

17 사각형 ㄱㄴㄷㄹ은 마름모입니다. 각 ㄱㄷㄹ의 크기는 몇 도인지 풀이 과정을 쓰고 답을 구해 보세요.

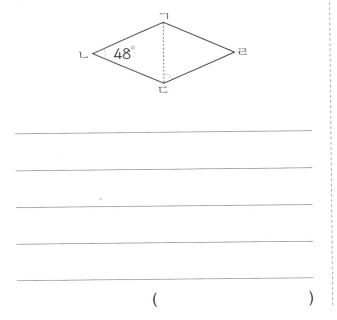

( )

18 도형은 정사각형입니다. □ 안에 알맞은 수를 써넣으세요.

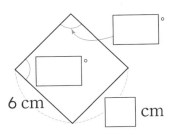

19 직사각형에 대한 설명으로 옳지 않은 것을 찾아 기호를 써 보세요.

> ㉠ 마주 보는 두 쌍의 변이 서로 평행합니다.
> ㉡ 마주 보는 두 변의 길이가 같습니다.
> ㉢ 네 변의 길이가 모두 같습니다.
> ㉣ 네 각의 크기가 모두 90°입니다.

( )

20 야구장은 홈에서 1루, 1루에서 2루, 2루에서 3루, 3루에서 홈까지의 거리가 모두 같습니다. 다음은 야구장 내야를 본뜬 사각형입니다. 사각형의 이름으로 알맞은 것을 모두 찾아 기호를 써 보세요.

> ㉠ 사다리꼴 ㉡ 평행사변형
> ㉢ 마름모 ㉣ 직사각형
> ㉤ 정사각형

( )

[1~4] 가열한 물의 온도 변화를 1분마다 재어 나타낸 그래프입니다. 물음에 답해 보세요.

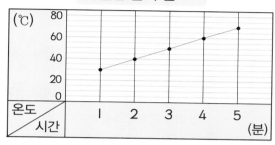

1 무엇을 조사하여 나타낸 그래프인가요?

(   )

2 그래프의 가로는 무엇을 나타내나요?

(   )

3 그래프의 세로는 무엇을 나타내나요?

(   )

4 위와 같이 자료의 크기를 나타내는 위치에 점으로 표시하고, 그 점들을 선분으로 이은 그래프를 찾아 ○표 하세요.

막대그래프 (   )
꺾은선그래프 (   )

[5~7] 어느 해 배추 10 kg의 가격을 조사하여 꺾은선그래프로 나타낸 것입니다. 물음에 답해 보세요.

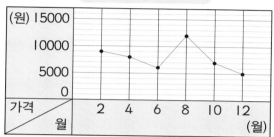

5 8월에는 배추 10 kg의 가격이 얼마인가요?

(   )

6 가격이 가장 많이 변한 때는 몇 월과 몇 월 사이인가요?

(   )과 (   ) 사이

서술형

7 11월에 배추 10 kg의 가격이 몇 원이었을지 예상하여 쓰고, 그렇게 생각한 이유를 써 보세요.

(   )

이유 _____

_____

[8~9] 어느 도시의 5월부터 9월까지의 최고 기온을 조사하여 나타낸 꺾은선그래프입니다. 물음에 답해 보세요.

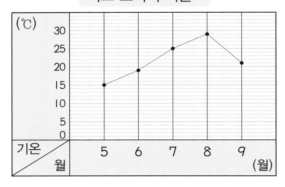

어느 도시의 기온

8 세로의 작은 눈금 한 칸은 몇 ℃를 나타내나요?

(   )

9 기온의 변화가 가장 심한 때는 몇 월과 몇 월 사이인가요?

(   )과 (   ) 사이

[10~11] 희영이의 월별 몸무게를 나타낸 꺾은선그래프입니다. 물음에 답해 보세요.

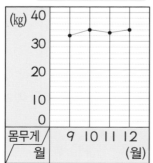
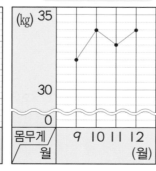

(가) 희영이의 몸무게 (나) 희영이의 몸무게

10 두 그래프에서 세로 눈금 한 칸은 각각 몇 kg인가요?

(가) (   ), (나) (   )

11 (가)와 (나) 그래프 중 몸무게가 변화하는 모양을 뚜렷하게 알 수 있는 것은 어느 것인가요?

(   )

[12~14] 과학 시간에 배운 추의 무게와 늘어난 용수철의 길이 사이의 관계를 나타낸 표입니다. 물음에 답해 보세요.

늘어난 용수철의 길이

추의 무게(g)	20	40	60	80	100
늘어난 용수철의 길이(cm)	2	4	6	8	10

12 표를 보고 꺾은선그래프로 나타내어 보세요.

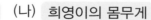

늘어난 용수철의 길이

13 추의 무게가 20 g씩 무거워짐에 따라 용수철의 길이가 몇 cm씩 늘어나나요?

(   )

〈서술형〉

14 추의 무게에 따라 용수철이 일정하게 변화할 때 추의 무게가 I20 g이면 늘어난 용수철의 길이는 몇 cm인지 풀이 과정을 쓰고 답을 구해 보세요.

_____

_____

(   )

[15~17] 어느 버스의 월별 승객 수를 조사하여 나타낸 표를 보고 꺾은선그래프로 나타내려고 합니다. 물음에 답해 보세요.

월별 승객 수

월(월)	6	7	8	9	10
승객 수(명)	2510	2514	2524	2520	2518

15 물결선을 넣는다면 몇 명과 몇 명 사이에 넣으면 좋을까요?

(   )과 (   ) 사이

16 표를 보고 꺾은선그래프로 나타내어 보세요.

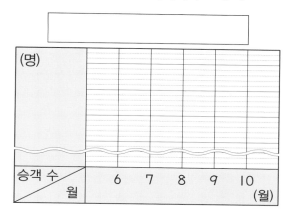

· 서술형 ·

17 전달에 비해 승객 수가 가장 많이 늘어난 때는 몇 월인지 풀이 과정을 쓰고 답을 구해 보세요.

_____

_____

(   )

[18~19] 어느 지역의 평균 온도 변화를 조사하여 나타낸 그래프입니다. 물음에 답해 보세요.

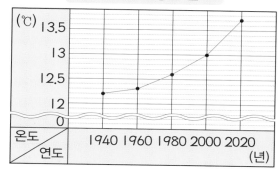

18 평균 온도가 가장 많이 높아진 때는 몇 년과 몇 년 사이인가요?

(   )과 (   ) 사이

19 이 지역의 평균 온도는 앞으로 어떻게 될 것으로 예상하는지 알맞은 말에 ○표 하세요.

(올라갈 것입니다, 내려갈 것입니다).

20 바다와 육지의 온도를 조사하여 그래프로 나타낸 것입니다. 바다와 육지 중 온도의 변화가 더 심한 곳은 어디인가요?

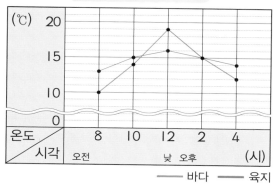

(   )

1 다각형을 모두 찾아 기호를 써 보세요.

(   )

2 관계있는 것끼리 이어 보세요.

- 사각형
- 팔각형
- 오각형

3 사계절 내내 북쪽 하늘에서 항상 볼 수 있는 별자리를 나타낸 그림입니다. 각 별자리에 들어 있는 다각형의 이름을 써 보세요.

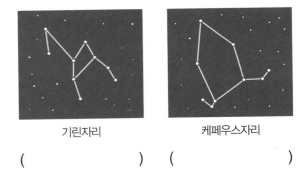

기린자리   케페우스자리

(   ) (   )

4 다각형에 대해 잘못 말한 사람의 이름을 써 보세요.

> **지훈**: 오각형은 변이 5개야.
> **혜경**: 다각형은 선분으로만 둘러싸인 도형이야.
> **경수**: 다각형에서 변의 수는 꼭짓점의 수보다 1개 많아.

(   )

•서술형•
5 빈칸에 알맞은 수의 합은 얼마인지 풀이 과정을 쓰고, 답을 구해 보세요.

다각형	구각형	십각형
변의 수(개)	9	
꼭짓점의 수(개)		10

(   )

6 점 종이에 정다각형을 그려 보세요.

7 다음을 모두 만족시키는 다각형의 이름을 써 보세요.

> ㉠ 12개의 변으로 둘러싸인 도형입니다.
> ㉡ 변의 길이가 모두 같습니다.
> ㉢ 각의 크기가 모두 같습니다.

(   )

•서술형•

8 도형이 정다각형이 <u>아닌</u> 이유를 써 보세요.

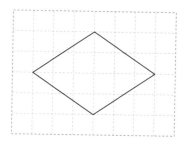

이유 _____

_____

_____

•서술형•

9 길이가 72 cm인 철사를 겹치지 않게 모두 사용하여 정팔각형을 한 개 만들었습니다. 만든 정팔각형의 한 변의 길이는 몇 cm인지 풀이 과정을 쓰고 답을 구해 보세요.

_____

_____

_____

(   )

10 우리 주변에서 흔히 볼 수 있는 나사는 수학자 아르키메데스가 발명했습니다. 다음은 변의 길이가 모두 같은 육각나사를 본뜬 그림입니다. 육각나사의 모든 각의 크기의 합이 720°일 때, 한 각의 크기를 구해 보세요.

 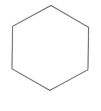

(   )

[11~12] 사진은 미국 버지니아주에 있는 펜타곤입니다. 육군, 해군, 공군의 군사 업무를 맡아보는 미국 국방부 본부로서 2만 3천 명이 일할 수 있는 거대한 건물입니다. 물음에 답해 보세요.

11 펜타곤과 같이 5개 변의 길이가 모두 같고, 각의 크기가 모두 같은 다각형의 이름을 써 보세요.

(   )

12 펜타곤 모양의 도형에서 그을 수 있는 대각선은 모두 몇 개인가요?

(   )

13 점 ㄱ에서 대각선을 그을 수 없는 점은 모두 몇 개인가요?

(   )

14 다음 도형들의 대각선의 수를 모두 더하면 몇 개인가요?

(   )

[15~16] 사각형을 보고 물음에 답해 보세요.

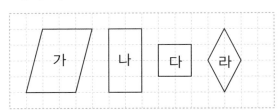

15 두 대각선의 길이가 같은 사각형을 모두 찾아 기호를 써 보세요.

(   )

16 두 대각선이 서로 수직으로 만나는 사각형을 모두 찾아 기호를 써 보세요.

(   )

[17~18] 모양 조각을 보고 물음에 답해 보세요.

17 모양 조각 중 2가지를 골라 오각형을 만들어 보세요.

18 모양 조각 중 2가지를 골라 평행사변형을 만들어 보세요.

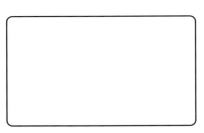

19 왼쪽 모양 조각을 사용하여 오른쪽 육각형을 채울 때, 필요한 모양 조각은 모두 몇 개인가요?

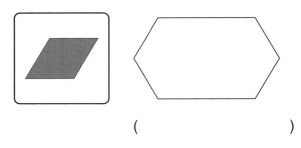

(   )

20 현아는 다음과 같은 정다각형 중 한 가지를 골라 평평한 바닥을 빈틈없이 채우려고 합니다. 겹치지 않게 채울 수 없는 도형을 찾아 기호를 써 보세요.

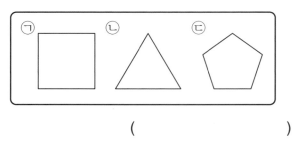

(   )

1회 **1. 분수의 덧셈과 뺄셈** 1~3쪽

1 1, 3, 4 **2** (1) $\dfrac{5}{6}$ (2) $\dfrac{5}{8}$ (3) $1\dfrac{2}{12}$

3 $\dfrac{1+3}{5}=\dfrac{4}{5}$ **4** 2시간 **5** (1) $2\dfrac{5}{7}$ (2) $5\dfrac{7}{8}$

6 < **7** $5\dfrac{7}{10}$ m **8** $\dfrac{4}{8}$ **9** ⓒ, ⓒ, ㉠

10 35, 26, 9, 1, 2 **11** (1) $4\dfrac{2}{9}$ (2) $3\dfrac{3}{6}$

12 ⑩ $1-\dfrac{\square}{9}=\dfrac{9}{9}-\dfrac{\square}{9}=\dfrac{9-\square}{9}$ 이므로 $9-\square$는

6이거나 6보다 커야 합니다. 따라서 □ 안에 들어갈
수 있는 수는 1, 2, 3입니다. ; 1, 2, 3

13 $17\dfrac{1}{4}$ cm **14** $2\dfrac{1}{6}$ 시간 **15** $1\dfrac{1}{3}$

16 (○)(   )(   )

17 $3\dfrac{4}{5}-1\dfrac{2}{5}=2\dfrac{2}{5}$; $2\dfrac{2}{5}$ kg

18 (1) $2\dfrac{5}{10}$ (2) $5\dfrac{5}{6}$

19 ⑩ 가장 큰 수는 $10\dfrac{1}{5}$ 이고, 가장 작은 수는 $5\dfrac{4}{5}$

이므로 $10\dfrac{1}{5}-5\dfrac{4}{5}=9\dfrac{6}{5}-5\dfrac{4}{5}=4\dfrac{2}{5}$ 입니다. ;

$4\dfrac{2}{5}$

20 $7\dfrac{5}{10}-2\dfrac{7}{10}=4\dfrac{8}{10}$; $4\dfrac{8}{10}$ kg

▶풀이

1 $\dfrac{1}{6}+\dfrac{3}{6}=\dfrac{1+3}{6}=\dfrac{4}{6}$

2 (1) $\dfrac{1}{6}+\dfrac{4}{6}=\dfrac{1+4}{6}=\dfrac{5}{6}$

(2) $\dfrac{2}{8}+\dfrac{3}{8}=\dfrac{2+3}{8}=\dfrac{5}{8}$

(3) $\dfrac{5}{12}+\dfrac{9}{12}=\dfrac{5+9}{12}=\dfrac{14}{12}=1\dfrac{2}{12}$

3 분모가 같은 분수의 덧셈은 분모는 그대로 두고 분자
끼리 더합니다.

4 $\dfrac{4}{6}+\dfrac{4}{6}+\dfrac{4}{6}=\dfrac{4+4+4}{6}=\dfrac{12}{6}=2$(시간)

5 (1) $2\dfrac{1}{7}+\dfrac{4}{7}=2+\left(\dfrac{1}{7}+\dfrac{4}{7}\right)=2+\dfrac{5}{7}=2\dfrac{5}{7}$

(2) $3\dfrac{6}{8}+2\dfrac{1}{8}=(3+2)+\left(\dfrac{6}{8}+\dfrac{1}{8}\right)=5+\dfrac{7}{8}=5\dfrac{7}{8}$

6 $1\dfrac{5}{9}+1\dfrac{6}{9}=2+\dfrac{11}{9}=2+1\dfrac{2}{9}=3\dfrac{2}{9}$,

$2\dfrac{1}{9}+1\dfrac{3}{9}=3\dfrac{4}{9}$

$\rightarrow 3\dfrac{2}{9}<3\dfrac{4}{9}$

7 이어 붙인 색 테이프의 전체의 길이는

$2\dfrac{4}{10}+3\dfrac{3}{10}=5\dfrac{7}{10}$(m)입니다.

8 $\dfrac{7}{8}-\dfrac{3}{8}$ 은 $\dfrac{1}{8}$ 이 4개이므로 $\dfrac{4}{8}$ 입니다.

9 ㉠ $\dfrac{7}{12}-\dfrac{5}{12}=\dfrac{2}{12}$

ⓒ $\dfrac{8}{12}-\dfrac{4}{12}=\dfrac{4}{12}$

ⓒ $\dfrac{6}{12}-\dfrac{3}{12}=\dfrac{3}{12}$

➡ ⓒ > ⓒ > ㉠

10 $5=\dfrac{35}{7}$, $3\dfrac{5}{7}=\dfrac{26}{7}$ 이므로

$5-3\dfrac{5}{7}=\dfrac{35}{7}-\dfrac{26}{7}=\dfrac{9}{7}=1\dfrac{2}{7}$ 입니다.

11 (1) $5-\dfrac{7}{9}=4\dfrac{9}{9}-\dfrac{7}{9}=4\dfrac{2}{9}$

(2) $7-3\dfrac{3}{6}=6\dfrac{6}{6}-3\dfrac{3}{6}$

$=(6-3)+\left(\dfrac{6}{6}-\dfrac{3}{6}\right)$

$=3\dfrac{3}{6}$

13 $10+10-2\dfrac{3}{4}=20-2\dfrac{3}{4}=19\dfrac{4}{4}-2\dfrac{3}{4}$

$=(19-2)+\left(\dfrac{4}{4}-\dfrac{3}{4}\right)$

$=17\dfrac{1}{4}$(cm)

14 파티쉐가 빵 재료를 손질하고 만드는 시간이

$2\frac{3}{6}+3\frac{2}{6}=5\frac{5}{6}$(시간)이므로

하루 일하는 8시간에서 $5\frac{5}{6}$시간을 빼면

$8-5\frac{5}{6}=2\frac{1}{6}$(시간)입니다.

16 $2\frac{6}{8}-1\frac{5}{8}=1\frac{1}{8}$, $3\frac{5}{8}-1\frac{2}{8}=2\frac{3}{8}$,

$4\frac{7}{8}-2\frac{3}{8}=2\frac{4}{8}$

계산 결과를 비교하면 $1\frac{1}{8}<2\frac{3}{8}<2\frac{4}{8}$이므로

계산 결과가 가장 작은 뺄셈식은 $2\frac{6}{8}-1\frac{5}{8}$입니다.

18 ⑴ $5\frac{4}{10}-2\frac{9}{10}=4\frac{14}{10}-2\frac{9}{10}=2\frac{5}{10}$

⑵ $9\frac{1}{6}-3\frac{2}{6}=8\frac{7}{6}-3\frac{2}{6}=5\frac{5}{6}$

20 $7\frac{5}{10}-2\frac{7}{10}=\frac{75}{10}-\frac{27}{10}=\frac{48}{10}=4\frac{8}{10}$(kg)

1회 **2. 삼각형**   4~6쪽

1 나, 다 **2** 나 **3** ⑴ 이등변삼각형 ⑵ 정삼각형
4 예 주어진 삼각형은 세 변의 길이가 같지 않습니다.
5 8 cm **6** 40° **7** ⑴ 7 ⑵ 25, 25
8 각 ㄱㄷㄴ(또는 각 ㄴㄷㄱ)
9 예 ㉠ $180°-30°-100°=50°$,
㉡ $180°-45°-90°=45°$,
㉢ $180°-55°-60°=65°$
따라서 이등변삼각형은 ㉡입니다. ; ㉡
10 5 cm **11** 60°
12 같습니다(또는 60°입니다) **13** ⑴ 60 ⑵ 8
14 120° **15** ⑴ 예각삼각형 ⑵ 둔각삼각형
16 ㉡ **17** 풀이 참조 **18** ㉠, ㉣ **19** 5개
20 예 ㉠ $180°-35°-55°=90°$ → 직각삼각형
㉡ $180°-20°-65°=95°$ → 둔각삼각형
㉢ $180°-40°-60°=80°$ → 예각삼각형
따라서 예각삼각형은 ㉢입니다. ; ㉢

풀이

1 이등변삼각형은 두 변의 길이가 같습니다.
2 정삼각형은 세 변의 길이가 같습니다.
4 세 변의 길이가 같아야 하는데 두 변만 길이가 같으므로 이등변삼각형입니다.
5 이등변삼각형은 두 변의 길이가 같습니다.
  → ㉠=8 cm
6 이등변삼각형은 두 각의 크기가 같습니다.
  → ㉡=40°
7 이등변삼각형은 길이가 같은 두 변에 있는 두 각의 크기가 같습니다.
8 이등변삼각형이므로 각 ㄱㄴㄷ과 크기가 같은 각은 각 ㄱㄷㄴ(또는 각 ㄴㄷㄱ)입니다.
10 정삼각형은 세 변의 길이가 모두 같으므로 ㉠=5 cm입니다.
11 정삼각형은 세 각의 크기가 모두 같으므로 ㉡=60°입니다.
12 각의 크기를 재어 보면 모두 60°입니다.
  따라서 정삼각형은 세 각의 크기가 모두 같습니다.
13 ⑴ 삼각형의 세 변의 길이가 같으므로 정삼각형입니다. 따라서 삼각형의 세 각의 크기는 모두 60°입니다.
  ⑵ 삼각형의 두 변의 길이가 같으므로 이등변삼각형입니다. 이등변삼각형의 두 각의 크기가 같으므로 60°이고 $180°-60°-60°=60°$이므로 삼각형의 세 각의 크기는 모두 60°입니다. 따라서 정삼각형이므로 모든 변이 8 cm입니다.
14 정삼각형은 세 각의 크기가 모두 60°이고, 한 직선이 이루는 각의 크기는 180°입니다.
  → (각 ㄱㄷㄹ의 크기)=$180°-60°=120°$
16 ㉠ 한 각이 110°로 둔각이므로 둔각삼각형입니다.
  ㉡ 세 각이 모두 예각이므로 예각삼각형입니다.
  ㉢ 한 각이 90°로 직각이므로 직각삼각형입니다.
17 ⑴ 세 각이 모두 예각인 삼각형을 그립니다.

예각삼각형

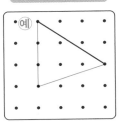

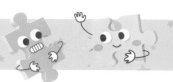

(2) 한 각이 둔각인 삼각형을 그립니다.

둔각삼각형

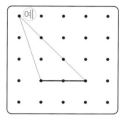

18 세 각이 모두 예각이므로 예각삼각형이고, 세 각의 크기가 60°로 모두 같으므로 정삼각형입니다.

19 예각삼각형은 세 각이 모두 예각이고, 둔각삼각형은 두 각이 예각이고 한 각이 둔각입니다. 따라서 두 삼각형에서 찾을 수 있는 예각은 모두 3+2=5(개)입니다.

1회　　**3. 소수의 덧셈과 뺄셈**　　7~9쪽

1 0.56
2 (1) 0.06 ; 영 점 영육　(2) 0.64 ; 영 점 육사
3 0.63　**4** (1) 0.06　(2) 0.006
5 [그림]　**6** (1) >　(2) <
　　　　　7 7.62, 7.31, 7.18, 7.09
8 ⑩ 만들 수 있는 가장 큰 소수 세 자리 수는 8.641이고, 두 번째로 큰 소수 세 자리 수는 8.614입니다. ; 8.614
9 (1) 70.14　(2) 24.7　**10** 100배
11 ⑩ 0.24의 100배는 24입니다. 3.461은 3461의 $\frac{1}{1000}$입니다. 258의 $\frac{1}{10}$은 25.8입니다. 따라서 100+1000+10=1110입니다. ; 1110
12 4.4, 8.1　**13** [그림]　**14** 5.33
15 0.5 km　**16** 135, 52, 83, 0.83
17 ㉠ 12.15　㉡ 6.95　㉢ 2.94　㉣ 2.26
18 $\begin{array}{r} \overset{5}{\cancel{6}}\overset{10}{} \\ -3.2 \\ \hline 2.8 \end{array}$; ⑩ 60-32처럼 자연수의 뺄셈과 같이 계산하고 소수점을 찍어야 하는데 그렇게 하지 않았기 때문입니다.
19 0.27 kg　**20** 34.33

풀이

1 0.01짜리 모눈이 56칸이므로 0.56입니다.

2 (1), (2) $\frac{1}{100}$=0.01이므로 $\frac{6}{100}$=0.06, $\frac{64}{100}$=0.64입니다.

3 0.6에서 오른쪽으로 작은 눈금 3칸만큼 더 간 수는 0.63입니다.

4 (1) 8.463에서 6은 소수 둘째 자리 숫자이고, 0.06을 나타냅니다.
(2) 21.826에서 6은 소수 셋째 자리 숫자이고, 0.006을 나타냅니다.

6 (1) 소수 둘째 자리 숫자가 5>2이므로
　　0.35>0.325입니다.
(2) 소수 셋째 자리 수자가 4<6이므로
　　9.574<9.576입니다.

7 일의 자리는 모두 7로 같으므로 소수 첫째 자리를 비교합니다.
➡ 7.62>7.31>7.18>7.09

9 소수의 10배를 하면 소수점을 기준으로 수가 왼쪽으로 한 자리 이동합니다.

10 ㉠이 나타내는 수는 4이고, ㉡이 나타내는 수는 0.04이므로 ㉠이 나타내는 수는 ㉡이 나타내는 수의 100배입니다.

12 3.2+1.2=4.4,
4.4+3.7=8.1

13 0.7+0.2=0.9　　　　0.3+0.4=0.7
0.8+0.7=1.5　　　　0.9-0.2=0.7
1.4-0.5=0.9　　　　1.8-0.3=1.5

14 3.42+1.91=5.33

15 수호와 진아가 이어 달린 총 거리는
0.2+0.3=0.5(km)입니다.

17 ㉠ 8.61+3.54=12.15,
㉡ 5.67+1.28=6.95,
㉢ 8.61-5.67=2.94,
㉣ 3.54-1.28=2.26

19 정민이가 칼국수를 만드는 데 더 필요한 밀가루의 양은 0.5-0.23=0.27(kg)입니다.

20 감량 전 몸무게에서 감량 후 몸무게를 빼주면 됩니다.
→ 92.28-57.95=34.33(kg)

정답과 풀이

1회 4. 사각형

10~12쪽

1 수직   2 ㉡, ㉢   3 ②   4 ㄱㄹ, ㄴㄷ ; ㄱㄴ, ㄹㄷ
5 풀이 참조   6 민정   7 풀이 참조   8 3 cm
9 사다리꼴   10 ⑩ 변 ㄴㄱ과 변 ㄷㄹ이 서로 평행하므로 사다리꼴입니다.
11 ③   12 나, 라   13 (1) (왼쪽부터) 6, 3 (2) 80
14 민호   15 90, 4   16 풀이 참조
17 ⑩ 마름모는 네 변의 길이가 모두 같으므로 한 변의 길이는 52÷4=13(cm)입니다. 따라서 변 ㄱㄴ의 길이는 13 cm입니다. ; 13 cm
18 정사각형   19 90, 9
20 ⑩ 네 변의 길이는 모두 같지만 네 각의 크기가 90°가 아니기 때문입니다.

풀이

2 두 직선이 만나서 이루는 각이 직각인 것을 찾습니다.

3 삼각자의 직각 부분을 이용하여 수선을 바르게 그은 것은 ②입니다.

4 변 ㄱㄹ과 변 ㄴㄷ, 변 ㄱㄴ과 변 ㄹㄷ이 서로 만나지 않으므로 평행합니다.

5 ⑩

6 한 직선에 수직인 두 직선은 서로 평행합니다.

7

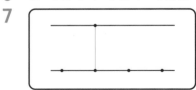

두 직선에 수직이 되도록 선을 긋습니다.

8 도형의 위와 아래의 변이 서로 평행하므로 평행선 사이의 거리는 3 cm입니다.

10 서로 평행한 변이 한 쌍이라도 있는지 찾아봅니다.

11 삼각형 ㄱㄴㅅ을 잘라내면 변 ㄹㄷ과 변 ㄱㅅ이 평행하므로 사다리꼴이 됩니다.

12 두 쌍의 마주 보는 변이 서로 평행한 사각형을 찾습니다.

13 평행사변형에서 마주 보는 두 변의 길이는 같고, 마주 보는 두 각의 크기도 같습니다.

14 평행사변형에서 이웃한 두 각의 크기의 합은 180°입니다.

15 마름모는 네 변의 길이가 모두 같으므로 변 ㄷㄹ의 길이는 4 cm입니다. 마름모에서 마주 보는 꼭짓점끼리 이은 선분은 서로 수직이므로 90°입니다.

16

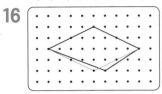

꼭짓점을 한 개 옮겨서 네 변의 길이가 모두 같게 만듭니다.

19 직사각형에서 마주 보는 두 변은 서로 평행하고 길이가 같습니다. 직사각형은 네 각이 모두 직각입니다.

20 '마주 보는 꼭짓점끼리 이은 두 선분이 수직으로 만나지만 그 길이가 같지 않기 때문입니다.'도 답이 됩니다.

1회 5. 꺾은선그래프

13~15쪽

1 꺾은선그래프   2 시각, 온도   3 1℃
4 운동장의 온도 변화   5 (1) 월 (2) 무게 (3) 1
6 6월, 8월   7 ⑩ 꺾은선그래프는 시간에 따른 변화를 한눈에 알아보기 편리합니다.
8 오후 1시, 16℃   9 오후 1시
10 ⑩ 온도가 연속적으로 변화하기 때문에 오후 12시와 오후 1시 사이의 중간값을 읽으면 약 14℃입니다. ; 약 14℃
11 날짜, 키   12 1 cm   13 풀이 참조   14 5일
15 ⑤   16 풀이 참조   17 7시   18 13일
19 2℃, 2860개   20 늘어납니다

풀이

1 연속적으로 변화하는 양을 점으로 찍고 그 점들을 선분으로 이은 그래프를 꺾은선그래프라고 합니다.

2 그래프에서 가로는 시각, 세로는 온도를 나타내고 있습니다.

3 0℃에서 5℃까지가 5칸이므로 세로 눈금 한 칸의 크기는 5÷5=1(℃)입니다.

4 꺾은선은 조사한 시간 동안 학교 운동장의 온도 변화를 나타냅니다.

8 선분이 가장 높이 올라간 때는 오후 l시이고, 그때의 온도는 l6℃를 나타냅니다.

9 선분이 내려가기 시작하는 때가 온도가 낮아지기 시작한 것이므로 오후 l시부터입니다.

11 꺾은선그래프의 가로에는 시간의 흐름을 나타내므로 날짜를, 세로에는 조사한 수량을 나타내므로 강낭콩의 키를 나타내는 것이 좋습니다.

12 강낭콩의 키가 l cm 단위로 변화하므로 세로 눈금한 칸의 크기를 l cm로 합니다.

13

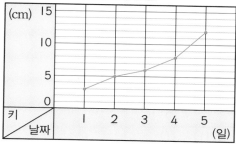

강낭콩의 키

날짜별 강낭콩의 키에 맞게 점을 찍고, 각 점을 선분으로 곧게 잇습니다.

14 강낭콩의 키가 전날에 비해 가장 많이 자란 날은 그래프의 기울기가 가장 큰 5일입니다.

15 가장 낮은 값이 37.l℃이므로 물결선은 37.l℃보다 아래에 있어야 합니다.

16

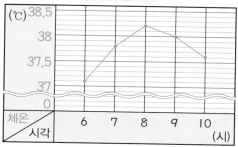

병호의 체온

세로에 체온을 쓰고, 시각별 체온에 맞게 점을 찍고, 각 점을 선분으로 잇습니다.

17 6시와 7시 사이에 꺾은선의 기울기가 가장 크므로 6시와 7시 사이에 체온이 가장 많이 올라갔습니다.

19 기온의 세로 눈금은 왼쪽에서 녹색 선분으로, 핫팩 판매량은 오른쪽에서 빨간색 선분으로 확인합니다.

20 기온 그래프가 내려갈 때 핫팩 판매량 그래프는 올라가고 있으므로 기온이 내려가면 핫팩 판매량이 늘어납니다.

1회 **6. 다각형**

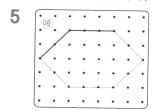
16~18쪽

> **1** 나, 라, 마　**2** 오각형, 삼각형　**3** 선분
> **4** 다 ; 예 다각형은 선분으로만 둘러싸인 도형인데, 다는 선분으로 둘러싸여 있지 않습니다.
> **5** 풀이 참조　**6** 정다각형
> **7** 민우 ; 예 각의 크기는 모두 같지만 변의 길이가 다르기 때문에 정다각형이 아닙니다.
> **8** 정구각형　**9** l2개, 20개　**10** 풀이 참조
> **11** 720°　**12** ⑴ 2개 ⑵ 5개　**13** ⑤
> **14** ㉡ ; 예 삼각형은 꼭짓점 3개가 서로 이웃하므로 대각선을 그을 수 없습니다.
> **15** l5　**16** 다, 바　**17** 4개　**18** 풀이 참조
> **19** 풀이 참조　**20** 풀이 참조

•풀이•

1 선분으로만 둘러싸인 도형을 찾으면 나, 라, 마입니다.

2 라는 변이 5개이므로 오각형이고, 마는 변이 3개이므로 삼각형입니다.

5

예

육각형은 변과 꼭짓점이 각각 6개가 되도록 그립니다.

6 변의 길이가 모두 같고, 각의 크기가 모두 같은 다각형을 정다각형이라고 합니다.

8 선분으로만 둘러싸여 있고 변이 9개이므로 구각형이고 변의 길이가 모두 같고 각의 크기가 모두 같으므로 정구각형입니다.

9 정오각형을 먼저 셀 경우 센 곳에 표시를 해서 중복되거나 빠뜨리지 않도록 합니다.

10

도형	〈오각형 5cm〉	〈팔각형 4cm〉
이름	정오각형	정팔각형
모든 변의 길이의 합	25 cm	32 cm

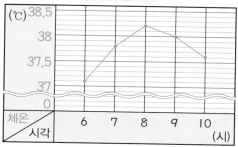

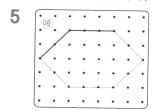

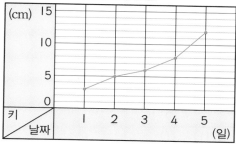

정다각형은 모든 변의 길이가 같습니다.
(정오각형의 모든 변의 길이의 합)=5×5
=25(cm)
(정팔각형의 모든 변의 길이의 합)=4×8
=32(cm)

11 정육각형은 각이 6개 있고 각의 크기가 모두 같으므로 모든 각의 크기의 합은 $120°×6=720°$입니다.

12 서로 이웃하지 않는 두 꼭짓점을 모두 선분으로 이어 줍니다.

(1)
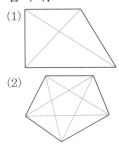

(2)

13 각각의 대각선의 수를 구해 보면
①, ② 2개, ③ 5개, ④ 0개, ⑤ 9개입니다.

14 대각선은 이웃하지 않은 두 꼭짓점을 연결한 선분입니다. 삼각형은 이웃하지 않는 꼭짓점이 없으므로 대각선을 그을 수 없습니다.

15 직사각형에서 두 대각선의 길이는 같습니다.

16 도형에 대각선을 직접 그려 보면 대각선이 서로 수직으로 만나는 것은 다, 바입니다.

18 〈예〉
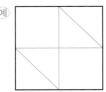

△과 □을 모두 사용해야 하므로 한 가지 모양만 사용하지 않도록 주의합니다.

19 〈예〉

20 〈예〉

---

1 풀이 참조 ; 4, 3, 7, 1, 2   **2** (1) $\dfrac{5}{6}$ (2) $1\dfrac{3}{10}$

3 ㉠   **4** $1\dfrac{1}{8}$, 3

5 〈예〉 분모가 11인 진분수 중에서 $\dfrac{8}{11}$보다 큰 분수는 $\dfrac{9}{11}$, $\dfrac{10}{11}$입니다. 따라서 두 분수의 합은 $\dfrac{9}{11}+\dfrac{10}{11}=\dfrac{19}{11}=1\dfrac{8}{11}$입니다. ; $1\dfrac{8}{11}$

6 (교차 연결)   **7** $4\dfrac{2}{8}$ km   **8** $\dfrac{2}{5}$

9 (위쪽부터) $\dfrac{6}{10}$, $\dfrac{2}{10}$

10 $\dfrac{3}{7}-\dfrac{1}{7}$에 ○표 합니다.

11 〈예〉 명수: $\dfrac{1}{10}$이 7개인 수는 $\dfrac{7}{10}$, 진희: $\dfrac{1}{10}$이 4개인 수는 $\dfrac{4}{10}$ → $\dfrac{7}{10}>\dfrac{4}{10}$이므로 $\dfrac{7}{10}-\dfrac{4}{10}=\dfrac{3}{10}$입니다. ; $\dfrac{3}{10}$

12 12, 9, 3, 12, 9, 12, 9, 3   **13** (1) $\dfrac{1}{5}$ (2) $3\dfrac{5}{7}$

14 $7-1\dfrac{3}{9}=5\dfrac{6}{9}$; 〈예〉 계산 결과가 가장 크려면 □ 안에 가장 작은 수가 들어가야 합니다. 따라서 □ 안에 3이 들어가야 하므로 $7-1\dfrac{3}{9}=6\dfrac{9}{9}-1\dfrac{3}{9}=5\dfrac{6}{9}$입니다.

15 $2\dfrac{2}{10}$, $4\dfrac{6}{13}$

16 $5\dfrac{9}{10}-4\dfrac{3}{10}=1\dfrac{6}{10}$; $1\dfrac{6}{10}$ m   **17** 8

18 $\dfrac{5}{12}$ **19** $10\dfrac{3}{4}$개   **20** 7스푼

1

$\dfrac{4}{5}$ ▨▨▨□□ $\dfrac{3}{5}$ ▨▨▨□□

$\dfrac{4}{5}+\dfrac{3}{5}$ ▨▨▨▨▨ | □□ □□

$\dfrac{4}{5}+\dfrac{3}{5}$ 은 $\dfrac{1}{5}$ 이 7개이므로 $\dfrac{7}{5}\left(=1\dfrac{2}{5}\right)$ 입니다.

2 (1) $\dfrac{3}{6}+\dfrac{2}{6}=\dfrac{3+2}{6}=\dfrac{5}{6}$

(2) $\dfrac{8}{10}+\dfrac{5}{10}=\dfrac{8+5}{10}=\dfrac{13}{10}=1\dfrac{3}{10}$

3 분모가 같은 분수의 덧셈은 분모는 그대로 두고 분자끼리 더합니다.

4 $\dfrac{5}{8}+\dfrac{4}{8}=\dfrac{9}{8}=1\dfrac{1}{8}$,

$1\dfrac{1}{8}+1\dfrac{7}{8}=2\dfrac{8}{8}=3$

6 $1\dfrac{3}{5}+2\dfrac{2}{5}=3\dfrac{5}{5}=4$,

$1+2\dfrac{4}{5}=3\dfrac{4}{5}$,

$2\dfrac{3}{5}+1\dfrac{4}{5}=3\dfrac{7}{5}=4\dfrac{2}{5}$

7 $1\dfrac{7}{8}+2\dfrac{3}{8}=\dfrac{15}{8}+\dfrac{19}{8}$

$=\dfrac{34}{8}=4\dfrac{2}{8}$ (km)

8 작은 한 칸은 $\dfrac{1}{5}$ 이고, 4칸 중에서 2칸을 지웠으므로 남은 것은 $4-2=2$(칸)입니다.

$\rightarrow \dfrac{4}{5}-\dfrac{2}{5}=\dfrac{2}{5}$

9 $\dfrac{9}{10}-\dfrac{3}{10}=\dfrac{9-3}{10}=\dfrac{6}{10}$,

$\dfrac{9}{10}-\dfrac{7}{10}=\dfrac{9-7}{10}=\dfrac{2}{10}$

10 $\dfrac{5}{7}-\dfrac{2}{7}=\dfrac{3}{7}$, $\dfrac{4}{7}-\dfrac{1}{7}=\dfrac{3}{7}$,

$\dfrac{6}{7}-\dfrac{3}{7}=\dfrac{3}{7}$, $\dfrac{3}{7}-\dfrac{1}{7}=\dfrac{2}{7}$

계산 결과가 다른 뺄셈식은 $\dfrac{3}{7}-\dfrac{1}{7}$ 입니다.

12 1은 $\dfrac{1}{12}$ 이 12개, $\dfrac{9}{12}$ 는 $\dfrac{1}{12}$ 이 9개이므로

$1-\dfrac{9}{12}$ 는 $\dfrac{1}{12}$ 이 $12-9=3$(개)입니다.

$1-\dfrac{9}{12}=\dfrac{12}{12}-\dfrac{9}{12}$

$=\dfrac{12-9}{12}=\dfrac{3}{12}$

13 (1) $2-1\dfrac{4}{5}=1\dfrac{5}{5}-1\dfrac{4}{5}=\dfrac{1}{5}$

(2) $6-2\dfrac{2}{7}=5\dfrac{7}{7}-2\dfrac{2}{7}=3\dfrac{5}{7}$

15 $4\dfrac{7}{10}-2\dfrac{5}{10}=2\dfrac{2}{10}$,

$7\dfrac{9}{13}-3\dfrac{3}{13}=4\dfrac{6}{13}$

16 축구공이 날아간 거리에서 농구공이 날아간 거리를 뺍니다.

$5\dfrac{9}{10}-4\dfrac{3}{10}=(5-4)+\left(\dfrac{9}{10}-\dfrac{3}{10}\right)$

$=1+\dfrac{6}{10}=1\dfrac{6}{10}$ (m)

17 $5\dfrac{4}{11}-4\dfrac{8}{11}=\dfrac{59}{11}-\dfrac{52}{11}=\dfrac{7}{11}$ 이므로

□ 안에 들어갈 수 있는 자연수는 8, 9, ... 입니다.

따라서 □ 안에 들어갈 수 있는 가장 작은 수는 8입니다.

18 (전체 음료수의 양)

$=$(처음 음료수의 양)$+$(더 넣은 음료수의 양)

$=\dfrac{2}{12}+\dfrac{3}{12}=\dfrac{5}{12}$

19 $25\dfrac{2}{4}-14\dfrac{3}{4}=24\dfrac{6}{4}-14\dfrac{3}{4}$

$=(24-14)+\left(\dfrac{6}{4}-\dfrac{3}{4}\right)=10+\dfrac{3}{4}$

$=10\dfrac{3}{4}$ (개)

20 $2\dfrac{1}{3}+2\dfrac{1}{3}+2\dfrac{1}{3}=6+\dfrac{3}{3}$

$=6+1=7$(스푼)

2회   2. 삼각형

22~24쪽

1 나   **2** (○)(   )

3 ㉠ ; 예 두 변의 길이가 같으므로 이등변삼각형입니다.

4 정삼각형   **5** (왼쪽부터) 70, 40, 70   **6** 두

7 ⑴ 6   ⑵ 65, 65

8 예 나머지 한 각의 크기가 60°입니다. 크기가 같은 두 각이 없기 때문에 이등변삼각형이 아닙니다.

9 135   **10** 10   **11** 풀이 참조   **12** 수지

13 9 cm   **14** 120   **15** ⑴ 이등변 ⑵ 직각

16 풀이 참조   **17** 나, 라 ; 가, 다   **18** 풀이 참조

19 ①, ⑤   **20** 예 두 삼각형은 모두 이등변삼각형입니다. ; 예 가는 직각삼각형이고, 나는 둔각삼각형입니다.

풀이

1 두 변의 길이가 같은 삼각형을 이등변삼각형이라고 합니다.

2 이등변삼각형은 두 변의 길이가 같으므로 이등변삼각형을 만들 수 있는 것은 길이가 같은 두 막대가 있는 왼쪽입니다.

4 변과 꼭짓점이 각각 3개인 도형은 삼각형이고 변의 길이가 모두 5 cm로 같으므로 정삼각형입니다.

5 각을 재어 보면 70°, 40°, 70°로 두 각의 크기가 같음을 알 수 있습니다.

7 ⑴ 주어진 삼각형의 두 각이 45°, 90°이므로 나머지 한 각의 크기는 45°입니다. 따라서 두 각의 크기가 45°로 같은 이등변삼각형이므로 구하는 변의 길이는 6 cm입니다.

⑵ 삼각형의 세 각의 크기의 합은 180°이므로 나머지 두 각의 크기의 합은 180°−50°=130°입니다. 이등변삼각형이므로 두 각은 각각 130°÷2=65°입니다.

9 주어진 삼각형은 두 변의 길이가 같은 이등변삼각형입니다. 이등변삼각형의 나머지 두 각은 각각 (180°−90°)÷2=45°이고 □=180°−45°=135°입니다.

10 정삼각형은 세 변의 길이가 같으므로 □=10 cm입니다.

11

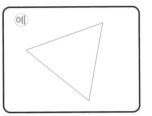

예

12 정삼각형은 두 변의 길이가 같으므로 이등변삼각형입니다. 모든 이등변삼각형이 정삼각형이 되지는 않습니다.

13 정삼각형의 세 변의 길이는 모두 같으므로 한 변의 길이는 27÷3=9(cm)입니다.

14 주어진 삼각형의 세 변의 길이가 모두 같으므로 정삼각형입니다. 정삼각형은 세 각의 크기가 모두 60°이므로 □=180°−60°=120°입니다.

15 이등변삼각형: 두 변의 길이가 같은 삼각형
직각삼각형: 한 각이 직각인 삼각형

16

예각삼각형	직각삼각형	둔각삼각형
나	가, 라	다

각의 크기에 따라 예각삼각형, 직각삼각형, 둔각삼각형으로 분류합니다.

17 세 각이 모두 예각인 예각삼각형은 나, 라이고, 한 각이 둔각인 둔각삼각형은 가, 다입니다.

18

정삼각형	
직각삼각형	
예각삼각형	○
이등변삼각형	○

나머지 한 각의 크기는 180°−30°−75°=75°입니다. 세 각이 모두 예각이므로 예각삼각형이라 할 수 있고, 길이가 같은 두 변에 있는 두 각의 크기가 같으므로 이등변삼각형입니다.

19 ②, ④번과 이으면 직각삼각형, ③번과 이으면 예각삼각형을 그릴 수 있습니다.

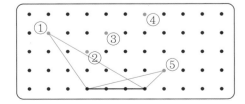

2회   3. 소수의 덧셈과 뺄셈   25~27쪽

1 일, 3, 0.4, 둘째, 0.05   **2** (1) 0.04 (2) 0.7
3 예 5보다 크고 6보다 작은 소수는 자연수 부분이 5인 수입니다. 따라서 자연수 부분이 5, 소수 첫째 자리 숫자가 7, 소수 둘째 자리 숫자가 2인 소수 두 자리 수는 5.72입니다. ; 5.72
4 (1) 0.052 ; 영 점 영오이 (2) 1.442 ; 일 점 사사이
5 풀이 참조   **6** 정훈   **7** (1) > (2) <   **8** 유영
9 예 6.0□4 < 6.044이려면 □ < 4이어야 합니다.
0부터 9까지의 숫자 중에서 □ 안에 들어갈 수는 0, 1, 2, 3입니다. ; 0, 1, 2, 3
10 0.06, 0.006   **11** (1) 10 (2) 100   **12** 유진
13 (1) 7.8 (2) 10.4 (3) 1.7 (4) 12.3
14 2.6+3.5=6.1 ; 6.1 kg
15 (1) 1.6 (2) 6.6 (3) 1.4 (4) 4.2
16
```
  4.2 6
+ 5.5
─────
  9.7 6
```
; 예 소수점의 자리를 잘못 맞추어 계산했습니다.
17 야생화 길 ; 1.3 km   **18** 18.3 m
19 4.76   **20** 2.26 cm

풀이

1 3.45는 1이 3개, 0.1이 4개, 0.01이 5개인 수입니다.
2 밑줄 친 숫자가 어느 자리 숫자인지 살펴 봅니다.
(1) 소수 둘째 자리 숫자이므로 0.04를 나타냅니다.
(2) 소수 첫째 자리 숫자이므로 0.7을 나타냅니다.
4 소수를 읽을 때 소수점 아래의 수는 자릿값은 읽지 않고 숫자만 차례대로 읽습니다.
5

```
├┼┼┼┼┼┼┼┼┼┼┼┼┼┼┼┼┼┼┼┼┼┼┼┼┼┼┼┼┤
6      6.1      6.2      6.3
     6.13     6.25
```

6 6.13 < 6.25이므로 정훈이가 더 무거운 바벨을 들어 올렸습니다.
7 (1) 일의 자리 숫자가 7 > 5이므로 7.42 > 5.85입니다.
(2) 소수 첫째 자리 숫자가 0 < 1이므로 4.08 < 4.18입니다.
8 자연수가 같으므로 소수 첫째 자리를 비교합니다.
135.09 < 135.21 < 135.97이므로 유영 선수가 금메달을 받게 됩니다.

10 소수점을 기준으로 어떤 수의 $\frac{1}{10}$은 수가 오른쪽으로 한 자리 이동하고, 어떤 수의 10배는 수가 왼쪽으로 한 자리 이동합니다.
11 (1) 3.81은 0.381의 10배입니다.
(2) 40은 0.4의 100배입니다.
12 희정: 5.16의 $\frac{1}{10}$: 0.516
유진: 0.516의 100배: 51.6
기준: 51.6의 $\frac{1}{100}$: 0.516
따라서 다른 수를 설명한 사람은 유진입니다.
14 (감자의 무게)+(고구마의 무게)
=2.6+3.5=6.1(kg)
17 5.8−4.5=1.3(km)
18 17.5+0.8=18.3(m)
19 가장 큰 수는 8.29, 가장 작은 수는 3.53이므로 8.29−3.53=4.76입니다.
20 25.35−23.09=2.26(cm)

2회   4. 사각형   28~30쪽

1 수직, 수선   **2** 가, 다, 라, 바   **3** 공원
4 변 ㄱㄹ과 변 ㄴㄷ   **5** ②   **6** 풀이 참조
7 9 cm   **8** 3 cm   **9** 5개   **10** 점 ㄴ, 점 ㄹ
11 사다리꼴입니다. ; 예 한 쌍의 마주 보는 변이 서로 평행하기 때문입니다.
12 풀이 참조   **13** 105, 75, 4   **14** 18 cm
15 5, 50   **16** 4 cm
17 예 마름모는 마주 보는 각의 크기가 같으므로 (각 ㄱㄹㄷ)=48°입니다. 삼각형 ㄱㄹㄷ은 이등변삼각형이므로 (각 ㄹㄱㄷ)=(각 ㄱㄷㄹ)입니다. 삼각형의 세 각의 크기의 합은 180°이고, 180°−48°=132°이므로 (각 ㄱㄷㄹ)=132°÷2=66°입니다. ; 66°
18 90, 90, 6   **19** ㉢   **20** ㉠, ㉡, ㉢, ㉣, ㉤

풀이

2 두 변이 만나서 이루는 각이 직각인 부분이 있는 도형은 가, 다, 라, 바입니다.
3 자동차가 수직인 선분을 따라가면 공원으로 갑니다.

5 삼각자 하나를 고정하고 다른 삼각자의 직각 부분을 이용하여 평행선을 긋습니다.

6

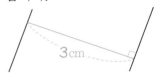

점 ㄱ을 지나고 주어진 직선에 평행한 직선은 1개 그을 수 있습니다.

7 4+5=9(cm)

8 평행선의 한 직선에서 다른 직선에 수선을 그어 재어 봅니다.

3 cm

9 직사각형 모양의 종이를 그림과 같이 자르면 적어도 한 쌍의 마주 보는 변이 평행하므로 모든 사각형이 사다리꼴입니다.

10 주어진 변과 평행한 변을 한 쌍이라도 만들 수 있는 점을 찾습니다.

12

두 변이 서로 평행하고 마주 보는 변의 길이가 같도록 그립니다.

13 평행사변형에서 마주 보는 두 변의 길이는 같고, 마주 보는 두 각의 크기도 같습니다. 이웃한 두 각의 크기의 합은 180°입니다.

14 평행사변형에서 마주 보는 두 변의 길이는 서로 같으므로 칼날 둘레의 길이는 1+8+1+8=18(cm)입니다.

15 마름모에서 마주 보는 두 각의 크기는 같고, 마주 보는 꼭짓점끼리 이은 두 선분은 서로 길이를 반으로 나눕니다.

16 마름모는 네 변의 길이가 모두 같으므로 16÷4=4(cm)입니다. 따라서 한 변의 길이는 4 cm입니다.

18 정사각형은 네 변의 길이가 모두 같고 네 각이 모두 직각입니다.

19 직사각형은 ㉠ 마주 보는 두 쌍의 변이 서로 평행하고 ㉡ 마주 보는 두 변의 길이가 같고 ㉣ 네 가의 크기가 모두 90°입니다.
㉢ 네 변의 길이가 모두 같은 것은 마름모입니다.

20 네 변의 길이가 같고, 네 각의 크기가 같으므로 정사각형입니다.

2회 **5. 꺾은선그래프** 31~33쪽

1 가열한 물의 온도 **2** 시간 **3** 온도
4 꺾은선그래프에 ○표 합니다. **5** 12000원
6 6월, 8월
7 예 6000원 ; 예 10월의 7000원과 12월의 5000원의 중간이 6000원이기 때문입니다.
8 1℃ **9** 8월, 9월 **10** 2 kg, 0.5 kg
11 (나) **12** 풀이 참조 **13** 2 cm
14 예 추의 무게가 20 g씩 무거워짐에 따라 용수철의 길이가 2 cm씩 늘어나므로 추의 무게가 120 g일 때 늘어난 용수철의 길이는 12 cm입니다. ; 12 cm
15 0명, 예 2510명 **16** 풀이 참조
17 예 선분이 가장 심하게 기울어진 곳을 찾으면 7월과 8월 사이에 승객 수가 가장 많이 늘어났습니다. ; 8월
18 2000년, 2020년
19 올라갈 것입니다에 ○표 합니다. **20** 육지

풀이

1 가열한 물의 온도를 조사하여 나타낸 그래프입니다.
2 그래프의 가로는 물의 온도를 잰 시간을 나타냅니다.
3 그래프의 세로는 물의 온도를 나타냅니다.
5 그래프의 세로 눈금 한 칸은 5000÷5=1000(원)을 나타내므로 8월의 배추 가격은 12000원입니다.
6 그래프의 기울어짐의 변화를 살펴봅니다.
6월과 8월 사이의 꺾은선이 가장 심하게 변화하였으므로 가격이 가장 많이 변한 때입니다.
7 10월과 12월 사이의 그래프의 변화 모습에서 그 중간 가격을 예상합니다.

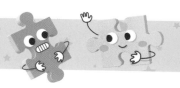

8 0℃에서 5℃ 사이가 5칸이므로 세로 눈금 한 칸은 5÷5=1(℃)를 나타냅니다.

9 그래프에서 선분이 가장 많이 기울어진 때가 기온의 변화가 가장 심한 때이므로 8월에서 9월 사이입니다.

10 (가) 0에서 10 kg까지 5칸이므로 세로 눈금 한 칸은 10÷5=2(kg)입니다.

(나) 5 kg이 10칸으로 나누어져 있으므로 세로 눈금 한 칸은 0.5 kg입니다.

11 (나)가 변화하는 모습이 더 뚜렷하게 나타나 있습니다.

12

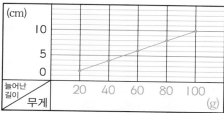

늘어난 용수철의 길이

가로에 추의 무게를 쓰고 단위인 g을 표시합니다. 추의 무게별 늘어난 용수철의 길이에 맞게 점을 찍고, 각 점을 선분으로 잇습니다.

15 가장 작은 값이 2510명이므로 0명과 2510명 사이에 넣으면 좋습니다.

16

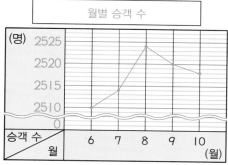

월별 승객 수

그래프의 제목도 적어 줍니다.

18 선분이 가장 많이 기울어진 때는 2000년과 2020년 사이입니다.

19 1940년 이후로 평균 온도가 계속 올라가고 있으므로 앞으로도 평균 온도는 올라갈 것으로 예상할 수 있습니다.

20 선분이 많이 기울어질수록 변화가 크므로 온도의 변화가 더 심한 곳은 육지입니다.

2회 **6. 다각형**

34~36쪽

1 가, 라   **2** 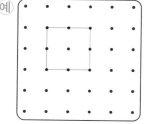   **3** 사각형, 오각형   **4** 경수

5 ⑳ 구각형의 꼭짓점의 수는 9개이고 십각형의 변의 수는 10개이므로 9+10=19입니다. ; 19

6 풀이 참조   **7** 정십이각형

8 ⑳ 정다각형은 모든 변의 길이가 같고 모든 각의 크기가 같아야 하는데 주어진 도형은 변의 길이는 모두 같지만 각의 크기가 모두 같지 않기 때문입니다.

9 ⑳ 72 cm의 철사로 정팔각형을 만들었을 때 정팔각형의 한 변의 길이는 72÷8=9(cm)입니다. ; 9 cm

10 120°   **11** 정오각형   **12** 5개   **13** 2개

14 7개   **15** 나, 다   **16** 다, 라   **17** 풀이 참조

18 풀이 참조   **19** 5개   **20** ㉢

풀이

1 곡선으로 둘러싸이거나 선분이 모두 연결되지 않으면 다각형이 될 수 없습니다.

2 변이 4개인 다각형은 사각형, 변이 5개인 다각형은 오각형, 변이 8개인 다각형은 팔각형입니다.

3 다각형은 변의 개수에 따라 이름이 정해집니다. 기린자리는 변이 4개이므로 사각형이고, 케페우스자리는 변이 5개이므로 오각형입니다.

4 다각형에서 변의 수와 꼭짓점의 수는 같으므로 잘못 말한 사람은 경수입니다.

6 ⑳

4개의 변의 길이가 모두 같고, 4개의 각의 크기가 모두 같은 다각형을 그릴 수 있습니다.

7 변의 길이가 모두 같고, 각의 크기도 모두 같으며 12개의 변으로 둘러싸인 도형이므로 정십이각형입니다.

10 정육각형은 모든 각의 크기가 같으므로 한 각의 크기는 720°÷6=120°입니다.

11 변의 길이가 모두 같고 각의 크기가 모두 같으므로
정다각형입니다. 따라서 변이 5개이므로 정오각형
입니다.

12

정오각형에서 그을 수 있는 대각선의 수는 모두 5개
입니다.

13 대각선은 이웃하지 않은 두 꼭짓점을 이은 선분이므
로, 점 ㄱ과 이웃한 점 ㄴ과 점 ㅂ에는 대각선을 그을
수 없습니다.

14 대각선이 각각 5개, 2개이므로 5+2=7(개)입니다.

15 두 대각선의 길이가 같은 사각형은 직사각형, 정사각
형입니다.

16 두 대각선이 서로 수직으로 만나는 사각형은 마름모,
정사각형입니다.

17

예

18

예

19 예

20 겹치지 않게 바닥을 빈틈없이 채울 수 없는 도형은
정오각형입니다.

선생님이 강력 추천하는

개념 PLUS
단원평가

정답과 풀이

4·2

3~4학년군

교육의 길잡이·학생의 동반자

(주)교학사

정답과 풀이

1 $1\dfrac{1}{9}$ **2** (1) 1, 3, 4 (2) 5, 4, 9, 1, 2   **3** (1) $\dfrac{7}{8}$ (2)

$1\dfrac{4}{9}\left(=\dfrac{13}{9}\right)$ **4** 1, 2, 3   **5** (1) 6, 2, 4 (2) 6, 2, 6,

2, 4   **6** $<$ **7** (1) $\dfrac{3}{8}$ (2) $\dfrac{1}{9}$ **8** $\dfrac{1}{9}$ m

풀이

1 전체를 똑같이 9로 나눈 것의 1을 $\dfrac{1}{9}$ 이라고 합
니다.

2 (1) 분모는 그대로 두고 분자끼리 더합니다.
(2) 계산한 결과가 가분수이면 대분수로 바꾸어
나타냅니다.

3 (1) $\dfrac{2}{8}+\dfrac{5}{8}=\dfrac{2+5}{8}=\dfrac{7}{8}$

(2) $\dfrac{5}{9}+\dfrac{8}{9}=\dfrac{5+8}{9}=\dfrac{13}{9}=1\dfrac{4}{9}$

4 $1\dfrac{1}{8}=\dfrac{9}{8}$ 이므로 $\Box+5<9$ 일 때 $\Box$ 는 4보다 작은
수입니다. 따라서 1, 2, 3이 들어갈 수 있습니다.

5 (1) 분모는 그대로 두고 분자끼리 뺍니다.
(2) 자연수에서 1만큼을 분수로 바꾸어 분자 부
분끼리 뺄셈을 합니다.

6 $\dfrac{1}{8}+\dfrac{2}{8}=\dfrac{1+2}{8}=\dfrac{3}{8}$

$1-\dfrac{4}{8}=\dfrac{8}{8}-\dfrac{4}{8}=\dfrac{8-4}{8}=\dfrac{4}{8}$

7 (1) $\dfrac{5}{8}-\dfrac{2}{8}=\dfrac{5-2}{8}=\dfrac{3}{8}$

(2) $1-\dfrac{8}{9}=\dfrac{9}{9}-\dfrac{8}{9}=\dfrac{9-8}{9}=\dfrac{1}{9}$

8 $1-\dfrac{2}{9}=\dfrac{9}{9}-\dfrac{2}{9}=\dfrac{9-2}{9}=\dfrac{7}{9}$ (m),

$\dfrac{7}{9}-\dfrac{6}{9}=\dfrac{7-6}{9}=\dfrac{1}{9}$ (m)

1 (1) 2, 3, 5, 5, 5, 5 (2) 40, 13, 53, 7, 4   **2** (1)

$9\dfrac{6}{7}$ (2) $5\dfrac{2}{5}$ **3** $3\dfrac{3}{4}$ kg   **4** (1) 2, 5, 3, 2, 2, 2,

2 (2) 40, 33, 7   **5** $>$ **6** (1) $2\dfrac{3}{7}$ (2) 3

풀이

1 (1) 대분수를 자연수와 진분수로 나누어 계산합
니다.
(2) 대분수를 가분수로 바꾸어 계산합니다.

2 (1) $5\dfrac{2}{7}+4\dfrac{4}{7}=(5+4)+\left(\dfrac{2}{7}+\dfrac{4}{7}\right)=9+\dfrac{6}{7}=9\dfrac{6}{7}$

(2) $3\dfrac{3}{5}+\dfrac{9}{5}=\dfrac{18}{5}+\dfrac{9}{5}=\dfrac{27}{5}=5\dfrac{2}{5}$

3 $1\dfrac{2}{4}+2\dfrac{1}{4}=(1+2)+\left(\dfrac{2}{4}+\dfrac{1}{4}\right)=3\dfrac{3}{4}$ (kg)

4 (1) 자연수는 자연수끼리, 진분수는 진분수끼리
뺍니다.
(2) 대분수를 가분수로 바꾸어 뺍니다.

5 $2\dfrac{4}{5}-\dfrac{7}{5}=\dfrac{14}{5}-\dfrac{7}{5}=\dfrac{7}{5}=1\dfrac{2}{5}$

$3\dfrac{2}{5}-\dfrac{11}{5}=\dfrac{17}{5}-\dfrac{11}{5}=\dfrac{6}{5}=1\dfrac{1}{5}$

$\Rightarrow 1\dfrac{2}{5}>1\dfrac{1}{5}$

6 (1) $5\dfrac{6}{7}-3\dfrac{3}{7}=(5-3)+\left(\dfrac{6}{7}-\dfrac{3}{7}\right)=2+\dfrac{3}{7}=2\dfrac{3}{7}$

(2) $4\dfrac{3}{5}-\dfrac{8}{5}=\dfrac{23}{5}-\dfrac{8}{5}=\dfrac{15}{5}=3$

1 $1\dfrac{1}{6}$ **2** $4\dfrac{10}{10}-1\dfrac{3}{10}=(4-1)+\left(\dfrac{10}{10}-\dfrac{3}{10}\right)=$

$3\dfrac{7}{10}$ **3** (위에서부터) $4\dfrac{1}{6}$, $5\dfrac{3}{5}$ **4** $4\dfrac{14}{9}-1\dfrac{7}{9}$

$=(4-1)+\left(\dfrac{14}{9}-\dfrac{7}{9}\right)=3\dfrac{7}{9}$ **5** 길원   **6** 3, 7 ; $\dfrac{5}{9}$

풀이

1 $2-\dfrac{5}{6}=1\dfrac{6}{6}-\dfrac{5}{6}=1\dfrac{1}{6}$

3 $7-2\dfrac{5}{6}=\dfrac{42}{6}-\dfrac{17}{6}=\dfrac{25}{6}=4\dfrac{1}{6}$

$7-1\dfrac{2}{5}=\dfrac{35}{5}-\dfrac{7}{5}=\dfrac{28}{5}=5\dfrac{3}{5}$

5 $3\dfrac{1}{7}$을 $2\dfrac{8}{7}$로 바꿔서 계산하거나 $\dfrac{22}{7}$로 바꿔서 계산할 수 있습니다.

6 가장 작은 수에서 가장 큰 수를 빼면 결과가 가장 작습니다.

1회 단원 평가 연습   14~16쪽

1 $\dfrac{5}{6}$ **2** (위에서부터) $\dfrac{3}{4}$, $1\dfrac{2}{9}$ **3** 예)분모가 8인 진분수 중에서 가장 큰 수는 $\dfrac{7}{8}$, 가장 작은 수는 $\dfrac{1}{8}$ 입니다. 따라서 두 수의 합은 $\dfrac{7}{8}+\dfrac{1}{8}=\dfrac{8}{8}=1$입니다.

; 1   **4** 6, 4, 2   **5** $\dfrac{6}{8}-\dfrac{2}{8}$에 ◯표   **6** 성일, $\dfrac{2}{12}$

7 26, 26, 4, 2   **8** (1) $5\dfrac{3}{4}$ (2) $6\dfrac{2}{5}$ **9** $2\dfrac{6}{9}$, $6\dfrac{2}{9}$

10 $3\dfrac{5}{6}$ **11** $4\dfrac{1}{3}$ m   **12** (위에서부터) 14, 6, 8

; 14, 8, 6, 1, 1   **13** $1\dfrac{3}{9}$ **14** $8\dfrac{5}{5}-1\dfrac{2}{5}=7\dfrac{3}{5}$

15 ㉠, ㉢, ㉡   **16** 예) (동생의 몸무게)=$40-3\dfrac{4}{5}$ =$39\dfrac{5}{5}-3\dfrac{4}{5}=36\dfrac{1}{5}$(kg)이고 (언니의 몸무게)=$40+\dfrac{7}{5}=40+1\dfrac{2}{5}=41\dfrac{2}{5}$(kg)입니다. 따라서 언니의 몸무게는 동생보다 $41\dfrac{2}{5}-36\dfrac{1}{5}$ =$5\dfrac{1}{5}$(kg) 더 무겁습니다. ; $5\dfrac{1}{5}$ kg   **17** (1) 7, 1, 3 (2) 27, 19, 8, 1, 3   **18** (1) ㉡ (2) ㉠   **19** $2\dfrac{2}{7}$ $-1\dfrac{3}{7}=\dfrac{6}{7}$ **20** $4\dfrac{3}{5}$ cm

---

풀이

1 $\dfrac{2}{6}$는 $\dfrac{1}{6}$이 2개, $\dfrac{3}{6}$은 $\dfrac{1}{6}$이 3개이므로 $\dfrac{2}{6}+\dfrac{3}{6}$은 $\dfrac{1}{6}$이 5개입니다. ➡ $\dfrac{2}{6}+\dfrac{3}{6}=\dfrac{5}{6}$

2 $\dfrac{1}{4}+\dfrac{2}{4}=\dfrac{1+2}{4}=\dfrac{3}{4}$

$\dfrac{7}{9}+\dfrac{4}{9}=\dfrac{7+4}{9}=\dfrac{11}{9}=1\dfrac{2}{9}$

4 진분수끼리의 뺄셈은 분모는 그대로 두고 분자끼리 뺍니다.

5 $1-\dfrac{5}{8}=\dfrac{8}{8}-\dfrac{5}{8}=\dfrac{8-5}{8}=\dfrac{3}{8}$

$\dfrac{6}{8}-\dfrac{2}{8}=\dfrac{6-2}{8}=\dfrac{4}{8}$

6 $\dfrac{7}{12}>\dfrac{5}{12}$이므로 성일이가 $\dfrac{7}{12}-\dfrac{5}{12}=\dfrac{2}{12}$만큼 더 많이 읽었습니다.

8 (1) $2\dfrac{2}{4}+3\dfrac{1}{4}=(2+3)+\left(\dfrac{2}{4}+\dfrac{1}{4}\right)=5+\dfrac{3}{4}=5\dfrac{3}{4}$

(2) $4\dfrac{4}{5}+1\dfrac{3}{5}=(4+1)+\left(\dfrac{4}{5}+\dfrac{3}{5}\right)$

$=5+\dfrac{7}{5}=5+1\dfrac{2}{5}=6\dfrac{2}{5}$

9 $1\dfrac{8}{9}+\dfrac{7}{9}=1+\left(\dfrac{8}{9}+\dfrac{7}{9}\right)=1+\dfrac{15}{9}=1+1\dfrac{6}{9}=2\dfrac{6}{9}$

$2\dfrac{6}{9}+3\dfrac{5}{9}=(2+3)+\left(\dfrac{6}{9}+\dfrac{5}{9}\right)$

$=5+\dfrac{11}{9}=5+1\dfrac{2}{9}=6\dfrac{2}{9}$

10 ☐=$1\dfrac{1}{6}+2\dfrac{4}{6}=(1+2)+\left(\dfrac{1}{6}+\dfrac{4}{6}\right)=3+\dfrac{5}{6}=3\dfrac{5}{6}$

11 선물을 포장하기 전에 가지고 있던 리본의 길이를 ☐m라고 하면 ☐$-2\dfrac{2}{3}=1\dfrac{2}{3}$, ☐=$1\dfrac{2}{3}$ $+2\dfrac{2}{3}=4\dfrac{1}{3}$(m)입니다.

13 $\dfrac{19}{9}=2\dfrac{1}{9}$, $\dfrac{15}{9}=1\dfrac{6}{9}$이므로 가장 큰 수는 $2\dfrac{7}{9}$,

가장 작은 수는 $1\frac{4}{9}$입니다. ➡ $2\frac{7}{9}-1\frac{4}{9}=1\frac{3}{9}$

14 자연수에서 1만큼을 분수로 바꾸어 계산합니다.

15 ㉠ $3\frac{7}{8}-1\frac{2}{8}=2\frac{5}{8}$　㉡ $4-2\frac{3}{8}=3\frac{8}{8}-2\frac{3}{8}=1\frac{5}{8}$

㉢ $5-\frac{21}{8}=5-2\frac{5}{8}=4\frac{8}{8}-2\frac{5}{8}=2\frac{3}{8}$

17 (1) 자연수에서 1만큼을 가분수로 바꾸어 뺍니다.
(2) 대분수를 가분수로 바꾸어 뺍니다.

18 (1) $5\frac{5}{9}-2\frac{2}{9}=3\frac{3}{9}$

(2) $7\frac{1}{9}-4\frac{8}{9}=6\frac{10}{9}-4\frac{8}{9}=2\frac{2}{9}$

19 $4\frac{3}{7}-2\frac{2}{7}=2\frac{1}{7}$, $2\frac{2}{7}-1\frac{3}{7}=\frac{6}{7}$이므로 차가 가장

작은 뺄셈식은 $2\frac{2}{7}-1\frac{3}{7}$입니다.

20 (나머지 한 변의 길이)$=12-3\frac{4}{5}-4\frac{3}{5}$

$=8\frac{1}{5}-4\frac{3}{5}=3\frac{3}{5}$(cm)

따라서 $4\frac{3}{5}>3\frac{4}{5}>3\frac{3}{5}$이므로 가장 긴 변의 길이는 $4\frac{3}{5}$ cm입니다.

2회 단원 평가 [도전]

17～19쪽

1 풀이 참조 ; 9, 1, 3　**2** $\frac{9}{10}+\frac{9}{10}=1\frac{8}{10}$; $1\frac{8}{10}$ L　**3** 1, 2, 3, 4　**4** ④　**5** $\frac{4}{7}$, $\frac{2}{7}$　**6**

㉠ 빵과 과자를 만드는 데 사용한 밀가루는 $\frac{4}{10}+\frac{3}{10}=\frac{7}{10}$ (kg)이므로 빵과 과자를 만들고 남은 밀가루는 $1-\frac{7}{10}=\frac{3}{10}$ (kg)입니다. ; $\frac{3}{10}$ kg

7 5, 6, 9, 1, 2, 8, 2　**8** $5\frac{1}{6}$　**9** ④　**10** $2\frac{5}{7}$

$+1\frac{3}{7}=4\frac{1}{7}$; $4\frac{1}{7}$　**11** $4\frac{2}{7}$ L　**12** 1, 1　**13** ㉡,

㉠, ㉢　**14** $\frac{3}{7}$, $\frac{3}{7}$, $1\frac{4}{7}$　**15** (위에서부터) $6\frac{1}{2}$,

$7\frac{2}{7}$　**16** $4\frac{3}{7}$　**17** ㉢, ㉡, ㉠　**18** $\frac{2}{3}$ km　**19**

1, 7 ; $\frac{3}{9}$　**20** ㉠ 의자 한 개를 칠하면 페인트는

$10-3\frac{7}{10}=6\frac{3}{10}$ (L)가 남고 한 개를 더 칠하면

$6\frac{3}{10}-3\frac{7}{10}=2\frac{6}{10}$ (L)가 남습니다. 남은 $2\frac{6}{10}$ L로는 의자 한 개를 더 칠할 수 없으므로 의자를 2개까지 칠할 수 있습니다. ; 2개

풀이

1 (예)

2 $\frac{9}{10}+\frac{9}{10}=\frac{18}{10}=1\frac{8}{10}$(L)

3 $\frac{6}{9}+\frac{\square}{9}=\frac{6+\square}{9}$, $1\frac{2}{9}=\frac{11}{9}$이므로

$\frac{6+\square}{9}<\frac{11}{9}$입니다.

따라서 ☐ 안에 들어갈 수 있는 수는 1, 2, 3, 4입니다.

4 1은 $\frac{1}{4}$이 4개, $\frac{3}{4}$은 $\frac{1}{4}$이 3개이므로 $1-\frac{3}{4}$은 $\frac{1}{4}$이 1개입니다. ➡ $1-\frac{3}{4}=\frac{1}{4}$

5 합이 6이고 차가 2인 두 수를 찾으면 4+2=6, 4-2=2이므로 두 수는 각각 4와 2입니다.

7 자연수끼리, 진분수끼리의 합을 구한 다음 더합니다.

8 $1\frac{3}{6}+3\frac{4}{6}=(1+3)+\left(\frac{3}{6}+\frac{4}{6}\right)$

$=4+\frac{7}{6}=4+1\frac{1}{6}=5\frac{1}{6}$

9 ① $5\frac{5}{8}$　② $5\frac{2}{8}$　③ $5\frac{4}{8}$　④ $5\frac{6}{8}$　⑤ $5\frac{3}{8}$

10 $2\frac{5}{7}+1\frac{3}{7}=4\frac{1}{7}$, $3+1\frac{3}{7}=4\frac{3}{7}$

11 $1\frac{4}{7}+2\frac{5}{7}=(1+2)+\left(\frac{4}{7}+\frac{5}{7}\right)$

$\qquad=3+\frac{9}{7}=3+1\frac{2}{7}=4\frac{2}{7}$ (L)

12 $3-1\frac{3}{4}=2\frac{4}{4}-1\frac{3}{4}=1\frac{1}{4}$

13 ㉠ $2\frac{1}{7}+2\frac{3}{7}=4\frac{4}{7}$　㉡ $\frac{11}{7}+3\frac{1}{7}=4\frac{5}{7}$

㉢ $1\frac{2}{7}+\frac{22}{7}=4\frac{3}{7}$

15 $10-3\frac{1}{2}=9\frac{2}{2}-3\frac{1}{2}=6\frac{1}{2}$

$10-\frac{19}{7}=\frac{70}{7}-\frac{19}{7}=\frac{51}{7}=7\frac{2}{7}$

16 현희가 적어야 하는 수를 □라고 하면

$5\frac{4}{7}+□=10$, $□=10-5\frac{4}{7}=9\frac{7}{7}-5\frac{4}{7}=4\frac{3}{7}$

17 ㉠ $6\frac{2}{9}-2\frac{7}{9}=3\frac{4}{9}$　㉡ $7-3\frac{6}{9}=3\frac{3}{9}$

㉢ $\frac{83}{9}-6\frac{4}{9}=2\frac{7}{9}$

18 $3\frac{1}{3}-2\frac{2}{3}=2\frac{4}{3}-2\frac{2}{3}=\frac{2}{3}$(km)

19 빼어지는 수는 가장 작게, 빼는 수는 가장 크게
만듭니다. ➡ $6\frac{1}{9}-5\frac{7}{9}=5\frac{10}{9}-5\frac{7}{9}=\frac{3}{9}$

 3회 단원**평가**  **20~22쪽**

1 11, 1, 4　**2** $1\frac{3}{7}$ m　**3** $\frac{4}{5}$시간　**4** 풀이 참
조 ; $\frac{1}{5}$　**5** $\frac{8}{12}$　**6** $\frac{2}{10}$ m　**7** (위에서부터) 3,
$3\frac{4}{5}$; 3, $3\frac{4}{5}$　**8** $4\frac{4}{7}$, 6　**9** $3\frac{3}{5}$ 컵　**10** 2가지
11 ㉠ $\frac{4}{5}+\frac{3}{5}=1\frac{2}{5}$이므로 □ 안에 들어갈

수 있는 수는 3, 4입니다. ㉡ $1\frac{9}{10}+2\frac{5}{10}=4\frac{4}{10}$
이므로 □ 안에 들어갈 수 있는 수는 1, 2, 3입
니다. 따라서 □ 안에 공통으로 들어갈 수 있는
수는 3입니다. ; 3　**12** $(3-2)+\left(\frac{3}{4}-\frac{1}{4}\right)=1\frac{2}{4}$
; $\frac{15}{4}-\frac{9}{4}=\frac{6}{4}=1\frac{2}{4}$　**13** ㉠ 2통　㉡ $\frac{1}{10}$ kg
14 ㉡　**15** $5\frac{2}{7}$　**16** 예 (색 테이프 3장의 길
이의 합)$=9\times3=27$(cm), (겹쳐진 부분의 길이
의 합)$=1\frac{2}{3}+1\frac{2}{3}=3\frac{1}{3}$(cm)이므로 (이어 붙인
색 테이프의 전체 길이)$=27-3\frac{1}{3}=26\frac{3}{3}-3\frac{1}{3}$
$=23\frac{2}{3}$(cm)입니다. ; $23\frac{2}{3}$ cm　**17** $1\frac{3}{7}$　**18**
예 $4\frac{1}{3}$은 $3\frac{4}{3}$로 바꿀 수 있으므로 $4\frac{1}{3}-1\frac{2}{3}$
$=3\frac{4}{3}-1\frac{2}{3}=2\frac{2}{3}$입니다.　**19** $\frac{9}{12}$　**20** 예 사
용하고 남은 끈의 길이는 의란: $5-3\frac{2}{5}=1\frac{3}{5}$(m),
길호: $4\frac{1}{5}-1\frac{4}{5}=2\frac{2}{5}$(m)입니다. 따라서 사용하
고 남은 끈은 길호의 것이 $2\frac{2}{5}-1\frac{3}{5}=\frac{4}{5}$(m) 더
깁니다. ; 길호, $\frac{4}{5}$ m

풀이

2 (가로)+(세로)$=\frac{3}{7}+\frac{2}{7}=\frac{5}{7}$(m)

➡ (네 변의 길이의 합)$=\frac{5}{7}+\frac{5}{7}=\frac{10}{7}=1\frac{3}{7}$(m)

4 예

5 ㉠$=\frac{5}{12}-\frac{3}{12}=\frac{5-3}{12}=\frac{2}{12}$, $\frac{2}{12}+㉡=1$이므로

$㉡=1-\frac{2}{12}=\frac{12}{12}-\frac{2}{12}=\frac{10}{12}$

➡ $㉡-㉠=\frac{10}{12}-\frac{2}{12}=\frac{10-2}{12}=\frac{8}{12}$

6 두 종이테이프의 길이의 합에서 겹쳐진 만큼 길이가 줄어들어 $\dfrac{8}{10}$ m가 되었으므로 겹쳐진 부분의 길이를 $\square$ m라고 하면 $\dfrac{6}{10}+\dfrac{4}{10}-\square=\dfrac{8}{10}$,

$1-\square=\dfrac{8}{10}$, $\square=1-\dfrac{8}{10}=\dfrac{2}{10}$ (m)

8 $1\dfrac{5}{7}+2\dfrac{6}{7}=4\dfrac{4}{7}$, $4\dfrac{4}{7}+\dfrac{10}{7}=6$

9 $2\dfrac{2}{5}+1\dfrac{1}{5}=(2+1)+\left(\dfrac{2}{5}+\dfrac{1}{5}\right)=3+\dfrac{3}{5}=3\dfrac{3}{5}$ (컵)

10 $2\dfrac{2}{5}=\dfrac{12}{5}$이므로 합이 $2\dfrac{2}{5}$인 덧셈식은 $\dfrac{5}{5}+\dfrac{7}{5}$, $\dfrac{6}{5}+\dfrac{6}{5}$으로 모두 2가지입니다.

12 방법1 자연수끼리, 진분수끼리의 차를 구한 다음 더합니다.

방법2 대분수를 가분수로 바꾸어 계산합니다.

13 $2\dfrac{7}{10}-1\dfrac{3}{10}=1\dfrac{4}{10}$, $1\dfrac{4}{10}-1\dfrac{3}{10}=\dfrac{1}{10}$이므로 만들 수 있는 딸기잼은 2통이고 남는 딸기는 $\dfrac{1}{10}$ kg입니다.

14 ㉠ $2-1\dfrac{1}{3}=1\dfrac{3}{3}-1\dfrac{1}{3}=\dfrac{2}{3}$

㉡ $9-2\dfrac{3}{8}=8\dfrac{8}{8}-2\dfrac{3}{8}=6\dfrac{5}{8}$

15 계산 결과가 가장 크게 되려면 빼어지는 자연수는 가장 큰 수인 9가 되어야 하고, 빼는 대분수는 가장 작은 수인 $3\dfrac{5}{7}$가 되어야 합니다.

➡ $9-3\dfrac{5}{7}=8\dfrac{7}{7}-3\dfrac{5}{7}=5\dfrac{2}{7}$

19 어떤 수를 $\square$라고 하면 $\square+5\dfrac{7}{12}=8\dfrac{1}{12}$,

$\square=8\dfrac{1}{12}-5\dfrac{7}{12}=2\dfrac{6}{12}$입니다.

따라서 어떤 수보다 $1\dfrac{9}{12}$ 작은 수는

$2\dfrac{6}{12}-1\dfrac{9}{12}=\dfrac{9}{12}$입니다.

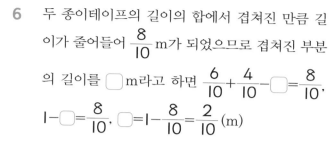
1 (1) $\dfrac{7}{8}$ (2) $1\left(=\dfrac{10}{10}\right)$　**2** $\dfrac{4+3}{8}=\dfrac{7}{8}$　**3** ⑩ 분모가 11인 가장 큰 진분수는 $\dfrac{10}{11}$이고, $\dfrac{3}{11}+\dfrac{\square}{11}=\dfrac{3+\square}{11}$입니다. 따라서 $\square$ 안에 들어갈 수 있는 수는 1, 2, 3, 4, 5, 6, 7로 모두 7개입니다. ; 7개

4 5　**5** 3　**6** ⑩ 어떤 수를 $\square$라고 하면 $\square+\dfrac{2}{7}=1$, $\square=1-\dfrac{2}{7}=\dfrac{7}{7}-\dfrac{2}{7}=\dfrac{7-2}{7}=\dfrac{5}{7}$입니다. 따라서 바르게 계산하면 $\dfrac{5}{7}-\dfrac{2}{7}=\dfrac{5-2}{7}=\dfrac{3}{7}$입니다. ; $\dfrac{3}{7}$　**7** $\dfrac{10}{6}+\dfrac{17}{6}=\dfrac{27}{6}=4\dfrac{3}{6}$

8 $<$　**9** $4\dfrac{4}{5}$ kg　**10** ㉡, ㉣　**11** ⑩ 정원의 세로의 길이는 $3\dfrac{5}{6}+\dfrac{4}{6}=4\dfrac{3}{6}$ (m)이므로 정원의 가로와 세로의 길이의 합은 $3\dfrac{5}{6}+4\dfrac{3}{6}=8\dfrac{2}{6}$ (m)입니다. 따라서 정원의 네 변의 길이의 합은 $8\dfrac{2}{6}+8\dfrac{2}{6}=16\dfrac{4}{6}$ (m)입니다. ; $16\dfrac{4}{6}$ m　**12** $1\dfrac{1}{6}$

13 11　**14** $3\dfrac{3}{4}$　**15** $4\dfrac{1}{7}$　**16** 2, 4 ; $1\dfrac{3}{7}$

17 $5\dfrac{5}{8}-3\dfrac{7}{8}$에 ◯ 표　**18** 5　**19** $5\dfrac{6}{9}$

20 ⑩ (토끼의 무게)=$8-$(강아지와 고양이의 무게의 합)=$8-5\dfrac{5}{8}=2\dfrac{3}{8}$ (kg), (고양이의 무게)=$5\dfrac{3}{8}-2\dfrac{3}{8}=3$ (kg), (강아지의 무게)=$5\dfrac{5}{8}-3=2\dfrac{5}{8}$ (kg)이므로 가장 무거운 동물은 고양이입니다. ; 고양이

풀이

1 (1) $\dfrac{2}{8}+\dfrac{5}{8}=\dfrac{2+5}{8}=\dfrac{7}{8}$

(2) $\dfrac{3}{10}+\dfrac{7}{10}=\dfrac{10}{10}=1$

2 분모가 같은 진분수끼리의 덧셈은 분모는 그대로 두고 분자끼리 더합니다.

4 $\dfrac{8}{9}-\dfrac{3}{9}=\dfrac{8-3}{9}=\dfrac{5}{9}$

5 $\dfrac{7}{12}-\dfrac{\square}{12}=\dfrac{7-\square}{12}$, $\dfrac{7-\square}{12}>\dfrac{3}{12}$이므로 $\square$ 안에 들어갈 수 있는 수는 1, 2, 3입니다. 따라서 $\square$ 안에 들어갈 수 있는 수 중에서 가장 큰 수는 3입니다.

7 대분수를 가분수로 바꾸어 계산합니다.

8 $4\dfrac{2}{7}+3\dfrac{1}{7}=(4+3)+\left(\dfrac{2}{7}+\dfrac{1}{7}\right)=7+\dfrac{3}{7}=7\dfrac{3}{7}$

$1\dfrac{6}{7}+5\dfrac{5}{7}=(1+5)+\left(\dfrac{6}{7}+\dfrac{5}{7}\right)=6+1\dfrac{4}{7}=7\dfrac{4}{7}$

9 농구공 9개의 무게는 농구공 3개의 무게의 3배이므로

(농구공 9개의 무게)$=1\dfrac{3}{5}+1\dfrac{3}{5}+1\dfrac{3}{5}$

$=3\dfrac{9}{5}=4\dfrac{4}{5}$ (kg)

10 자연수 부분의 합이 4인 덧셈식을 찾아 합을 구해 보면

㉠+㉣$=1\dfrac{2}{5}+3\dfrac{1}{5}=4\dfrac{3}{5}$, ㉡+㉣$=1\dfrac{4}{5}+3\dfrac{1}{5}=5$,

㉢+㉮$=2\dfrac{3}{5}+2\dfrac{1}{5}=4\dfrac{4}{5}$이므로 ㉡과 ㉣입니다.

12 $\dfrac{29}{6}=4\dfrac{5}{6}$입니다. $\dfrac{29}{6}-1\dfrac{1}{6}=4\dfrac{5}{6}-1\dfrac{1}{6}=3\dfrac{4}{6}$이므로 ㉠$=3\dfrac{4}{6}-2\dfrac{3}{6}=1\dfrac{1}{6}$

13 ★$-$■$=1$이고 ★, ■는 7보다 작으므로 ★$=6$, ■$=5$일 때 ★$+$■가 11로 가장 큽니다.

14 ㉠$=4-1\dfrac{3}{4}=3\dfrac{4}{4}-1\dfrac{3}{4}=2\dfrac{1}{4}$

㉡$=3\dfrac{3}{4}+2\dfrac{1}{4}=5\dfrac{4}{4}=6$

➡ ㉡$-$㉠$=6-2\dfrac{1}{4}=5\dfrac{4}{4}-2\dfrac{1}{4}=3\dfrac{3}{4}$

15 $2\dfrac{4}{7}+3\dfrac{2}{7}+\square=10$, $5\dfrac{6}{7}+\square=10$,

$\square=10-5\dfrac{6}{7}=9\dfrac{7}{7}-5\dfrac{6}{7}=4\dfrac{1}{7}$ (cm)

16 분수가 작을수록 뺄셈의 결과가 커지므로 $2\dfrac{4}{7}$일 때 뺄셈 결과가 가장 큽니다.

➡ $4-2\dfrac{4}{7}=3\dfrac{7}{7}-2\dfrac{4}{7}=1\dfrac{3}{7}$

17 $6\dfrac{3}{5}-4\dfrac{2}{5}$에서 $6-4=2$이지만 $\dfrac{3}{5}$이 $\dfrac{2}{5}$보다 크므로 계산 결과는 2보다 큽니다.

$5\dfrac{5}{8}-3\dfrac{7}{8}$에서 $5-3=2$이지만 $\dfrac{5}{8}$가 $\dfrac{7}{8}$보다 작으므로 계산 결과는 2보다 작습니다.

18 $8\dfrac{2}{8}*1\dfrac{5}{8}=8\dfrac{2}{8}-1\dfrac{5}{8}-1\dfrac{5}{8}=6\dfrac{5}{8}-1\dfrac{5}{8}=5$

19 $4\dfrac{5}{9}+1\dfrac{6}{9}+㉠=㉠+㉡+2\dfrac{3}{9}$,

$6\dfrac{2}{9}+㉠=㉠+㉡+2\dfrac{3}{9}$이므로

㉡$=6\dfrac{2}{9}-2\dfrac{3}{9}=3\dfrac{8}{9}$, ㉠$=3\dfrac{8}{9}+1\dfrac{7}{9}=5\dfrac{6}{9}$

탐구 서술형 평가 26~29쪽

1 **1단계** $4\dfrac{7}{8}$ km **2단계** $4\dfrac{5}{8}$ km **3단계** 버스 정류장, $\dfrac{2}{8}$ km

1-1 예 (집에서 야구장을 지나 동물원까지 가는 거리)$=\dfrac{9}{5}+2\dfrac{4}{5}=1\dfrac{4}{5}+2\dfrac{4}{5}=4\dfrac{3}{5}$ (km)입니다. (집에서 축구장을 지나 동물원까지 가는 거리)$=2\dfrac{2}{5}+\dfrac{13}{5}=2\dfrac{2}{5}+2\dfrac{3}{5}=5$ (km)입니다. $5>4\dfrac{3}{5}$이므로 축구장을 지나서 가는 것이 $5-4\dfrac{3}{5}=\dfrac{2}{5}$ (km) 더 멉니다. ; 축구장, $\dfrac{2}{5}$ km

2 **1단계** $22\dfrac{1}{8}$ cm **2단계** $1\dfrac{6}{8}$ cm **3단계** $20\dfrac{3}{8}$ cm

2-1 예 (끈 3개의 길이의 합)$=10\frac{5}{6}+10\frac{5}{6}+10\frac{5}{6}$

$=32\frac{3}{6}$(cm)입니다. 겹쳐진 곳은 2곳이므로 (겹쳐진 부분의 길이의 합)$=3\frac{5}{6}+3\frac{5}{6}=7\frac{4}{6}$(cm)입니다. 따라서 (이어 붙인 끈의 전체 길이)$=$(끈 3개의 길이의 합)$-$(겹쳐진 부분의 길이의 합)$=32\frac{3}{6}$

$-7\frac{4}{6}=24\frac{5}{6}$(cm)입니다. ; $24\frac{5}{6}$ cm

3 **1단계** $\frac{6}{10}$ kg **2단계** $1\frac{8}{10}$ kg

3단계 $1\frac{6}{10}$ kg

3-1 예 (주스 1병의 무게)$=6\frac{2}{5}-5\frac{1}{5}=1\frac{1}{5}$(kg)

입니다. (주스 3병의 무게)$=1\frac{1}{5}+1\frac{1}{5}+1\frac{1}{5}$

$=3\frac{3}{5}$(kg)입니다. 따라서 (상자만의 무게)$=$(주스 3병이 들어 있는 상자의 무게)$-$(주스 3병의 무게)$=6\frac{2}{5}-3\frac{3}{5}=2\frac{4}{5}$(kg)입니다. ; $2\frac{4}{5}$ kg

4 예 (막대 4개의 길이의 합)$=1\frac{4}{15}+1\frac{4}{15}+1\frac{4}{15}$

$+1\frac{4}{15}=5\frac{1}{15}$(m)입니다. 겹쳐진 곳은 3곳이므로 (겹쳐진 부분의 길이의 합)$=\frac{2}{15}+\frac{2}{15}+\frac{2}{15}$

$=\frac{6}{15}$(m)입니다. 따라서 (이어 붙인 막대의 전체 길이)$=$(막대 4개의 길이의 합)$-$(겹쳐진 부분의 길이의 합)$=5\frac{1}{15}-\frac{6}{15}=4\frac{10}{15}$(m)입니다. ; $4\frac{10}{15}$ m

5 예 (책 1권의 무게)$=8-6\frac{4}{7}=1\frac{3}{7}$(kg)입니다.

(책 4권의 무게)$=1\frac{3}{7}+1\frac{3}{7}+1\frac{3}{7}+1\frac{3}{7}=5\frac{5}{7}$(kg)

입니다. 따라서 (책가방만의 무게)$=$(책 4권이 들어 있는 책가방의 무게)$-$(책 4권의 무게)$=8-$

$5\frac{5}{7}=2\frac{2}{7}$(kg)입니다. ; $2\frac{2}{7}$ kg

풀이

1 **1단계** (집에서 지하철역을 지나 할머니 댁까지

가는 거리)$=\frac{6}{8}+4\frac{1}{8}=4\frac{7}{8}$(km)

2단계 (집에서 버스 정류장을 지나 할머니 댁까

지 가는 거리)$=1\frac{3}{8}+3\frac{2}{8}=4\frac{5}{8}$(km)

3단계 $4\frac{5}{8}<4\frac{7}{8}$이므로 버스 정류장을 지나서 가

는 것이 $4\frac{7}{8}-4\frac{5}{8}=\frac{2}{8}$(km) 더 가깝습니다.

2 **1단계** (색 테이프 3장의 길이의 합)

$=7\frac{3}{8}+7\frac{3}{8}+7\frac{3}{8}=22\frac{1}{8}$(cm)

2단계 겹쳐진 곳은 2곳이므로

(겹쳐진 부분의 길이의 합)

$=\frac{7}{8}+\frac{7}{8}$

$=1\frac{6}{8}$(cm)

3단계 (이어 붙인 색 테이프의 전체 길이)

$=$(색 테이프 3장의 길이의 합)$-$(겹쳐진

부분의 길이의 합)

$=22\frac{1}{8}-1\frac{6}{8}$

$=20\frac{3}{8}$(cm)

3 **1단계** (배 1개의 무게)$=3\frac{4}{10}-2\frac{8}{10}=\frac{6}{10}$(kg)

2단계 (배 3개의 무게)$=\frac{6}{10}+\frac{6}{10}+\frac{6}{10}$

$=1\frac{8}{10}$(kg)

3단계 (그릇만의 무게)

$=$(배 3개가 들어 있는 그릇의 무게)$-$(배

3개의 무게)

$=3\frac{4}{10}-1\frac{8}{10}$

$=1\frac{6}{10}$(kg)

정답과 풀이

2 삼각형

수학 익힘 풀기   31쪽

1 나, 다   **2** 18 cm   **3** 30   **4** 85, 두   **5** (위에서부터) 60, 60   **6** 은현

풀이

1 이등변삼각형은 두 변의 길이가 같은 삼각형입니다. 따라서 나와 다가 이등변삼각형입니다.

2 만들어진 삼각형은 정삼각형이므로 세 변의 길이의 합은 6+6+6=18(cm)입니다.

3 이등변삼각형은 두 각의 크기가 같습니다. 따라서 □=30°입니다.

4 삼각형의 세 각의 크기의 합은 180°이므로 나머지 한 각의 크기는 180°-50°-45°=85°입니다. 이등변삼각형은 두 각의 크기가 같아야 합니다.

5 정삼각형은 세 각의 크기가 모두 같으므로 정삼각형의 한 각의 크기는 60°입니다.

6 정삼각형은 세 각의 크기가 같고 세 변의 길이가 같습니다. 정삼각형의 세 각의 크기는 모두 60°로 같습니다.

수학 익힘 풀기   33쪽

1 (1)—ⓒ, (2)—㉠, (3)—ⓒ   **2** 5   **3** 다   **4** ④, ⑤
5 5개   **6** (위에서부터) 마, 바, 가 ; 나, 라, 다

풀이

1 (1) 한 각이 직각인 직각삼각형입니다.
    (2) 세 각이 모두 예각인 예각삼각형입니다.
    (3) 한 각이 둔각인 둔각삼각형입니다.

2 ㉠=3, ⓒ=1, ⓒ=1 ➡ 3+1+1=5

3 • 예각삼각형: 가, 라
    • 직각삼각형: 나

4 한 각이 둔각이므로 둔각삼각형이고, 두 변의 길이가 같으므로 이등변삼각형입니다.

5 칠교판의 삼각형은 직각삼각형인 동시에 이등변삼각형입니다.

1회 단원 평가 연습   34~36쪽

1 나, 라, 마   **2** 이등변삼각형   **3** ⓒ   **4** 25 cm   **5** ⑩ 정삼각형은 세 변의 길이가 같습니다. 세 변의 길이가 같으면 두 변의 길이도 같으므로 정삼각형은 이등변삼각형이라고 할 수 있습니다.   **6** 풀이 참조 ; 같습니다   **7** 40   **8** 130°, 25°에 ◯표   **9** 80°   **10** 3, 3   **11** (위에서부터) 3, 60   **12** ⑩ 정삼각형은 세 각의 크기가 같고, 삼각형의 세 각의 크기의 합은 180°이므로 정삼각형의 한 각의 크기는 180°÷3=60°입니다.   **13** 70   **14** 세에 ◯표 ; 예각   **15** 나   **16** ⓒ ; 삼각형의 세 각 중 예각이 3개 있으면 예각삼각형입니다.   **17** ⑤   **18** ④, ⑤   **19** ㉠, ⓒ   **20** 풀이 참조

풀이

2 두 변의 길이가 같은 삼각형을 이등변삼각형이라고 합니다.

3 세 변의 길이가 같은 삼각형을 정삼각형이라고 합니다.

4 나머지 한 변의 길이는 7 cm이므로
    (세 변의 길이의 합)=7+11+7=25(cm)

6 ⑩

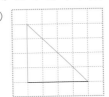

7 이등변삼각형이므로 각 ㄱㄴㄷ과 각 ㄴㄱㄷ의 크기가 같습니다. 따라서 각 ㄱㄴㄷ과 각 ㄴㄱㄷ의 크기의 합은 180°-100°=80°이므로
    □=80°÷2=40°입니다.

8 나머지 한 각의 크기를 구해 보면
    180°-40°-60°=80°, 180°-90°-30°=60°,
    180°-130°-25°=25°
    따라서 세 각의 크기가 130°, 25°, 25°인 삼각형이 이등변삼각형입니다.

9 삼각형 ㄱㄷㄹ은 이등변삼각형이므로 (각 ㄷㄱㄹ)=40°, (각 ㄱㄷㄹ)=180°-40°-40°=100°입니다. (각 ㄱㄷㄴ)=180°-100°=80°이고 삼각형 ㄱㄴㄷ은 이등변삼각형이므로 ㉠=80°입니다.

10 그려진 삼각형은 정삼각형입니다.

11 정삼각형은 세 변의 길이가 같고 세 각의 크기가 60°입니다.

13 삼각형 ㄱㄴㄷ은 이등변삼각형이므로
(각 ㄱㄷㄴ)=180°-65°-65°=50°입니다.
또 삼각형 ㅁㄷㄹ은 정삼각형이므로
(각 ㅁㄷㄹ)=60°입니다.
따라서 ☐=180°-50°-60°=70°입니다.

15 한 각이 둔각인 삼각형을 찾습니다. 가는 예각삼각형, 다는 직각삼각형입니다.

17 한 각이 둔각이 되도록 하는 점을 찾으면 ⑤입니다.

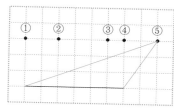

18 두 변의 길이가 같으므로 이등변삼각형이고, 한 각이 둔각이므로 둔각삼각형입니다.

19 ㉠ 정삼각형의 세 각은 60°로 예각이므로 예각삼각형입니다.
㉡ 정삼각형은 세 변의 길이가 같으므로 두 변의 길이도 같습니다. 따라서 정삼각형은 이등변삼각형이라고 할 수 있습니다.

20 〈예〉

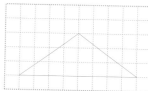

이등변삼각형이면서 둔각삼각형인 도형을 그립니다.

2회 단원 평가 〔도전〕

37~39쪽

1 다, 라 **2** 정삼각형 **3** 풀이 참조 **4** 7 **5** 〈예〉 사각형 ㄱㄴㄷㄹ의 네 변의 길이의 합은 정삼각형의 한 변의 길이의 5배와 같습니다. 정삼각형의 한 변의 길이는 40÷5=8(cm)이므로 정삼각형 한 개의 세 변의 길이의 합은 8×3=24(cm)입니다. ; 24 cm **6** 풀이 참조 ; 이등변삼각형 **7** 나 **8** 150 **9** 〈예〉 (각 ㄴㄷㄹ)=(각 ㄴㄹㄷ)=80°이므로 (각 ㄹㄴㄷ)=180°-80°-80°=20°, (각 ㄷㄴㄱ)=(각 ㄷㄱㄴ)=70°이므로 (각 ㄱㄴㄷ)=180°-

---

70°-70°=40°이므로 삼각형 ㅁㄴㄷ에서 ㉠=180°-20°-40°=120°입니다. ; 120° **10** 정삼각형 **11** ·〈예〉 각 삼각형의 세 변의 길이가 같습니다. ·〈예〉 세 각의 크기가 모두 60°로 같습니다. **12** 4 **13** 120° **14** 둔, 예, 직 **15** 예각삼각형, 둔각삼각형, 직각삼각형 **16** 풀이 참조 **17** 4개 **18** ②, ⑤ **19** 예각삼각형 **20** 예각삼각형, 이등변삼각형

풀이

2 세 변의 길이가 같은 삼각형을 정삼각형이라고 합니다.

3

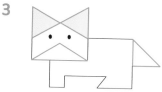

6

7 나머지 한 각의 크기를 구해 보면
가: 180°-80°-50°=50°
나: 180°-70°-30°=80°
다: 180°-35°-110°=35°
나의 세 각은 30°, 70°, 80°이므로 이등변삼각형이 아닙니다.

8

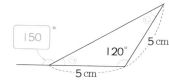

두 변의 길이가 같으므로 이등변삼각형입니다.
㉠+㉡=180°-120°=60°, ㉠=60°÷2=30°
➡ ☐=180°-30°=150°

10 세 변으로 둘러싸여 있으므로 삼각형이고, 세 변의 길이와 세 각의 크기가 같으므로 정삼각형입니다.

12 삼각형 나는 정삼각형이므로 삼각형의 세 변의 길이의 합은 6×3=18(cm)입니다. 삼각형 가에서 7+7+☐=18, ☐=4

13 정삼각형은 세 각의 크기가 각각 60°이므로

정답과 풀이

ㅋ=60°+60°=120°입니다.

15 나머지 한 각의 크기를 구해 보면
ㄱ 180°-20°-80°=80° ➡ 예각삼각형
ㄴ 180°-10°-70°=100° ➡ 둔각삼각형
ㄷ 180°-60°-30°=90° ➡ 직각삼각형

16 (예)

17

작은 삼각형 1개짜리: ㄴ ➡ 1개
작은 삼각형 2개짜리: (ㄱ+ㄴ), (ㄴ+ㄷ) ➡ 2개
작은 삼각형 3개짜리: (ㄱ+ㄴ+ㄷ) ➡ 1개
➡ 1+2+1=4(개)

18 두 변의 길이가 같은 삼각형이므로 이등변삼각형이고, 세 각이 모두 예각인 삼각형이므로 예각삼각형입니다.

19 삼각형 ㄱㄴㄷ은 이등변삼각형이므로 (각 ㄱㄷㄴ)=50°, (각 ㄴㄱㄷ)=180°-50°-50°=80°입니다. 삼각형 ㄱㄴㄷ은 세 각이 모두 예각이므로 예각삼각형입니다.

20 나머지 한 각의 크기는 180°-40°-70°=70°이므로 삼각형의 세 각의 크기는 40°, 70°, 70°입니다. 따라서 예각삼각형이고 이등변삼각형입니다.

---

1 이등변, 정 **2** 이등변삼각형 **3** (위에서부터) 9, 9 **4** 10 **5** (예) 이등변삼각형의 나머지 한 변의 길이는 6 cm이므로 (이등변삼각형의 세 변의 길이의 합)=6+9+6=21(cm)입니다. 따라서 (정삼각형의 한 변의 길이)=21÷3=7(cm)입니다. ; 7 cm **6** ⑤ **7** 풀이 참조 **8** (예) 나머지 한 각의 크기는 180°-65°-60°=55°입니다. 크기가 같은 두 각이 없으므로 이등변삼각형이 아닙니다. **9** 35° **10** ④ **11** 풀이 참조 ; 3, 60 **12** 120

---

13 80° **14** (예) (각 ㄱㄹㅁ)=90°+60°=150°이고, 삼각형 ㄹㄱㅁ은 이등변삼각형이므로 (각 ㄹㄱㅁ)+(각 ㄹㅁㄱ)=180°-150°=30°, (각 ㄹㄱㅁ)=30°÷2=15°이므로 ㄱ=90°-15°=75°입니다. ; 75° **15** 직, 예, 둔 **16** ⑤ **17** 이등변삼각형, 직각삼각형에 ○표 **18** 직각삼각형 **19** 둔각삼각형 **20** 풀이 참조

풀이

2 두 변의 길이가 같은 삼각형이므로 이등변삼각형입니다.

4 이등변삼각형은 두 변의 길이가 같으므로 7+7+□=24, □=10입니다.

6 ① 두 각의 크기가 같으므로 이등변삼각형입니다.
② 180°-30°-75°=75°
③ 180°-45°-90°=45°
④ 180°-50°-80°=50°
⑤ 180°-60°-70°=50° ➡ 세 각의 크기가 60°, 70°, 50°이므로 이등변삼각형이 아닙니다.

7 (예)

9 삼각형 ㄱㄴㄷ은 이등변삼각형이므로
(각 ㄴㄱㄷ)+(각 ㄴㄷㄱ)=180°-40°=140°,
(각 ㄴㄷㄱ)=(각 ㄴㄱㄷ)=140÷2=70°입니다.
(각 ㄱㄷㄹ)=180°-70°=110°이므로
삼각형 ㄱㄷㄹ에서
(각 ㄷㄱㄹ)+(각 ㄷㄹㄱ)=180°-110°=70°,
ㄱ=70°÷2=35°입니다.

10 두 변의 길이가 같으므로 이등변삼각형입니다. 나머지 두 각의 크기의 합은 180°-60°=120°이므로 나머지 한 각의 크기는 120°÷2=60°입니다. 따라서 세 각이 모두 60°이므로 정삼각형입니다.

11

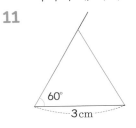

12 (각 ㄱㄷㄴ)=60°이므로 □=180°−60°=120°

13 삼각형 ㄱㄴㄷ은 정삼각형이므로
(각 ㄱㄷㄴ)=60°이고 삼각형 ㅁㄷㄹ은 이등변삼각형이므로
(각 ㅁㄷㄹ)=180°−70°−70°=40°입니다.
따라서 (각 ㄱㄷㅁ)=180°−60°−40°=80°입니다.

16 ① 직각삼각형　　② 예각삼각형
③ 예각삼각형　　④ 직각삼각형
⑤ 둔각삼각형

17 두 변의 길이가 같으므로 이등변삼각형이고, 한 각이 직각이므로 직각삼각형입니다.

18
근후

19
근후

20

	예각 삼각형	직각 삼각형	둔각 삼각형
이등변삼각형	가, 라	다	바
세 변의 길이가 모두 다른 삼각형	마	사	나

4회 단원 평가 실전　　43~45쪽

1 4개　**2** 세, 정삼각형에 ◯표　**3** 5　**4** ⑩ 정삼각형은 세 변의 길이가 모두 같으므로 두 변의 길이가 같은 이등변삼각형은 정삼각형이라고 할 수 없습니다.　**5** 50 cm　**6** 풀이 참조
7 132　**8** 60°　**9** 105°　**10** ①, ④
11 풀이 참조 ; ⑩ 주어진 선분의 양 끝에 각각 60°인 각을 그리고, 두 각의 변이 만나는 점을 찾아 삼각형을 그립니다.　**12** 120°
13 ⑩ 삼각형 ㄱㄴㄷ은 정삼각형이므로 (각 ㄱㄷㄴ)=60°입니다. 삼각형 ㄹㄴㄷ은 이등변삼각형이므로 (각 ㄹㄴㄷ)+(각 ㄹㄷㄴ)=180°−110°=70°, (각 ㄹㄷㄴ)=70°÷2=35°입니다. 따라서 ㉠=60°−35°=25°입니다. ; 25°

14 예각삼각형　**15** ㉡, ㉣　**16** 풀이 참조
17 ①, ②, ⑤　**18** 둔각삼각형　**19** 오른쪽, 한 칸　**20** ⑩ 삼각형 ㄱㄴㄷ은 이등변삼각형이므로 (각 ㄱㄷㄴ)=35°, (각 ㄴㄱㄷ)=180°−35°−35°=110°입니다. 따라서 한 각이 둔각인 삼각형이므로 둔각삼각형입니다.

풀이

1 두 변의 길이가 같은 삼각형을 모두 찾으면 가, 나, 라, 마의 4개입니다.

3 □=15÷3=5(cm)

5

13+13+12+12=50(cm)

6

7 이등변삼각형은 두 각의 크기가 같으므로
(각 ㄱㄴㄷ)+(각 ㄱㄷㄴ)=180°−84°=96°,
(각 ㄱㄴㄷ)=96°÷2=48°
따라서 □=180°−48°=132°입니다.

8 ㉠=180°−75°−75°=30°,
㉡+120°+㉡=180°이므로 ㉡+㉡=60°, ㉡=30°
따라서 ㉠+㉡=30°+30°=60°입니다.

9 (각 ㄱㄷㄴ)=35°이므로
(각 ㄴㄱㄷ)=180°−35°−35°=110°입니다.
(각 ㄷㄱㄹ)=180°−110°=70°이므로
(각 ㄷㄹㄱ)=70°입니다.
(각 ㄱㄷㄹ)=180°−70°−70°=40°이므로
㉠=180°−35°−40°=105°입니다.

10 ① 정삼각형은 이등변삼각형이라고 할 수 있지만 모든 이등변삼각형이 정삼각형이라고 할 수 없습니다.
④ 이등변삼각형은 두 각의 크기가 같습니다.

11

12

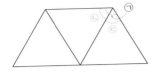

정삼각형이므로 ⓒ과 ⓓ의 크기는 각각 $60°$입니다.
➡ ⓐ=$60°+60°=120°$

14 정삼각형의 세 각의 크기는 모두 $60°$로 예각입니다. 따라서 정삼각형은 모두 예각이므로 예각삼각형입니다.

15 세 각이 모두 예각인 것을 찾으면 ⓒ, ⓔ입니다.

16 예

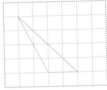

17 만들 수 있는 삼각형은 세 변의 길이가 같은 삼각형이므로 정삼각형입니다. 정삼각형은 예각삼각형, 이등변삼각형이라고 할 수 있습니다.

18

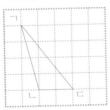

19

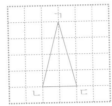

탐구 서술형 평가

1 **1단계** 8 cm **2단계** 12 cm **3단계** 16 cm, 8 cm ; 12 cm, 12 cm

1-1 예 길이가 6 cm인 변이 길이가 같은 두 변 중 한 변이면 길이가 다른 한 변의 길이는 $22-6-6=10$(cm)입니다. 또 길이가 6 cm인 변이 길이가 다른 한 변이면 (길이가 같은 두 변의 길이의 합)=$22-6=16$(cm)이므로 길이가 같은 두 변 중 한 변의 길이는 $16÷2=8$(cm)입니다. 따라서 나머지 두 변의 길이가 될 수 있는 것은 6 cm와 10 cm인 경우, 8 cm와 8 cm인 경우입니다. ; 6 cm와 10 cm, 8 cm와 8 cm

2 **1단계** $45°$ **2단계** $55°$ **3단계** $10°$

2-1 예 삼각형 ㄱㄴㄷ은 이등변삼각형이므로 (각 ㄴㄱㄷ)+(각 ㄴㄷㄱ)=$180°-100°=80°$, (각 ㄴㄷㄱ)=$80°÷2=40°$입니다. 삼각형 ㄹㄴㄷ도 이등변삼각형이므로 (각 ㄴㄷㄹ)=(각 ㄴㄹㄷ)=$70°$입니다. 따라서 ⓐ=(각 ㄴㄷㄹ)-(각 ㄴㄷㄱ)=$70°$

$-40°=30°$입니다. ; $30°$

3 **1단계** $30°$ **2단계** $60°$ **3단계** $90°$

3-1 예 삼각형 ㄱㄴㄷ은 이등변삼각형이므로 (각 ㄱㄷㄴ)=$180°-50°-50°=80°$입니다. 삼각형 ㅁㄷㄹ은 정삼각형이므로 (각 ㅁㄷㄹ)=$60°$입니다. 따라서 ⓐ=$80°+60°=140°$입니다. ; $140°$

4 예 삼각형 ㄱㄴㄷ은 이등변삼각형이므로 (각 ㄴㄱㄷ)+(각 ㄴㄷㄱ)=$180°-70°=110°$, (각 ㄴㄷㄱ)=$110°÷2=55°$입니다. 삼각형 ㄹㄴㄷ도 이등변삼각형이므로 (각 ㄹㄴㄷ)=$180°-80°-80°=20°$입니다. 따라서 ⓐ=$180°-$(각 ㄴㄷㄱ)-(각 ㄹㄴㄷ)=$180°-55°-20°=105°$입니다. ; $105°$

5 예 삼각형 ㄱㄴㄷ은 이등변삼각형이므로 (각 ㄱㄷㄴ)=$180°-35°-35°=110°$입니다. 삼각형 ㅁㄷㄹ은 정삼각형이므로 (각 ㅁㄷㄹ)=$60°$입니다. 따라서 ⓐ=$110°+60°=170°$입니다. ; $170°$

풀이

1 **1단계** 길이가 16 cm인 변이 길이가 같은 두 변 중 한 변이면 길이가 다른 한 변의 길이는 $40-16-16=8$(cm)입니다.

2단계 길이가 16 cm인 변이 길이가 다른 한 변이면 (길이가 같은 두 변의 길이의 합)=$40-16=24$(cm)이므로 길이가 같은 두 변 중 한 변의 길이는 $24÷2=12$(cm)입니다.

3단계 나머지 두 변의 길이가 될 수 있는 것은 16 cm와 8 cm인 경우, 12 cm와 12 cm인 경우입니다.

2 **1단계** 삼각형 ㄱㄴㄷ은 이등변삼각형이므로 (각 ㄴㄱㄷ)+(각 ㄴㄷㄱ)=$180°-90°=90°$, (각 ㄴㄷㄱ)=$90°÷2=45°$입니다.

2단계 삼각형 ㄹㄴㄷ은 이등변삼각형이므로 (각 ㄴㄷㄹ)=(각 ㄴㄹㄷ)=$55°$입니다.

3단계 ⓐ=(각 ㄴㄷㄹ)-(각 ㄴㄷㄱ)=$55°-45°=10°$

3 **1단계** 삼각형 ㄱㄴㄷ은 이등변삼각형이므로 (각 ㄱㄷㄴ)=$180°-75°-75°=30°$입니다.

2단계 삼각형 ㄹㅁㄷ은 정삼각형이므로 (각 ㅁㄷㄹ)=$60°$입니다.

3단계 ⓐ=$30°+60°=90°$입니다.

수학 익힘 풀기 51쪽

1 (1) 0.46 (2) 0.82　2 (1) 0.07, 0.22 (2) 5.86,
5.98　3 (1) 4.56 (2) 38.76　4 0.459　5 (1)
5.206 (2) 42.767　6 37.526

풀이

1 (1) $\frac{46}{100}$=0.46　(2) $\frac{82}{100}$=0.82

2 (1) 작은 눈금 한 칸의 크기는 0.01이므로 0에서
오른쪽으로 7칸 간 수는 0.07입니다.
(2) 작은 눈금 한 칸의 크기는 0.01이므로 5.8에
서 오른쪽으로 6칸 간 수는 5.86입니다.

3 (2) $30+8+\frac{7}{10}+\frac{6}{100}$=30+8+0.7+0.06
$\phantom{30+8+\frac{7}{10}+\frac{6}{100}}$=38.76

4 $\frac{459}{1000}$=0.459

5 (1) 5+0.2+0.006=5.206
(2) $40+2+\frac{7}{10}+\frac{6}{100}+\frac{7}{1000}$
=40+2+0.7+0.06+0.007=42.767

6 37+0.5+0.02+0.006=37.526

수학 익힘 풀기 53쪽

1 풀이 참조 ; >　2 (1) < (2) < (3) >　3 3개
4 풀이 참조　5 민지　6 1110

풀이

1

2 (1) 소수 첫째 자리 수를 비교하면 5<6입니다.
(2) 소수 둘째 자리 수를 비교하면 7<9입니다.
(3) 소수 셋째 자리 수를 비교하면 9>0입니다.

3 소수에서 오른쪽 끝자리의 0을 생략할 수 있습
니다. ➡ 0.530, 5.600

4
| $\frac{1}{10}$ | $\frac{1}{10}$ | 10배 | 10배 |

0.005	0.05	0.5	5	50
0.0046	0.046	0.46	4.6	46

5 13.5의 $\frac{1}{100}$은 0.135입니다.

6 1.5는 0.15의 10배, 126은 0.126의 1000배,
36은 0.36의 100배 ➡ 10+1000+100=1110

수학 익힘 풀기 55쪽

1 (1) 풀이 참조 (2) 2.7　2 (1) 1.8 (2) 8.2 (3) 9.5
(4) 6.1　3 7.2　4 1.8, 0.9, 0.9　5 (1)—ⓒ (2)—
ⓐ (3)—ⓑ　6 1, 3, 2

풀이

1 (1) 예

3 민선: 3.6, 성규: 3.6 ➡ 3.6+3.6=7.2
4 모눈종이의 전체 크기가 1이므로 한 칸은 0.1입
니다. 파란색 부분은 18칸이므로 1.8이고, 붉은
선 부분은 9칸이므로 0.9입니다.
➡ 1.8−0.9=0.9

5
(1)	(2)	(3)
2 10	5 10	0 14 10
3.5	6.4	15.4
−2.8	−2.8	− 6.7
0.7	3.6	8.7

6
8 10	4 10	2 10
9.8	5.4	3.5
−4.9	−4.6	−1.6
4.9	0.8	1.9

수학 익힘 풀기 57쪽

1 (1) 풀이 참조 (2) 0.38　2 0.56, 0.4, 0.96　3
(1)—ⓐ (2)—ⓒ (3)—ⓑ　4 풀이 참조 ; 0.25　5
(1) 4.76 (2) 1.22 (3) 2.95 (4) 2.55　6 3.99 kg

정답과 풀이

풀이

1 (1)

0.12 ⌒ 0.26

```
0   0.1   0.2   0.3   0.4
```

(2) 0에서 0.12만큼 간 다음 0.26만큼 더 간 지점은 0.38입니다.

3 (1)
```
    1
  3 . 5 7
+ 2 . 8 0
─────────
  6 . 3 7
```
(2)
```
    1   1
  2 . 4 6
+ 6 . 8 5
─────────
  9 . 3 1
```
(3)
```
  1 1
1 5 . 4 6
+ 6 . 7 1
─────────
2 2 . 1 7
```

4 예   0.01

0.82−0.57=0.25

5 (3)
```
  2  10
3 . 6 5
− 0 . 7 0
─────────
2 . 9 5
```
(4)
```
  4  13 10
5 . 4 3
− 2 . 8 8
─────────
2 . 5 5
```

6 39.5−35.51=3.99(kg)

1회 단원 평가 연습   58~60쪽

1 0.59   **2** 10.74   **3** 0.727 ; 영 점 칠이칠
4 ⑤   **5** 풀이 참조 ; =   **6** 7.260, 5.100   **7**
예 소수 첫째 자리 수까지 같고 소수 셋째 자리 수는 4 > 1이므로 소수 둘째 자리 수를 비교하면 6<☐이어야 합니다. 따라서 ☐ 안에 들어갈 수 있는 수는 7, 8, 9로 모두 3개입니다. ; 3개   **8** 풀이 참조   **9** 100배   **10** 10배
11 풀이 참조   **12** (위에서부터) 3.3, 1.8   **13** 34, 18, 16, 1.6   **14** 5.2−0.9=4.3 ; 4.3 kg
15 0.33, 0.57   **16** (1) 0.82 (2) 0.26 (3) 6.5
(4) 4.52   **17** 3.42초   **18** 5.47 m   **19** ㉠,
㉡, ㉢, ㉣   **20** 예 (성종이의 몸무게)=42.35−3.7=38.65(kg)이므로 (경인이와 성종이의 몸무게의 합)=42.35+38.65=81(kg)입니다. ; 81 kg

---

1 $\dfrac{59}{100}$=0.59

2
```
  1이   10개  → 10
0.1이    7개  → 0.7
0.01이   4개  → 0.04
─────────────────
              10.74
```

3 0.72에서 오른쪽으로 7칸 더 간 수이므로 0.727 입니다.

4 ⑤ 1이 4개, 0.1이 2개, 0.001이 5개인 수입니다.

5 예   예

8

```
| 7 | 2 . 5 |        |
|   | 7 . 2 | 5 |  ↕ 10배
| 0 . 7 | 2 | 5 |  ↕ 10배
```

9 ㉠이 나타내는 수는 0.7, ㉡이 나타내는 수는 0.007입니다. 0.7은 0.007의 100배이므로 ㉠이 나타내는 수는 ㉡이 나타내는 수의 100배입니다.

10 10의 $\dfrac{1}{100}$은 0.1입니다. 0.1은 0.01의 10배입니다.

11
```
☐ 1
  0 . 5
+ 1 . 7
───────
   ☐ 2
```
→
```
☐ 1
  0 . 5
+ 1 . 7
───────
 ☐ 2 . 2
```

12 2.4+0.9=3.3, 2.4−0.6=1.8

14 (선물의 무게)=(선물이 들어 있는 상자의 무게)−(빈 상자의 무게)=5.2−0.9=4.3(kg)

15 0.9에서 0.33만큼 왼쪽으로 갔으므로 0.9−0.33=0.57입니다.

16 (3)
```
  1   1
4 . 9 8
+ 1 . 5 2
─────────
6 . 5 0
```
(4)
```
  7  10
8 . 1 7
− 3 . 6 5
─────────
4 . 5 2
```

17 13−9.58=3.42(초)

18 (이은 막대의 길이)
= (짧은 막대의 길이)+(긴 막대의 길이)
= 2.36+3.11=5.47(m)

19 ㉠ 1.6 ㉡ 1.4 ㉢ 1.3 ㉣ 0.55

2회 단원 평가 도전 61~63쪽

1 0.49, 영 점 사구 **2** 0.765 **3** ④ **4** 1.325 km **5** (1) > (2) > **6** 5.70에 ○표 **7** 풀이 참조 **8** 풀이 참조 **9** ② **10** ⑩ 오리의 무게는 병아리 무게의 10배이므로 병아리의 무게는 오리 무게의 $\frac{1}{10}$인 0.145 kg이고, 타조의 무게는 병아리 무게의 1000배이므로 145 kg입니다. ; 145 kg **11** 0.6, 0.9 **12** 6.9 **13** (1) ㉡ (2) ㉢ (3) ㉠ **14** 1.5 cm **15** (위에서부터) 1, 1, 6, 2, 1 **16** 9.52 **17** 풀이 참조 ; ⑩ 소수점 자리를 잘못 맞추어 계산했습니다.
18 ㉠ 1.82 ㉡ 0.08 **19** 0.84 km **20** ⑩ (㉮에서 ㉱까지의 거리)=(㉮에서 ㉰까지의 거리)+(㉯에서 ㉱까지의 거리)−(㉯에서 ㉰까지의 거리)=2.76+3.54−1.82=6.3−1.82=4.48(km) ; 4.48 km

풀이

1 $\frac{1}{100}$=0.01이므로 $\frac{49}{100}$=0.49입니다.

2 0.1만큼 7칸, 0.01만큼 6칸, 0.001만큼 5칸 색칠했으므로 0.765입니다.

3 ① 0.3 ② 3 ③ 0.03 ④ 0.003 ⑤ 0.3

4 1 km=1000 m이므로 1 m=0.001 km입니다. 따라서 1325 m=1.325 km입니다.

5 (1) 16.4 > 1.965 (2) 0.93 > 0.925
       └16>1┘   └3>2┘

6 필요한 경우 소수의 오른쪽 끝자리에 0을 붙여 나타낼 수 있습니다. ➡ 5.7=5.70

7

0.013	0.031	0.301	0.31
일	< 석	< 이	< 조

8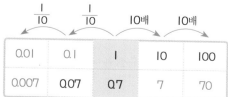

0.01	0.1	1	10	100
0.007	0.07	0.7	7	70

---

9 ① 7 ② 100 ③ 20 ④ 10 ⑤ 10

12 승우: 1.6, 현지: 5.3 ➡ 1.6+5.3=6.9

14 수지의 연필의 길이는 8.3 cm, 태훈이의 연필의 길이는 6.8 cm이므로 8.3−6.8=1.5(cm)입니다.

16 ㉠: 4.73, ㉡: 4.79
➡ ㉠+㉡=4.73+4.79=9.52

17
```
   1 2 . 6
 −   0 . 7 8
 ─────────
   1 1 . 8 2
```

18 합:
```
   1 1
   0 . 8 7
 + 0 . 9 5
 ─────────
   1 . 8 2
```
차:
```
        8 10
   0 . 9 5
 − 0 . 8 7
 ─────────
   0 . 0 8
```

19 (예원이가 달린 거리)
= (성종이가 달린 거리)+(예원이가 앞선 거리)
= 0.65+0.19=0.84(km)

3회 단원 평가 기출 64~66쪽

1 ㉠, ㉣ **2** 0.58, 0.6 **3** ④ **4** ⑩ 3보다 크고 4보다 작은 소수 세 자리 수이므로 구하는 수는 3.□□□라고 할 수 있습니다. 소수 첫째 자리 숫자는 1, 소수 둘째 자리 숫자는 0, 소수 셋째 자리 숫자는 일의 자리 숫자와 같은 3이므로 구하는 수는 3.103입니다. ; 3.103 **5** 0.4, >, 0.39 **6** 5.6, 5.51 **7** 서점 **8** ②, ④ **9** 0.128 **10** 4.5 kg **11** 8, 15, 23, 2.3 **12** 풀이 참조 **13** (위에서부터) 0.8, 2.4 **14** 1.4 m **15** (위에서부터) 3.98, 5.11 **16** (위에서부터) 8, 4, 1 **17** (1) 0.04 (2) 5.08 **18** ⑩ 5.32+0.92=6.24입니다. 6.24>6.2□1이 되려면 4>□이어야 하므로 □ 안에 들어갈 수 있는 수는 0, 1, 2, 3입니다. ; 0, 1, 2, 3 **19** 1.78 **20** ⑩ 만들 수 있는 가장 큰 수는 97.32, 가장 작은 수는 23.79입니다. 따라서 두 수의 차는 97.32−23.79=73.53입니다. ; 73.53

풀이

1 ㉠ 0.35 ㉡ 0.035 ㉢ 3.5 ㉣ 0.35

정답과 풀이

3 ① 오 점 삼사　② 사 점 영오
③ 구 점 영칠육　⑤ 영 점 사칠이

6 $5.05<5.31<5.4<5.51<5.6<5.62<5.7$이므로 5.4와 5.62 사이에 있는 수는 5.51과 5.6입니다.

7 $1050\,m=1.05\,km$입니다.
$0.105<0.927<1.05$이므로 집에서 가장 가까운 곳은 서점입니다.

8 ② 5.27의 $\dfrac{1}{10}$은 0.527입니다.
④ 36.9의 $\dfrac{1}{100}$은 0.369입니다.

9 어떤 수의 100배가 12.8이므로 어떤 수는 12.8의 $\dfrac{1}{100}$입니다. 12.8의 $\dfrac{1}{100}$은 0.128이므로 어떤 수는 0.128입니다.

10 0.45의 10배는 4.5이므로 축구공 10개의 무게는 $4.5\,kg$입니다.

12
```
    1
   0 . 8
 + 0 . 9
 ─────────
   1 . 7
```

13
```
  0  10
  1 . 5
 -0 . 7
 ───────
  0 . 8
```
```
  6  10
    7
 -4 . 6
 ───────
  2 . 4
```

14 (사용한 리본 끈의 길이)$=3-1.6=1.4(m)$

15
```
   0 . 7
 +3 . 2 8
 ─────────
   3 . 9 8
```
```
   1 . 8 3
 +3 . 2 8
 ─────────
   5 . 1 1
```

16
```
   1   1
   0 . 6 ㉠
 + 0 . ㉡ 4
 ─────────
   ㉢ . 1 2
```
$㉠+4=12, ㉠=8$
$1+6+㉡=11, ㉡=4$
$㉢=1+0+0=1$

17 (1)
```
     4  10
   0 . 5 2
 - 0 . 4 8
 ─────────
   0 . 0 4
```
(2)
```
  0  10   8  10
  1 0 . 9 6
 -    5 . 8 8
 ─────────────
    5 . 0 8
```

19 $㉠=7.5-3.51=3.99$
$㉡=4.85+0.92=5.77$
➡ $㉡-㉠=5.77-3.99=1.78$

4회 단원 평가 실전　67~69쪽

1 (1)-㉡ (2)-㉢ (3)-㉠　**2** 예 1이 4개이면 4, $\dfrac{1}{10}$이 8개이면 $\dfrac{8}{10}=0.8$, $\dfrac{1}{100}$이 5개이면 $\dfrac{5}{100}=0.05$이므로 소수로 나타내면 4.85입니다. ; 4.85　**3** 풀이 참조　**4** ㉢　**5** ③, ⑤
6 ㉣　**7** 성우　**8** (1)-㉡ (2)-㉠ (3)-㉢　**9** 1110　**10** $0.45\,kg$　**11** (1) 1.4 (2) 4.2　**12** 예 흰색 종이 100묶음의 무게는 0.418의 100배인 $41.8\,kg$이고 파란색 종이 10묶음의 무게는 $1.45\,kg$의 10배인 $14.5\,kg$입니다. 따라서 $41.8+14.5=56.3(kg)$입니다. ; $56.3\,kg$
13 0.5　**14** $0.8\,km$　**15** 14.02　**16** ㉠ 4 ㉡ 6 ㉢ 5　**17** 예 어떤 수를 ☐라고 하면 ☐$-4.9=7.47$, ☐$=7.47+4.9=12.37$입니다. 따라서 바르게 계산하면 $12.37+4.9=17.27$입니다. ; 17.27　**18** $2.8, 0.87$　**19** 0.62
20 예 75.3의 $\dfrac{1}{10}$은 7.53입니다. (재호의 몸무게)$=7.53+25.8=33.33(kg)$이므로 (동생의 몸무게)$=33.33-7.5=25.83(kg)$입니다. ; $25.83\,kg$

풀이

3 예

4 $\dfrac{328}{100}=3.28$, $\dfrac{328}{1000}=0.328$

5 ① $0.69 > 0.60$ ($9>0$)
② $2.784 > 2.707$ ($8>0$)
④ $15.152 < 15.2$ ($1<2$)

6 필요한 경우 소수의 오른쪽 끝자리에 0을 붙여서 나타낼 수 있습니다. ㉣ $4.6=4.60$

8 (1) 28의 $\dfrac{1}{100}$은 소수점을 왼쪽으로 두 자리 옮긴 0.28입니다.

(2) 0.208의 10배는 소수점을 오른쪽으로 한 자리 옮긴 2.08입니다.

(3) 2.08의 $\frac{1}{10}$은 소수점을 왼쪽으로 한 자리 옮긴 0.208입니다.

9 ㉠ 1000 ㉡ 100 ㉢ 10
➡ 1000+100+10=1110

10

빨간 방   파란 방   파란 방
4.5 kg ⟶ 45 kg ⟶ 4.5 kg ⟶ 0.45 kg
    10배 $\frac{1}{10}$ $\frac{1}{10}$

14 (㉡에서 ㉢까지의 거리)=1.4−0.6=0.8(km)

15 가장 큰 수는 7.95, 가장 작은 수는 6.07이므로 7.95+6.07=14.02입니다.

16 3+2=㉢, ㉢=5
7+㉡=13, ㉡=6
1+㉠+3=8, ㉠=4

18 10.3−7.5=2.8, 10.3−9.43=0.87

19 ㉠ 1.64 ㉡ 1.02 ➡ 1.64−1.02=0.62

탐구 서술형 평가   **70~73쪽**

1 [1단계] 3.71 kg [2단계] 4.97 kg

1-1 예 의란이는 사과를 3.5 kg 땄고 길호에게서 1.2 kg을 받았으므로 길호에게서 사과를 받은 후 의란이의 사과의 무게는 3.5+1.2=4.7(kg)입니다. 길호가 의란이에게 1.2 kg을 주고 두 사람의 사과의 무게가 4.7 kg으로 같아졌으므로 길호가 처음에 딴 사과는 4.7+1.2=5.9(kg)입니다. ; 5.9 kg

2 [1단계] 5.25 m [2단계] 1.4 m [3단계] 3.85 m

2-1 예 (리본 3개의 길이의 합)=2.08+2.08+2.08=6.24(m)가 됩니다. (겹쳐진 두 부분의 길이의 합)=0.3+0.3=0.6(m)입니다. 따라서 이어 붙인 리본의 전체 길이는 6.24−0.6=5.64(m)입니다. ; 5.64 m

3 [1단계] 0.45 kg [2단계] 0.9 kg
[3단계] 0.145 kg

3-1 예 (농구공 1개의 무게)=(배구공 1개와 농구공 3개의 무게의 합)−(배구공 1개와 농구공 2개의 무게의 합)=2.08−1.48=0.6(kg)입니다.

농구공 2개의 무게의 합은 0.6+0.6=1.2(kg)입니다. 따라서 (배구공 1개의 무게)=(배구공 1개와 농구공 2개의 무게의 합)−(농구공 2개의 무게)=1.48−1.2=0.28(kg)입니다. ; 0.28 kg

4 예 (색 테이프 3개의 길이의 합)=1.48+1.48+1.48=4.44(m)이므로 (겹쳐진 두 부분의 길이의 합)=4.44−3.96=0.48(m)입니다. 0.48=0.24+0.24이므로 겹쳐진 한 부분의 길이는 0.24 m입니다. ; 0.24 m

5 예 강아지 인형 1개와 곰 인형 1개의 무게의 합은 1.071 kg이므로 (강아지 인형 2개와 곰 인형 2개의 무게의 합)=1.071+1.071=2.142(kg)입니다. (곰 인형 1개의 무게)=2.79−2.142=0.648(kg)입니다. 따라서 (강아지 인형 1개의 무게)=(강아지 인형 1개와 곰 인형 1개의 무게)−(곰 인형 1개의 무게)=1.071−0.648=0.423(kg)입니다. ; 0.423 kg

풀이

1 [1단계] 효주는 고구마를 2.45 kg 캤고 지원이에게서 1.26 kg을 받았으므로 지원이에게서 고구마를 받은 후 효주의 고구마의 무게는 2.45+1.26=3.71(kg)입니다.

[2단계] 지원이가 효주에게 1.26 kg을 주고 두 사람의 고구마의 무게가 3.71 kg으로 같아졌으므로 지원이가 처음에 캔 고구마는 3.71+1.26=4.97(kg)입니다.

2 [1단계] (색 테이프 3개의 길이의 합)=1.75+1.75+1.75=5.25(m)

[2단계] (겹쳐진 두 부분의 길이의 합)=0.7+0.7=1.4(m)

[3단계] 5.25−1.4=3.85(m)

3 [1단계] (축구공 1개의 무게)=(야구공 1개와 축구공 3개의 무게의 합)−(야구공 1개와 축구공 2개의 무게의 합)=1.495−1.045=0.45(kg)

[2단계] 0.45+0.45=0.9(kg)

[3단계] (야구공 1개의 무게)=(야구공 1개와 축구공 2개의 무게의 합)−(축구공 2개의 무게)=1.045−0.9=0.145(kg)

정답과 풀이

4 사각형

수학 익힘 풀기 75쪽

1 다, 가 **2** ③ **3** 풀이 참조 **4** 다, 마, 다, 마
5 2쌍 **6** 풀이 참조 **7** 풀이 참조

풀이

2 ① 1쌍 ② 4쌍 ④ 3쌍 ⑤ 1쌍

3

5 직선 가와 직선 바, 직선 나와 직선 라는 서로 평행합니다.

6
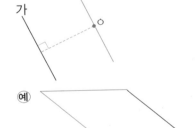

7 예)

수학 익힘 풀기 77쪽

1 4 cm **2** 3.5 cm **3** 풀이 참조 **4** 가, 다, 라 **5** 가, 다, 라, 마, 바 **6** 예) 평행한 변이 있기 때문입니다.

풀이

1 평행선 사이의 선분 중에서 길이가 가장 짧은 선분의 길이를 평행선 사이의 거리라고 합니다.

2 평행선 사이에 수직인 선분을 그리고 그 길이를 재어 봅니다.

3 예)
2 cm

4 평행한 변이 한 쌍이라도 있는 사각형을 사다리꼴이라고 합니다. 나는 평행한 변이 없습니다.

5 나를 제외한 나머지 도형들은 위와 아래의 변이 서로 평행한 사각형이므로 모두 사다리꼴입니다.

6 평행한 변이 한 쌍이라도 있는 사각형을 사다리꼴이라고 합니다.

수학 익힘 풀기 79쪽

1 나 **2** (왼쪽에서부터) 120, 9 **3** 건식 **4** 가, 다 **5** 48 cm **6** 풀이 참조

풀이

1 마주 보는 두 쌍의 변이 서로 평행한 사각형을 평행사변형이라고 합니다.

2 평행사변형은 마주 보는 두 변의 길이가 서로 같고, 이웃한 두 각의 크기의 합은 180°입니다.

3 마주 보는 두 쌍의 변이 서로 평행하므로 마주 보는 두 변의 길이가 같습니다. 평행사변형이 네 변의 길이가 모두 같을 때가 있지만 항상 같은 것은 아닙니다.

4 네 변의 길이가 모두 같은 사각형을 마름모라고 합니다.

5 마름모는 네 변의 길이가 같습니다.
➡ (네 변의 길이의 합)=12×4=48(cm)

6
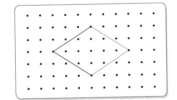

수학 익힘 풀기 81쪽

1 가, 나, 다, 라, 마 **2** 나, 다, 라, 마 **3** 다, 마 **4** 다, 라 **5** 다 **6** ①, ④, ⑤ **7** 아람 **8** ①, ③

풀이

1 사다리꼴을 찾습니다.

2 평행사변형을 찾습니다.

3 마름모를 찾습니다.

4 직사각형을 찾습니다.

5 정사각형을 찾습니다.

6 사각형 **마**는 평행한 변이 있고, 마주 보는 두 쌍의 변이 서로 평행하고, 네 변의 길이가 모두 같습니다.

7 정사각형은 네 변의 길이가 모두 같고 네 각이 모두 직각입니다. 사각형 **마**는 네 변의 길이가 모두 같지만 네 각이 모두 직각이 아닙니다.

8 마름모와 정사각형은 네 변의 길이가 모두 같아야 하므로 만들 수 없습니다.

1회 단원 평가 〔연습〕   82~84쪽

1 가, 라 **2** ㉡ **3** 〔예〕 45°+㉠=90°이므로 ㉠ =90°−45°=45°, ㉡+28°=90°이므로 ㉡=90° −28°=62°입니다. 따라서 ㉡−㉠=62°−45° =17°입니다. ; 17° **4** 직선 다, 직선 마 **5** 2쌍
6 ④ **7** 2 cm **8** 사다리꼴 **9** 풀이 참조
10 2개 **11** (위에서부터) 4, 9 **12** 45° **13**
4 cm **14** 90° **15** 풀이 참조 **16** 12개 **17**
다, 라, 마, 바, 아 **18** 마름모입니다. ; 〔예〕 네 변의
길이가 모두 같기 때문입니다. **19** ③ **20** 8 cm

풀이

2 삼각자에서 직각을 낀 변 중 한 변을 직선 가에 맞추고 직각을 낀 다른 한 변을 따라 선을 그은 것을 찾으면 ㉡입니다.

4 직선 가와 만나서 이루는 각이 직각인 직선을 찾으면 직선 다와 직선 마입니다.

5 평행선은 직선 가와 직선 나, 직선 다와 직선 마로 모두 2쌍 있습니다.

6 평행선 사이에 그은 선분 중 가장 짧은 선분, 즉 수직인 선분을 찾으면 ④입니다.

7 평행선의 한 직선에서 다른 직선에 수선을 긋고 수선의 길이를 재어 보면 2 cm입니다.

8 선을 따라 자르면 삼각형 2개와 사각형 1개가 만들어집니다. 만들어지는 사각형은 한 쌍의 변이 평행하므로 사다리꼴입니다.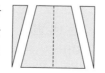

9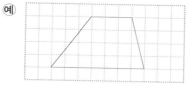

10 두 쌍의 마주 보는 변이 평행한 사각형은 **나**와 **라**로 모두 2개입니다.

11 평행사변형에서 마주 보는 두 변의 길이는 같습니다.

12 평행사변형에서 이웃한 두 각의 크기의 합은 180°이고 (각 ㄱㄴㄷ)=45°이므로
(각 ㄴㄷㄹ)=180°−45°=135°입니다.
따라서 ㉠=135°−90°=45°입니다.

13 마름모는 마주 보는 꼭짓점끼리 이은 선분이 서로를 이등분하므로
(선분 ㄹㅁ)=(선분 ㄴㅁ)=4 cm입니다.

14 마름모는 마주 보는 꼭짓점끼리 이은 선분이 서로 수직으로 만나므로 (각 ㄹㅁㄷ)=90°입니다.

15

16

삼각형 2개짜리: (㉠+㉡), (㉡+㉢), (㉢+㉣),
(㉣+㉤), (㉡+㉦), (㉣+㉨), (㉧+㉦), (㉦+㉩),
(㉩+㉨), (㉨+㉪) ➡ 10개
삼각형 8개짜리: (㉠+㉡+㉢+㉣+㉦+㉩+㉨+
㉪), (㉡+㉢+㉣+㉤+㉧+㉦+㉩+㉨) ➡ 2개
➡ 10+2=12(개)

19 ① 마름모: 다
② 사다리꼴: 가, 나, 다, 라, 마
④ 직사각형: 마
⑤ 평행사변형: 다, 마
네 변의 길이가 모두 같고 네 각이 모두 직각인
정사각형은 찾을 수 없습니다.

20 직사각형은 마주 보는 변의 길이가 같으므로
(나의 네 변의 길이의 합)=10+6+10+6=32(cm)
입니다. 정사각형은 네 변의 길이가 모두 같으므
로 (가의 한 변의 길이)=32÷4=8(cm)입니다.

정답과 풀이

1 직선 라 **2** 직선 가, 직선 나 **3** 풀이 참조
4 ④, ⑤ **5** ⊙, ⓒ **6** 변 ㄴㄷ **7** 12 cm
8 가, 다, 라 **9** ◉ 찾을 수 있는 크고 작은 사다리꼴은 사각형 1개짜리 6개, 사각형 2개짜리 7개, 사각형 3개짜리 2개, 사각형 4개짜리 2개, 사각형 6개짜리 1개입니다. 따라서 6+7+2+2+1=18(개)입니다. ; 18개 **10** ①, ⑤ **11** (위에서부터) 4, 60 **12** ◉ 마주 보는 한 쌍의 변만 평행하기 때문입니다. **13** 마름모
14 14 **15** ⓒ **16** ◉ 마름모는 이웃하는 두 각의 크기의 합이 180°이므로 (각 ㄴㄷㄹ)=180°−75°=105°입니다. (각 ㄹㄷㅁ)=90°이므로 ⊙=105°+90°=195°입니다. ; 195° **17** 가, 나, 다, 라, 마 **18** 2개 **19** ②, ④, ⑤ **20** 18장

풀이

1 직선 가와 만나서 이루는 각이 직각인 직선은 직선 라입니다.

2 직선 라와 수직으로 만나는 직선은 직선 가와 직선 나입니다.

3 ◉

가 ─────────

4 ① 서로 평행한 직선은 직선 나와 직선 마, 직선 다와 직선 라로 모두 2쌍 있습니다.
② 직선 가와 수직인 직선은 직선 나와 직선 마입니다.
③ 직선 다와 평행한 직선은 직선 라입니다.

6 서로 평행한 변은 변 ㄱㄴ과 변 ㄹㄷ이므로 평행선 사이의 거리는 두 변과 수직으로 만나는 변 ㄴㄷ의 길이입니다.

7 (변 ㄱㅇ과 변 ㅂㅅ 사이의 거리)
=4+3+5=12(cm)

8 평행한 변이 한 쌍이라도 있는 사각형을 찾습니다.

10 <평행사변형의 성질>
• 마주 보는 두 변의 길이가 같습니다.
• 마주 보는 두 각의 크기가 같습니다.
• 이웃한 두 각의 크기의 합은 180°입니다.

11 평행사변형은 마주 보는 두 각의 크기가 같고 이웃하는 두 각의 크기의 합이 180°입니다.

13 만들어지는 사각형은 네 변의 길이가 모두 같은 사각형이므로 마름모입니다.

14 마름모는 네 변의 길이가 같으므로
□=56÷4=14(cm)

15

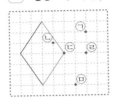

17 평행한 변이 한 쌍이라도 있는 사각형을 찾으면 가, 나, 다, 라, 마입니다.

18 직사각형은 라, 마로 모두 2개입니다.

19 길이가 같은 막대가 2개씩 2쌍 있으므로 사각형은 사다리꼴, 직사각형, 평행사변형을 만들 수 있습니다. 마름모와 정사각형은 네 변의 길이가 같아야 하므로 만들 수 없습니다.

20 가로에 6장, 세로에 3장을 넣을 수 있으므로 모두 6×3=18(장)이 필요합니다.

◉
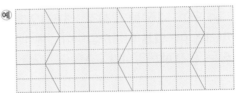

1 ①, ② **2** ⓒ, ㄴ, ㄹ **3** 5개 **4** 변 ㄱㄹ과 변 ㄴㄷ **5** 80° **6** 풀이 참조 **7** ◉ 평행한 두 변은 변 ㄱㄹ과 변 ㄴㄷ입니다. (각 ㄹㄷㄱ)=180°−90°−45°=45°이므로 삼각형 ㄱㄷㄹ은 이등변삼각형입니다. 따라서 (변 ㄹㄷ)=3 cm입니다. ; 3 cm **8** ⑤ **9** ①, ⑤ **10** 30 cm
11 125° **12** 6개 **13** 다 **14** 풀이 참조
15 200° **16** ◉ 정삼각형은 세 변의 길이가 같으므로 (철사의 길이)=12×3=36(cm), 마름모는 네 변의 길이가 같으므로 (마름모의 한 변의 길이)=36÷4=9(cm)입니다. ; 9 cm **17** 정사각형
18 마름모, 정사각형에 ◯표 **19** 직사각형은

정사각형이라고 할 수 없습니다. ; 예 직사각형 중에서는 네 변의 길이가 같지 않은 것도 있기 때문입니다. **20** ①, ②, ⑤

풀이

3

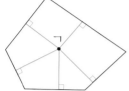

5

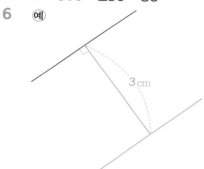

ⓒ=90°−30°=60°, ⓒ=180°−50°=130°
ⓒ+90°+ⓒ+⊙=360°이므로
60°+90°+130°+⊙=360°, 280°+⊙=360°
⊙=360°−280°=80°

6 예

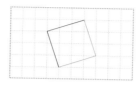

3 cm

8 평행한 변이 한 쌍이라도 있는 사각형을 사다리꼴이라고 합니다.

9 나머지 한 꼭짓점을 ① 또는 ⑤로 해야 마주 보는 한 쌍의 변이 평행하게 됩니다.

10 평행사변형은 마주 보는 두 변의 길이가 같습니다.
(네 변의 길이의 합)=9+6+9+6=30(cm)입니다.

11 (각 ㄴㄷㄹ)=180°−55°=125°
평행사변형은 마주 보는 두 각의 크기가 같으므로 ㉮=(각 ㄴㄷㄹ)=125°입니다.

12 사각형 1개짜리: 2개
사각형 2개짜리: 1개
사각형 3개짜리: 2개
사각형 4개짜리: 1개
➡ 2+1+2+1=6(개)

13 마름모는 네 변의 길이가 같은 사각형입니다.

14

15 마름모에서 이웃하는 두 각의 크기의 합은 180°이므로 ㉠=180°−80°=100°입니다. 또 마주 보는 각의 크기는 같으므로 ㉡=㉠=100°
➡ ㉠+㉡=100°+100°=200°

17 한 변의 길이가 2 cm인 정사각형이 만들어집니다.

18 마주 보는 두 쌍의 변이 서로 평행한 사각형은 마름모, 평행사변형, 정사각형, 직사각형이고, 그 중 네 변의 길이가 모두 같은 사각형은 마름모, 정사각형입니다.

20 직사각형은 마주 보는 두 쌍의 변이 서로 평행하므로 겹쳐진 사각형의 마주 보는 두 쌍의 변이 서로 평행합니다. 따라서 겹쳐진 사각형은 마름모, 사다리꼴, 평행사변형입니다.

4회 단원 평가 실전

91~93쪽

1 변 ㄱㄹ, 변 ㄴㄷ **2** 풀이 참조 **3** 풀이 참조 ; 예 ㉡=90°이므로 38°+㉡+㉠=180°, 38°+90°+㉠=180°, ㉠=180°−90°−38°=52°입니다. ; 52° **4** ①, ④ **5** 풀이 참조 **6** 90° **7** 2 cm **8** 풀이 참조 **9** 사다리꼴입니다. ; 예 평행한 변이 있기 때문에 사다리꼴입니다. **10** 풀이 참조 **11** 14 cm **12** 예 삼각형 ㄹㄷㅁ은 정삼각형이므로 (변 ㄹㅁ)=(변 ㄷㅁ)=10−6=4(cm)입니다. 따라서 (사각형 ㄱㄴㅁㄹ의 네 변의 길이의 합)=6+4+10+4=24(cm)입니다. ; 24 cm **13** ③ **14** 50° **15** 32 cm **16** 52 cm **17** (왼쪽에서부터) 90, 9 **18** 풀이 참조 **19** ㉠ ; 예 마름모는 네 변의 길이는 같지만 네 각의 크기가 모두 같지 않은 것도 있으므로 정사각형이라고 할 수 없습니다. **20** 3조각

풀이

1 직선 가와 만나서 이루는 각이 직각인 변은 변 ㄱㄹ과 변 ㄴㄷ입니다.

2

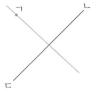

3

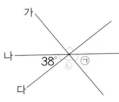

4 ②, ③: 평행한 변만 있습니다.
⑤: 수직인 변도, 평행한 변도 없습니다.

5

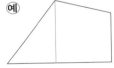

따라서 ㉠=**90**°입니다.

7 평행선은 변 ㄴㄷ과 변 ㅁㄹ이므로 거리를 재어
보면 **2** cm입니다.

8 예

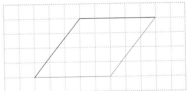

10

11 평행사변형은 마주 보는 두 변의 길이가 같으므
로 (변 ㄱㄴ)+(변 ㄴㄷ)=50÷2=25(cm)
따라서 (변 ㄴㄷ)=25-11=14(cm)입니다.

13 ③ 마름모는 네 각의 크기가 모두 같지는 않습니다.

14 마름모에서 이웃하는 두 각의 크기의 합은 180°
이므로 (각 ㄱㄴㄷ)=180°-130°=50°

15 마름모는 네 변의 길이가 모두 같으므로
(네 변의 길이의 합)=8×4=32(cm)

16 사각형 ㄱㄴㄷㄹ은 평행사변형이므로
(변 ㄱㄴ)=(변 ㄹㄷ)=8 cm,
(변 ㄱㄹ)=(변 ㄴㄷ)=10 cm
사각형 ㄹㄷㅁㅂ은 마름모이므로
(변 ㄹㄷ)=(변 ㄷㅁ)=(변 ㅁㅂ)=(변 ㅂㄹ)
=8 cm

➡ (사각형 ㄱㄴㅁㅂ의 네 변의 길이의 합)
=8+10+8+8+8+10=52(cm)

18 마주 보는 두 쌍의 변이 서로 평행한 사각형

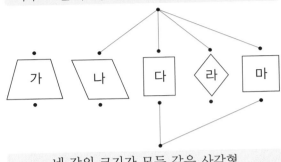

네 각의 크기가 모두 같은 사각형

20

탐구 서술형 평가　　　　94~97쪽

1 **1단계** 풀이 참조　**2단계** 230°　**3단계** 130°
1-1 예 점 ㄱ을 지나고 직선 나에 수직인 직선을
긋고, 그때 만들어진 사각형에서 ㉠을 제외한 세
각은 90°-20°=70°, 90°, 180°-70°=110°이므
로 (세 각의 크기의 합)=70°+90°+110°=270°
입니다. 사각형의 네 각의 크기의 합은 360°이므
로 ㉠=360°-270°=90°입니다. ; 90°

2 **1단계** 4 cm　**2단계** 8 cm　**3단계** 12 cm
2-1 예 직선 가와 직선 나 사이의 거리는 직선
가와 직선 나 사이의 수선의 길이인 12 cm, 직
선 나와 직선 다 사이의 거리는 직선 나와 직
선 다 사이의 수선의 길이인 24 cm이므로 (직
선 가와 직선 다 사이의 거리)=(직선 가와 직선
나 사이의 거리)+(직선 나와 직선 다 사이의 거
리)=12+24=36(cm)입니다. ; 36 cm

3 **1단계** 45°, 60°　**2단계** 75°　**3단계** 75°
3-1 예 마름모 ㄱㄴㄷㄹ에서 (각 ㄱㄹㄷ)=(각 ㄱ
ㄴㄷ)=55°입니다. 마름모 ㄹㅂㅅㅇ에서 (각 ㅇ
ㄹㅂ)=180°-110°=70°입니다. (각 ㄱㄹㄷ)+(각
ㄷㄹㅂ)+(각 ㅇㄹㅂ)=180°이므로 (각 ㄷㄹ
ㅂ)=180°-55°-70°=55°입니다. 따라서 마름모
ㄹㄷㅁㅂ에서 ㉠=(각 ㄷㄹㅂ)=55°입니다. ; 55°

4 예 점 ㄱ을 지나고 직선 나에 수직인 직선을
긋고, 그때 만들어진 사각형에서 ㉡을 제외한 세

각은 각각 90°−35°=55°, 90°, 80°이므로 ㉡
=360°−55°−80°−90°=135°입니다. 따라서 ㉠
=180°−135°=45°입니다. ; 45°

5 예 마름모 ㄱㄴㄷㄹ에서 (각 ㄴㄷㄹ)=(각 ㄹㄱ
ㄴ)=30°입니다. 마름모 ㅅㄷㅁㅂ에서 (각 ㅅㄷ
ㅁ)=180°−100°=80°입니다. (각 ㄴㄷㄹ)+(각 ㄹㄷ
ㅅ)+(각 ㅅㄷㅁ)=180°이므로 (각 ㄹㄷㅅ)=180°
−30°−80°=70°입니다. 따라서 마름모 ㅇㄹㄷ
ㅅ에서 ㉠=180°−70°=110°입니다. ; 110°

풀이

1 **1단계**

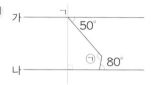

2단계 ㉠을 제외한 세 각은 각각 90°−50°=40°,
90°, 180°−80°=100°이므로 (세 각의 크
기의 합)=40°+90°+100°=230°입니다.

3단계 사각형의 네 각의 크기의 합은 360°이므
로 ㉠=360°−230°=130°입니다.

1-1

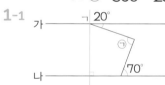

2 **1단계** 직선 가와 직선 나 사이의 수선의 길이는
4 cm입니다.

2단계 직선 나와 직선 다 사이의 수선의 길이는
8 cm입니다.

3단계 (직선 가와 다 사이의 거리)=(직선 가와
직선 나 사이의 거리)+(직선 나와 직선 다
사이의 거리)=4+8=12(cm)입니다.

3 **1단계** 마름모 ㄱㄴㄷㄹ에서
(각 ㄱㄹㄷ)=(각 ㄱㄴㄷ)=45°
마름모 ㄹㅂㅅㅇ에서
(각 ㅇㄹㅂ)=180°−120°=60°

2단계 (각 ㄱㄹㄷ)+(각 ㄷㄹㅂ)+(각 ㅇㄹㅂ)
=180°이므로
(각 ㄷㄹㅂ)=180°−45°−60°=75°

3단계 마름모 ㄹㄷㅁㅂ에서
㉠=(각 ㄷㄹㅂ)=75°

수학 익힘 풀기 99쪽

1 꺾은선그래프 **2** 1만 명 **3** ㉠ 시각 ㉡ 승객
수 **4** 지하철 승객 수 **5** 물결선 **6** (나) **7** 3
월과 4월 사이 **8** ③

풀이

1 수량을 점으로 표시하고, 그 점들을 선분으로 이
어 그린 그래프를 꺾은선그래프라고 합니다.

2 세로 눈금 다섯 칸이 5만 명을 나타냅니다. 따라
서 세로 눈금 한 칸은 1만 명을 나타냅니다.

6 물결선을 사용하면 세로 눈금 칸이 넓어져서 값
들을 더 잘 읽을 수 있습니다.

7 (나) 그래프에서 선이 올라가면서 가장 많이 기
울어진 때는 3월과 4월 사이입니다.

8 가로는 월을, 세로는 몸무게를 나타냅니다. 몸무
게는 점점 무거워지고 있고 가장 무거운 달은 6월입
니다.

수학 익힘 풀기 101쪽

1 기온 **2** 예 1 ℃ **3** 예 0 ℃와 10 ℃ 사이
4 풀이 참조 **5** ㉠ **6** 예 점점 좋아지고 있습니
다. **7** 화요일

풀이

1 가로에 시각을 나타내면 세로에 기온을 나타냅니
다.

3 0과 12 사이에 값이 없으므로 0 ℃와 10 ℃ 사
이를 물결선으로 나타내는 것이 좋습니다.

4

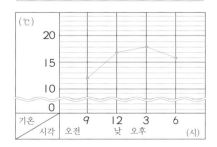
예 오늘의 기온

정답과 풀이

5 ㉠ ➡ ㉡ ➡ ㉢의 순서로 합니다.

6 일요일에서 토요일로 갈수록 수영 기록이 단축되고 있습니다.

7 화요일의 기록은 월요일에 비해 3초로 가장 많이 줄었습니다.

1회 단원 평가 〔연습〕 102~104쪽

1 꺾은선그래프 **2** 월, 기온에 ◯표 **3** 1 ℃
4 월별 평균 기온 **5** ㉠ 시각 ㉡ 기온 **6** 11 ℃
7 오후 3시, 19 ℃ **8** 예 세로 눈금 한 칸이 1 ℃이고 11 ℃부터 표시해야 하기 때문에 시작하는 눈금을 10 ℃로 하는 것이 좋습니다.; 예 10 ℃ **9** 0.2 cm **10** 135.2, 135.8, 136.8, 138.4 **11** ②, ④ **12** (1) 꺾 (2) 막 **13** 길이 **14** 풀이 참조 **15** ① **16** 20.2, 21.4 ; 20 kg에 ◯표 **17** 풀이 참조 **18** 136 kg **19** 10 kg **20** 예 소고기와 돼지고기 판매량의 합은 10월: 222 kg, 11월: 222 kg, 12월: 220 kg, 1월: 230 kg이므로 소고기 판매량과 돼지고기 판매량을 더하여 판매량이 가장 많은 때는 1월입니다. ; 1월

풀이

6 세로 눈금 한 칸은 1 ℃를 나타내므로 오전 6시의 기온은 11 ℃입니다.

7 그래프의 점이 가장 높이 있는 시각을 찾으면 오후 3시이고 그 때의 기온은 19 ℃입니다.

9 세로 눈금 5칸이 1 cm를 나타내므로 세로 눈금 한 칸은 0.2 cm를 나타냅니다.

11 ② 2월에는 1월보다 0.6 cm 더 자랐습니다.
③ 키가 전월과 비교하여 가장 적게 자란 때는 2월입니다.

14
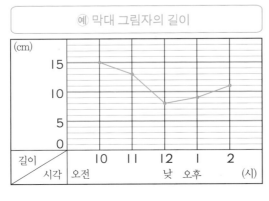
예 막대 그림자의 길이

---

15 몸무게의 변화가 0.1 kg 단위로 나타나므로 세로 눈금 한 칸은 0.1 kg을 나타내는 것이 좋습니다.

17

예 고양이의 무게
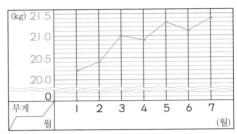

18 소고기 판매량이 가장 많았던 때는 11월이고 이 때의 돼지고기 판매량은 136 kg입니다.

19 전월과 비교하여 소고기 판매량의 변화가 없었던 때는 1월입니다. 1월의 돼지고기 판매량은 12월에 비해 10 kg 더 늘었습니다.

2회 단원 평가 〔도전〕 105~107쪽

1 꺾은선그래프 **2** 2 ℃ **3** ㉣ **4** • 예 눈이 온 날수를 나타내었습니다. • 예 가로는 연도, 세로는 날수를 나타냅니다. **5** 0, 15 **6** 예 세로 눈금 칸이 넓어져서 변화하는 모습이 (가) 그래프보다 잘 나타납니다. **7** 오후 2시 **8** 오후 1시와 2시 사이 **9** 예 5 ℃ **10** ① **11** 풀이 참조 **12** 풀이 참조 **13** 22일과 29일 사이 **14** 예 토마토 싹의 길이가 2 cm, 2 cm, 4 cm, 5 cm만큼 점점 자랐으므로 5 cm가 자란 19 cm쯤 될 것 같습니다. ; 예 19 cm **15** 풀이 참조 **16** 28일 **17** 10일 줄었습니다. **18** 금요일 **19** 배, 8상자 **20** ㉠, ㉡ ; ㉢, ㉣

풀이

2 세로 눈금 5칸이 10 ℃를 나타내므로 세로 눈금 한 칸은 2 ℃를 나타냅니다.

3 ㉣ 세로 눈금 한 칸이 2 ℃를 나타내므로 오전 9시의 기온은 8 ℃입니다.

8 선이 가장 많이 기울어진 때를 찾습니다.

9 오전 11시의 기온인 4 ℃와 12시의 기온인 6 ℃의 중간인 5 ℃였을 것이라고 예상할 수 있습니다.

10 물의 온도가 100 ℃에서 81 ℃까지 변하였으므로 81 ℃ 밑을 물결선으로 나타내는 것이 좋습니다.

11 물의 온도

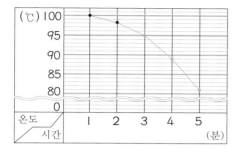

12 예 토마토 싹의 키

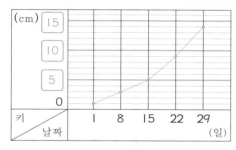

13 선이 올라가면서 가장 많이 기울어진 때를 찾습니다.

15 미세먼지가 나쁨을 기록한 날수

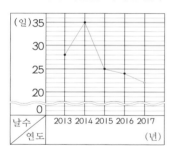

17 미세먼지가 나쁨을 기록한 날수는 2015년은 25일, 2014년은 35일이므로 35−25=10(일) 줄었습니다.

19 월요일의 사과 판매량은 56상자, 배 판매량은 64상자이므로 배가 64−56=8(상자) 더 많이 팔렸습니다.

20 각 항목의 상대적인 크기를 비교할 때는 막대그래프, 연속적으로 자료의 변화하는 모양을 알아볼 때는 꺾은선그래프가 알맞습니다.

3회 단원 평가 기출　　　108~110쪽

1 (나)　**2** 같은 점: 예 가로에는 연도, 세로에는 적설량을 나타냈습니다. ; 다른 점: 예 막대그래프

는 막대로, 꺾은선그래프는 선으로 나타냈습니다. **3** 2권　**4** ㉠ 5월 ㉡ 2월　**5** 2월과 3월 사이 **6** 5월, 12권　**7** ②　**8** 풀이 참조　**9** 6월과 7월 사이　**10** 풀이 참조　**11** 줄어들고, 좋아지고에 ◯표　**12** 4월　**13** 풀이 참조　**14** 예 쌀 소비량이 가장 많은 때는 2013년도로 67.2 kg이고 쌀 소비량이 가장 적은 때는 2017년도로 61.8 kg입니다. ➜ 67.2−61.8=5.4(kg) ; 5.4 kg　**15** (가) 식물　**16** (다) 식물　**17** (나) 식물　**18** 예 (가) 식물은 32−2=30(mm), (나) 식물은 10−2=8(mm), (다) 식물은 28−2=26(mm), (라) 식물은 30−2=28(mm) 자랐으므로 가장 많이 자란 식물은 (가) 식물입니다. ; (가) 식물　**19** 꺾은선그래프　**20** 풀이 참조

풀이

5 선이 가장 적게 기울어진 때는 2월과 3월 사이입니다.

6 선이 올라가면서 가장 많이 기울어진 때는 4월과 5월 사이이고 세로 눈금 한 칸은 2권을 나타내므로 판매량은 12권 늘어 났습니다.

8 민선이의 몸무게

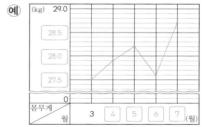

9 선이 가장 많이 기울어진 때는 6월과 7월 사이입니다.

10 예 월별 최고 기록

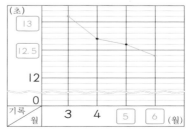

11 달리기 기록은 달린 시간이 적을수록 기록이 좋은 것입니다.

12 전 월에 비해 선이 가장 많이 기울어진 때를 찾습니다.

13

국민 I인당 쌀 소비량

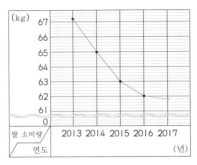

15 선이 처음에는 위쪽으로 천천히 기울다가 시간이 지나면서 많이 기우는 것을 찾습니다.

16 선이 처음에는 위쪽으로 많이 기울다가 시간이 지나면서 적게 기우는 것을 찾습니다.

17 식물이 시들면 식물의 길이가 줄어듭니다. (나) 식물의 선이 올라가지 않다가 내려갔으므로 조사하는 동안 시들기 시작했습니다.

20

월별 멀리뛰기 최고 기록

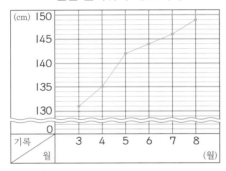

4회 단원 평가 〔실전〕 111~113쪽

1 ③, ④   **2** 2014년과 2015년 사이   **3** 2016년, 16명   **4** 37.2 °C   **5** 0.8 °C   **6** 예 화요일 체온인 38 °C와 목요일 체온인 38.8 °C의 중간이 38.4 °C이기 때문에 38.4 °C라고 예상할 수 있습니다. ; 예 38.4°C   **7** 강수량   **8** 예 0 mm와 40 mm 사이   **9** 풀이 참조   **10** 7시 9분   **11** 예 8분 빨라졌습니다.   **12** 예 해 뜨는 시각이 8분, 7분, 5분 빨라졌으므로 28일보다 4분 정도 빨라질 것입니다. ; 예 오전 6시 45분   **13** 2014년과 2015년 사이   **14** 2015년, 2017년   **15** 152점   **16** 예 연도별 기술 점수와 예술 점수의 합을 구하면 2014년: 76+150=226(점), 2015년:

62+132=194(점), 2016년: 74+152=226(점), 2017년: 80+148=228(점)이므로 점수가 가장 높은 때는 2017년입니다. ; 2017년   **17** 10.6톤
18 풀이 참조   **19** 2.9톤   **20** ②, ⑤

풀이

9

예 월별 강수량

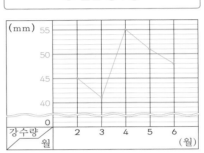

15 기술 점수가 74점인 때는 2016년입니다. 2016년의 예술 점수는 152점입니다.

17 세로 눈금 한 칸은 0.2톤을 나타냅니다.

18

온실가스 배출량

연도(년)	2000	2005	2010	2015
배출량 (톤)	10.6	11.6	13.3	13.5

온실가스 배출량

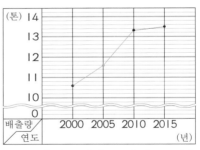

2010년의 I인당 온실가스 배출량이 13.3톤이므로 2005년의 I인당 온실가스 배출량은 13.3−1.7=11.6(톤)입니다.

19 13.5−10.6=2.9(톤)

탐구 서술형 평가 114~117쪽

1 **1단계** 35.8초   **2단계** 36.2초   **3단계** 0.4초
1-1 예 시원이가 전월과 비교하여 성적이 가장 많이 오른 때는 7월이고 그때의 성적은 96점입니

다. 영희가 전월과 비교하여 성적이 가장 많이 오른 때는 7월이고 그때의 성적은 94점입니다. 따라서 두 사람의 성적의 차는 96−94=2(점)입니다. ; 2점

2 **1단계** 15일 **2단계** ㉠ 7일 ㉡ 8일 **3단계** 풀이 참조

2-1 **예** 2013년부터 2015년까지 기온이 영하로 내려간 날수는 6+9+4=19(일)이므로 2016년과 2017년에 기온이 영하로 내려간 날은 모두 40−19=21(일)입니다. 2016년에 기온이 영하로 내려간 날수를 ▢일이라고 하면 ▢+▢+3=21, ▢+▢=18, ▢=9이므로 기온이 영하로 내려간 날수는 2016년이 9일, 2017년이 9+3=12(일)이고, 2016년이 9일, 2017년이 12일이 되도록 꺾은선그래프를 완성합니다. ; 풀이 참조

3 **1단계** 6월 **2단계** 6칸 **3단계** 0.6 kg

3-1 **예** 두 사람의 키의 차가 가장 큰 때는 키를 나타내는 두 점의 간격이 가장 큰 7월입니다. 7월에 두 사람의 키를 나타내는 점의 간격은 세로 눈금 4칸만큼 차이가 납니다. 세로 눈금 한 칸은 1 cm를 나타내므로 두 사람의 키의 차가 가장 큰 때의 키의 차는 4 cm입니다. ; 4 cm

4 **예** 그래프에서 작은 눈금 한 칸은 1일을 나타내므로 8월은 15일, 9월은 7일입니다. 7월부터 10월까지 비가 온 날수는 20+15+7+5=47(일)이므로 5월과 6월에 비가 온 날은 모두 69−47=22(일)입니다. 5월에 비가 온 날수를 ▢일이라고 하면, ▢+▢+2=22, ▢+▢=20, ▢=10이므로 비가 온 날수는 5월이 10일, 6월이 12일입니다. ; 풀이 참조

5 **예** 두 사람의 저금액의 차가 가장 큰 때는 4월이고, 가장 작은 때는 5월입니다. 4월과 5월에 두 사람의 저금액을 나타내는 점의 간격은 각각 세로 눈금 13칸, 2칸만큼 차이가 납니다. 세로 눈금 한 칸은 200원을 나타내므로 두 사람의 저금액의 차가 가장 큰 때의 저금액의 차는 200×13=2600(원), 저금액의 차가 가장 작은 때의 저금액의 차는 200×2=400(원)입니다. ; 2600원, 400원

풀이

1 **1단계** 전월과 비교하여 기록이 가장 많이 좋아진 때

는 4월이고 그때의 기록은 35.8초입니다.

2단계 전월과 비교하여 기록이 가장 많이 좋아진 때는 5월이고 그때의 기록은 36.2초입니다.

3단계 36.2−35.8=0.4(초)

2 **1단계** 2012년부터 2014년까지 눈이 온 날수는 4+6+11=21(일)이므로 2015년과 2016년에 눈이 온 날은 모두 36−21=15(일)입니다.

2단계 2015년에 눈이 온 날수를 ▢일이라고 하면 ▢+▢+1=15, ▢+▢=14, ▢=7이므로 눈이 온 날은 2015년에 7일, 2016년에 8일입니다.

3단계

눈이 온 날수

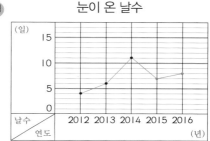

2-1

기온이 영하로 내려간 날수

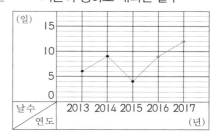

4

월별 비가 온 날수

월(월)	5	6	7	8	9	10
날수(일)	10	12	20	15	7	5

월별 비가 온 날수

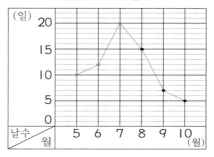

6 다각형

수학 익힘 풀기   119쪽

1 나, 다   **2** (1) 가 (2) 라   **3** 오각형, 육각형   **4** (위에서부터) 8, 7 ; 팔각형, 칠각형   **5** (위에서부터) 5, 6 ; 5, 6   **6** 십사각형

풀이

1 나, 다와 같이 선분으로만 둘러싸인 도형을 다각형이라고 합니다.

3 변의 수가 5개인 다각형은 오각형이고, 6개인 다각형은 육각형입니다.

6 변의 수가 14개인 다각형은 십사각형입니다.

수학 익힘 풀기   121쪽

1 가, 나, 다, 라   **2** 가, 다, 라   **3** 가, 다, 라   **4** 36 cm   **5** 풀이 참조   **6** 라, 나, 다, 가   **7** 다   **8** (1) ✕ (2) ◯

풀이

4 정육각형은 변의 길이가 모두 같으므로 모든 변의 길이의 합은 $6 \times 6 = 36$(cm)입니다.

5

6 가: 0개   나: 5개   다: 2개   라: 9개

7 정사각형에 그을 수 있는 두 대각선은 길이가 같고 서로 수직으로 만납니다.

수학 익힘 풀기   123쪽

1 가   **2** 6개   **3** 2개   **4** 예 사각형   **5** 풀이 참조   **6** 풀이 참조

풀이

1 변의 길이가 모두 같고, 각의 크기가 모두 같은 다각형은 정삼각형인 가 모양 조각입니다.

2 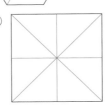 ➡ 모양 조각이 6개 필요합니다.

3 ➡ 모양 조각이 2개 필요합니다.

5 예

6

1회 단원 평가 (연습) 124~126쪽

1 다각형   **2** (   ) (✕) (   ) (✕)   **3** 가   **4** (1)—ⓒ (2)—㉠   **5** 칠각형   **6** 정오각형   **7** 예 정육각형은 변의 길이와 각의 크기가 모두 같아야 하므로 바르게 그린 사람은 동우입니다. ; 동우   **8** 정팔각형   **9** 13 cm   **10** (   ) (◯)   **11** 풀이 참조   **12** 9개   **13** 가, 라   **14** 예 직사각형은 두 대각선의 길이가 같습니다. ➡ (선분 ㄱㄷ)=(선분 ㄴㄹ)=13 cm ; 13 cm   **15** 라, 정육각형   **16** 3개   **17** 풀이 참조   **18** 예 삼각형 ; 예 사각형   **19** ㉠, ⓒ에 ◯표   **20** 풀이 참조

풀이

9 정오각형은 변이 5개이고 길이가 모두 같습니다. ➡ (한 변의 길이)=$65 \div 5 = 13$(cm)

11

12

13 두 대각선이 서로 수직으로 만나는 사각형은 마름모와 정사각형입니다.

16

 ➡ **3개**

17 ㉠

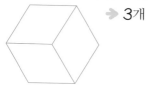

19 서로 겹치지 않게 이어 붙였습니다.

20 방법1   방법2

㉠   ㉠

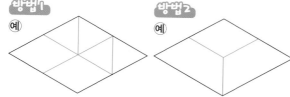

2회 단원 **평가** 도전   127~129쪽

1 나, 라, 바 **2** 라 **3** ㉠ 선분만으로 둘러싸인 도형이 아니고 곡선으로 둘러싸인 도형이기 때문입니다. **4** 칠각형 **5** 풀이 참조 **6** 변, 각
7 (   ) (   ) (◯) **8** 정구각형
9 ㉠ 정팔각형은 변이 8개이고, 8개의 변의 길이가 모두 같으므로 모든 변의 길이의 합은 12×8=96(cm)입니다. ; **96 cm** **10** 대각선 **11** 풀이 참조 **12** ④ **13** ㉡, ㉣ **14** **24 cm** **15** ㉠ 삼각형, ㉠ 사각형 **16** 풀이 참조 **17** 6개 **18** 풀이 참조 **19** 풀이 참조
20 풀이 참조

풀이

5 ㉠

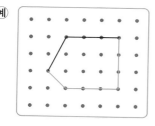

11

12 원, 삼각형: **0개**
마름모, 직사각형: **2개**
육각형: **9개**

13 ㉡   ㉣

14 (선분 ㄱㄷ)=6+6=12(cm)이므로 두 대각선의 길이의 합은 12+12=24(cm)입니다.

16 ㉠

17

18

19

20 ㉠

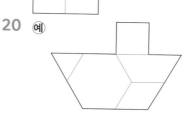

3회 단원 **평가** 기출   130~132쪽

1 가, 나, 라 **2** 다, 마 ; ㉠ 다각형은 선분으로만 둘러싸인 도형인데 다와 마는 곡선도 있기 때문에 다각형이 아닙니다. **3** 육각형 **4** 십일각형
5 수지 **6** (◯) (   ) (◯) (   )

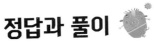
7 풀이 참조   **8** 예 10개의 선분으로 둘러싸였으므로 십각형이고 변의 길이와 각의 크기가 모두 같으므로 정십각형입니다. ; 정십각형   **9** 정육각형   **10** 풀이 참조   **11** 7개   **12** 풀이 참조 ; 예 꼭짓점의 수가 많은 다각형일수록 더 많은 대각선을 그을 수 있습니다.   **13** ②   **14** 90, 8   **15** 나, 예 사각형   **16** 12개   **17** 풀이 참조 ; 예 사각형   **18** 풀이 참조   **19** 풀이 참조   **20** 풀이 참조

풀이

5 민호가 그린 것은 칠각형입니다.

7

9 정다각형은 모든 변의 길이가 같으므로
(변의 수)=84÷14=6(개)입니다.
따라서 정육각형입니다.

10

11 가는 0개, 나는 5개, 다는 2개로 모두 7개입니다.

12

14 정사각형의 두 대각선은 서로 수직으로 만나므로 (각 ㄱㅇㄹ)=90°입니다.
정사각형에서 두 대각선의 길이는 같고 한 대각선이 다른 대각선을 반으로 나눕니다. 따라서 (선분 ㄱㄷ)=(선분 ㄴㄹ)=4+4=8(cm)입니다.

16 모양 조각 나를 1개 만드는 데 모양 조각 가는 3개가 필요합니다. 따라서 4개 만드는 데는 4×3 =12(개)가 필요합니다.

17 예

18 예

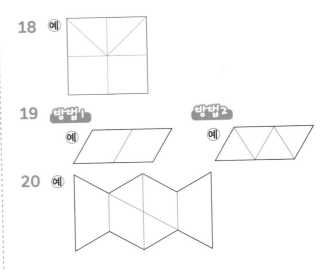

19 방법1   방법2
예   예

20 예

4회 단원 평가   실전   133~135쪽

1 가, 나, 라, 사   **2** 라   **3** (   ) (○) (○)   **4** 오각형   **5** 풀이 참조   **6** 예 마름모는 변의 길이는 모두 같지만 각의 크기가 모두 같지 않으므로 정다각형이 아닙니다.   **7** 풀이 참조   **8** 정팔각형   **9** 정십이각형   **10** 풀이 참조   **11** 예 삼각형은 꼭짓점 3개가 서로 이웃하고 있어서 대각선을 그을 수 없습니다.   **12** 라, 바   **13** 바   **14** 예 직사각형은 대각선의 길이가 같고, 한 대각선이 다른 대각선을 반으로 나눕니다. 또한 삼각형 ㅇㄷㄹ이 정삼각형이므로 (선분 ㄹㄷ)=(선분 ㅇㄹ)=(선분 ㅇㄷ)=5 cm입니다. 따라서 (선분 ㄱㄷ)=(선분 ㅇㄷ)×2=5×2=10(cm)입니다. ; 10 cm   **15** 삼각형, 육각형에 ○표   **16** 예 길이가 같은 변끼리 이어 붙여서 만들었습니다. 빈틈없이 이어 붙였습니다. 서로 겹치지 않게 이어 붙였습니다.   **17** 5개   **18** 나   **19** 풀이 참조   **20** 풀이 참조

풀이

2 변의 길이와 각의 크기가 모두 같은 것은 라입니다.

5 예

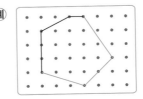

7

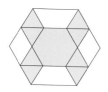

9 정다각형은 모든 변의 길이가 같으므로
72÷6=12에서 변의 수는 12개입니다.
따라서 정십이각형입니다.

10 (1) (2)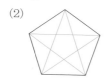

12 대각선의 길이가 같은 사각형은 직사각형인 라
와 정사각형인 바입니다.

13 정사각형은 두 대각선이 서로 수직으로 만나고,
길이가 같습니다.

17 예 ➡ 5개

19

20 방법1 예  방법2 예

탐구 서술형 평가

136~139쪽

1 1단계 12 cm 2단계 6 cm 3단계 18 cm
1-1 예 정육각형의 한 변의 길이는 78÷6=
13(cm)이므로 정삼각형의 한 변의 길이는 13 cm
입니다. 따라서 정삼각형 1개의 세 변의 길이의 합
은 13×3=39(cm)입니다. ; 39 cm
2 1단계 사각형 2단계 ㉡, ㉢ 3단계 ㉡
2-1 예 대각선이 2개인 도형은 사각형입니다. 사
각형 중 두 대각선이 서로 수직으로 만나는 도형
은 가, 나입니다. 이 중 두 대각선의 길이가 다른
것은 나입니다. ; 나
3 1단계 풀이 참조 2단계 3개 3단계 540°
3-1 예 한 꼭짓점에서 그을 수 있는 대각선은 3개

입니다. 한 꼭짓점에서 그을 수 있는 대각선을 모
두 그으면 삼각형 4개로 나누어집니다. 따라서 육
각형의 여섯 각의 크기의 합은 180°×4=720°입
니다. ; 720°

4 예 정다각형을 서로 붙여 놓은 것이므로 주
어진 도형의 모든 변의 길이는 7 cm로 같고, 도
형의 모든 변의 길이의 합은 모두 15개입니다.
따라서 주어진 도형의 모든 변의 길이의 합은
7×15=105(cm)입니다. ; 105 cm

5 예 정오각형은 삼각형 3개로 나누어지므로 다섯 각
의 크기의 합은 180°×3=540°입니다. 정오각형의
다섯 각의 크기는 모두 같으므로 정오각형의 한 각의
크기는 540°÷5=108°입니다. 삼각형 ㄴㄷㄹ에서
(변 ㄷㄴ)=(변 ㄷㄹ)이므로 이등변삼각형입니다. 따라
서 (각 ㄷㄴㄹ)=(각 ㄷㄹㄴ)이고 (각 ㄷㄴㄹ)+(각 ㄷㄹ
ㄴ)=180°−108°=72°, (각 ㄷㄹㄴ)=72°÷2=36°
이므로 ㉠의 크기는 36°입니다. ; 36°

풀이

1 1단계 36÷3=12(cm)
2단계 12÷2=6(cm)
3단계 6×3=18(cm)

2 2단계 두 대각선의 길이가 같은 사각형은 정사각
형, 직사각형입니다.
3단계 두 대각선이 서로 수직으로 만나는 사각형
은 정사각형입니다.

3 1단계  한 꼭짓점에서 그을 수
있는 대각선은 2개입
니다.

2단계 삼각형 3개로 나누어집니다.
3단계 삼각형의 세 각의 크기의 합은 180°이므
로 오각형의 다섯 각의 크기의 합은
180°×3=540°입니다.

3-1

100점 예상문제 1회

1 풀이 참조 ; 6, 1, 1　2 ㉠ $1\frac{2}{8}$ ㉡ $\frac{4}{8}$　3 5

4 (1)―㉠ (2)―㉢ (3)―㉡　5 $5\frac{4}{10}+2\frac{6}{10}=8$;

8 L　6 $1\frac{5}{7}$　7 ㉲ 어떤 수를 □라고 하면 □

$-2\frac{3}{4}=3\frac{3}{4}$, □$=3\frac{3}{4}+2\frac{3}{4}=6\frac{2}{4}$입니다. 따라

서 바르게 계산하면 $6\frac{2}{4}+2\frac{3}{4}=9\frac{1}{4}$이므로 바르

게 계산한 값과 잘못 계산한 값의 차는 $9\frac{1}{4}-3\frac{3}{4}$

$=5\frac{2}{4}$입니다. ; $5\frac{2}{4}$　8 ㄱㄷ, ㄱㄷㄴ ; 이등변

삼각형에 ○표　9 라　10 50　11 풀이 참조

12 ㉲ 세 각의 크기는 모두 60°입니다. 따라서 정

삼각형의 세 각의 크기는 같습니다.　13 나, 바 ;

가, 마 ; 다, 라　14 ④, ⑤　15 ㉠ 4.95 ㉡ 5.02

16 지수　17 0.45, 0.045　18 ①　19 17.21

20 0.42 kg

풀이

1 ㉲

2 합: $\frac{3}{8}+\frac{7}{8}=\frac{10}{8}=1\frac{2}{8}$, 차: $\frac{7}{8}-\frac{3}{8}=\frac{4}{8}$

3 $\frac{9}{12}-\frac{□}{12}=\frac{9-□}{12}<\frac{5}{12}$이므로

□ 안에 들어갈 수 있는 수는 5, 6, 7, 8입니다.

4 (1) $4\frac{2}{9}+\frac{4}{9}=4+\frac{6}{9}=4\frac{6}{9}$

(2) $7\frac{1}{9}-1\frac{4}{9}=6\frac{10}{9}-1\frac{4}{9}=5\frac{6}{9}$

(3) $3\frac{7}{9}+1\frac{2}{9}=4+\frac{9}{9}=4+1=5$

5 $5\frac{4}{10}+2\frac{6}{10}=7+\frac{10}{10}=7+1=8$(L)

6 (㉠의 세 변의 길이의 합)$=3\frac{5}{7}+2\frac{6}{7}+2\frac{2}{7}=8\frac{6}{7}$

(cm)이므로 □$=8\frac{6}{7}-3\frac{4}{7}-3\frac{4}{7}=1\frac{5}{7}$(cm)입니다.

---

10 두 변의 길이가 같으므로 이등변삼각형입니다.
이등변삼각형은 두 각의 크기가 같으므로
□=50°입니다.

11 (풀이 참조 — 삼각형 그림)

13 예각삼각형: 세 각이 예각인 삼각형
둔각삼각형: 한 각이 둔각인 삼각형
직각삼각형: 한 각이 직각인 삼각형

14 두 각의 크기가 같으므로 이등변삼각형입니다.
(나머지 한 각의 크기)=180°-30°-30°=120°
이므로 둔각삼각형입니다.

15 작은 눈금 한 칸은 0.01을 나타내므로
㉠: 4.9에서 오른쪽으로 5칸 간 수 ➡ 4.95
㉡: 5.0에서 오른쪽으로 2칸 간 수 ➡ 5.02

16 1296 m=1.296 km
1.68>1.296이므로 더 많이 걸은 사람은 지수
입니다.

17 소수의 $\frac{1}{10}$을 구하면 소수점을 기준으로 수가
오른쪽으로 한 자리 이동하고, $\frac{1}{100}$을 구하면
소수점을 기준으로 수가 오른쪽으로 두 자리 이
동합니다.

18 ① 5.7 ② 4.5 ③ 4.6 ④ 4 ⑤ 5.2

19 만들 수 있는 소수 두 자리 수 중 가장 큰 수
는 8.65, 둘째로 큰 수는 8.56이므로 합은
8.65+8.56=17.21입니다.

20 4-1.5-2.08=2.5-2.08=0.42(kg)

100점 예상문제 2회

1 세운　2 ㉲ 평행선은 서로 만나지 않습니다. 직
선 가와 직선 나를 길게 늘이면 한 점에서 만나므
로 평행선이 아닙니다.　3 가, 다, 라, 마, 바　4
(위에서부터) 60, 120　5 12 cm　6 ②, ⑤
7 5가지　8 꺾은선그래프　9 3.8, 3, 1.4, 0.8,
2.6　10 • ㉲ 최고 기온이 가장 높은 날은 1일이
고 가장 낮은 날은 22일입니다. • ㉲ 최고 기온

이 가장 많이 떨어진 때는 8일과 15일 사이입니다. **11** 키 **12** 풀이 참조 **13** 4월과 5월 사이 **14** 예 38 cm **15** 가, 다, 라, 바 **16** 가, 바 **17** 예 정구각형은 모든 변의 길이가 같으므로 둘레의 길이는 8×9=72(cm)입니다. ; 72 cm **18** 14개 **19** 10 cm **20** 18개

풀이

1 직선 가에 대한 수선은 직선 다와 직선 마입니다.

4

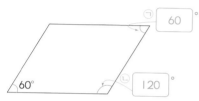

평행사변형은 마주 보는 두 각의 크기가 같으므로 ㉠=60°, 이웃한 두 각의 크기의 합이 180°이므로 ㉡=180°-60°=120°

5 마름모는 네 변의 길이가 모두 같으므로 만들 수 있는 가장 큰 마름모의 한 변의 길이는 48÷4=12(cm)입니다.

6 마주 보는 두 쌍의 변이 서로 평행하므로 평행사변형이고 사다리꼴입니다.

7 만들 수 있는 사각형은 마름모, 사다리꼴, 정사각형, 직사각형, 평행사변형으로 모두 5가지입니다.

12

화초의 키

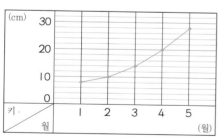

13 선이 올라가면서 가장 많이 기울어진 때를 찾으면 4월과 5월 사이입니다.

14 화초의 키가 전월보다 차례로 2 cm, 4 cm, 6 cm, 8 cm 자랐으므로 10 cm 더 자란 38 cm로 예상할 수 있습니다.

15 선분으로 둘러싸인 도형은 가, 다, 라, 바입니다.

16 각의 크기와 변의 길이가 모두 같은 다각형은 가, 바입니다.

18 한 꼭짓점에서 대각선을 4개 그을 수 있고, 각의 꼭짓점에서 그은 대각선은 서로 한 번씩 겹쳐지므로 칠각형에 그을 수 있는 대각선의 수는 4×7=28, 28÷2=14(개)입니다.

19 직사각형은 두 대각선의 길이가 같으므로 (선분 ㄱㄷ)=(선분 ㄴㄹ)=10 cm입니다.

20 그림과 같이 모양 조각 나를 1개 만들려면 모양 조각 가가 6개 필요합니다. 따라서 모양 조각 나를 3개 만들려면 모양 조각 가는 6×3=18(개) 필요합니다.

100점 예상문제 3회 148~150쪽

1 ⑤ **2** 예 $\frac{19}{4}=4\frac{3}{4}$이므로 가장 큰 수인 $\frac{19}{4}$와 둘째로 큰 수 $3\frac{1}{4}$의 합을 구하는 덧셈식을 만듭니다. 따라서 $\frac{19}{4}+3\frac{1}{4}=4\frac{3}{4}+3\frac{1}{4}=8$입니다. ; 8 **3** (1) $12\frac{1}{4}$ (2) $1\frac{6}{8}$ **4** $2\frac{2}{4}$ cm **5** 6 cm **6** 120° **7** 둔각삼각형 **8** 0.76 ; 영 점 칠육 **9** 2, 1, 3 **10** 0.61 km **11** ③ **12** 풀이 참조 **13** 예 마름모는 마주 보는 두 각의 크기가 같으므로 (각 ㄱㄹㄷ)=(각 ㄱㄴㄷ)=70°이고 네 변의 길이가 같으므로 삼각형 ㄱㄷㄹ은 이등변삼각형입니다. 따라서 180°-70°=110° ➡ ㉠=110°÷2=55°입니다. ; 55° **14** ㉣ **15** 1학년과 2학년 사이 **16** 예 필요없는 부분을 줄여서 나타내기 때문에 변화하는 모습이 더 잘 나타납니다. **17** 8 cm **18** 예 다각형은 선분으로만 둘러싸인 도형인데 곡선이 있기 때문에 다각형이 아닙니다. **19** ㉠ **20** 풀이 참조

풀이

1 $1=\frac{5}{5}$, $2=\frac{10}{5}$이므로 $\frac{5}{5}<\frac{3+\square}{5}<\frac{10}{5}$ 따라서 □ 안에 들어갈 수 있는 수는 3, 4, 5, 6입니다.

3 (1) $5\frac{3}{4}+6\frac{2}{4}=11+\frac{5}{4}=11+1\frac{1}{4}=12\frac{1}{4}$

(2) $9-7\frac{2}{8}=8\frac{8}{8}-7\frac{2}{8}=1\frac{6}{8}$

정답과 풀이

4 (색칠한 부분의 길이)

$$=8\frac{3}{4}+6\frac{1}{4}-12\frac{2}{4}=15-12\frac{2}{4}$$
$$=14\frac{4}{4}-12\frac{2}{4}=2\frac{2}{4}(cm)$$

5 이등변삼각형은 두 변의 길이가 같습니다. 길이가 같은 두 변의 길이의 합은 $20-8=12$(cm)이므로 길이가 같은 두 변 중 한 변의 길이는 $12÷2=6$(cm)입니다.

6 삼각형 ㄱㄴㄷ은 정삼각형입니다.
(각 ㄴㄱㄷ)$=60°$이므로 ㉠$=180°-60°=120°$입니다.

7 (나머지 한 각의 크기)$=180°-40°-45°=95°$이므로 둔각삼각형입니다.

8 0.1이 7개 ➡ 0.7
0.01이 6개 ➡ 0.06

9
$$\begin{array}{r} 2.73 \\ +3.08 \\ \hline 5.81 \end{array} \quad \begin{array}{r} 4.38 \\ +1.5 \\ \hline 5.88 \end{array} \quad \begin{array}{r} 2.75 \\ +2.86 \\ \hline 5.61 \end{array}$$

10 850 m$=0.85$ km입니다.
(연준이네 집~약국~병원까지의 거리)
$=1.46+0.85=2.31$(km)
이므로 곧바로 병원까지 가는 길보다
$2.31-1.7=0.61$(km) 더 멉니다.

11 각도기에서 $90°$가 되는 눈금 위에 찍은 점 ③과 이어야 합니다.

12 ⑩

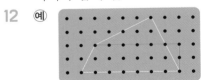

한 꼭짓점만 옮겨서 마주 보는 한 쌍의 변이 서로 평행하도록 합니다.

14 ㉣ 세로 눈금 한 칸은 2 cm를 나타내므로 4학년 때는 3학년 때보다 키가 6 cm 더 자랐습니다.

15 선이 가장 많이 기울어진 때를 찾습니다.

17 철사를 모두 사용하여 만들면 한 변은
$48÷6=8$(cm)입니다.

19 마름모는 두 대각선의 길이가 항상 같지는 않습니다.

20 ⑩

100점 예상문제 4회

151~153쪽

1 = **2** $1\frac{2}{4}$ **3** ⑩ ★$=7\frac{2}{7}-3\frac{5}{7}=3\frac{4}{7}$입니다.
$3\frac{4}{7}-1\frac{5}{7}=$♥이므로 ♥$=3\frac{4}{7}-1\frac{5}{7}=1\frac{6}{7}$, 따라서 ★$-$♥$=3\frac{4}{7}-1\frac{6}{7}=1\frac{5}{7}$입니다. ; $1\frac{5}{7}$ **4** ③
5 27 cm **6** 90° **7** 3개 **8** 4, 0.4 **9** ⑩
15.3㉡8에서 ㉡이 0이 아니면 ㉠에 어떤 숫자가 들어가더라도 15.30㉠$<$15.3㉡8이므로 ㉡$=$0입니다. 15.30㉠$>$15.308이므로 ㉠$=$9입니다. ; ㉠ 9 ㉡ 0 **10** 14.8 kg **11** 2.1 **12** 3개
13 풀이 참조 **14** ㉠ 2개 ㉡ 1개 **15** ⑩ 1일
16 ⑩ 0일과 15일 사이 **17** 풀이 참조 **18** 칠각형 **19** 정육각형, 9개 **20** ⑩ 마름모의 두 대각선은 한 대각선이 다른 대각선을 반으로 나누므로 선분 ㄱㅁ의 길이는 9 cm입니다. ; 9 cm

풀이

1 $\frac{4}{7}+\frac{5}{7}=\frac{9}{7}=1\frac{2}{7}$

$3\frac{1}{7}-1\frac{6}{7}=2\frac{8}{7}-1\frac{6}{7}=1\frac{2}{7}$

2 $3\frac{3}{4}+1\frac{1}{4}=4+\frac{4}{4}=4+1=5$이므로

$\square+3\frac{2}{4}=5.$ $\square=5-3\frac{2}{4}=4\frac{4}{4}-3\frac{2}{4}=1\frac{2}{4}$

4 이등변삼각형은 두 변의 길이가 같은 삼각형입니다. 정삼각형은 이등변삼각형이라고 할 수 있습니다.

5 그린 삼각형은 정삼각형이므로
(세 변의 길이의 합)$=9×3=27$(cm)입니다.

6 (각 ㄴㄱㄷ)$=180°-75°-75°=30°$이고
(각 ㄷㄱㄹ)$=60°$입니다.
따라서 ㉠$=30°+60°=90°$입니다.

7 세 각이 모두 예각인 삼각형을 찾으면 나, 마, 바로 모두 3개입니다. 가, 라, 사는 직각삼각형이고 다는 둔각삼각형입니다.

8

	일의 자리	소수 첫째 자리	소수 둘째 자리	소수 셋째 자리
숫자	6	4	0	7
나타내는 수	6	0.4	0	0.007

10 야구공 100개의 무게는 0.148 kg의 100배이므로 14.8 kg입니다.

11 10.3−㉠=5.7, ㉠=10.3−5.7=4.6
5.7−3.2=㉡, ㉡=2.5
➡ ㉠−㉡=4.6−2.5=2.1

12 수선과 평행선이 모두 있는 글자는 ㄷ, ㄹ, ㅍ으로 모두 3개입니다.

13

주어진 직선의 위쪽과 아래쪽에 평행한 직선을 각각 1개씩 긋습니다.

14 직사각형: 가, 바
정사각형: 바

15 22, 20, 18, 25, 16을 잘 표시하려면 세로 눈금 한 칸은 1일을 나타내는 것이 좋습니다.

16 가장 작은 값이 16이므로 0일과 15일 사이에 넣으면 좋습니다.

17

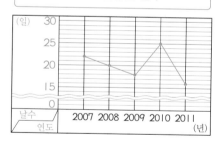

황사가 발생한 날수

19 정육각형이고, 정육각형의 대각선의 수는
3×6=18 ➡ 18÷2=9(개)입니다.

100점 예상문제 5회   154~156쪽

1 ㉢, ㉣   **2** ⑩ 만들 수 있는 분모가 7인 대분수 중에서 가장 큰 수는 $9\frac{5}{7}$, 가장 작은 수는 $1\frac{3}{7}$입니다.
따라서 합을 구하면 $9\frac{5}{7}+1\frac{3}{7}=11\frac{1}{7}$입니다. ; $11\frac{1}{7}$

3 $2\frac{3}{5}$ km   **4** (1) 24 cm (2) 24 cm   **5** ⑩ 삼각형 ㄱㄴㄷ은 이등변삼각형이므로 (각 ㄱㄴㄹ)=45°

입니다. 삼각형 ㄱㄹㅁ은 정삼각형이므로 (각 ㄱㄹㅁ)=60°, (각 ㄱㄹㄴ)=180°−60°=120°입니다. 따라서 삼각형 ㄱㄹㄴ에서 ㉠=180°−45°−120°=15°입니다. ; 15°   **6** 풀이 참조   **7** 풀이 참조 ; >   **8** 2.27   **9** 0.68 km   **10** 42°   **11** 풀이 참조   **12** (위에서부터) 90, 13, 12   **13** ⑩ (가의 네 변의 길이의 합)=10+8+10+8=36(cm)이므로 (나의 한 변의 길이)=36÷4=9(cm)입니다. ; 9 cm   **14** 14, 20, 22, 10   **15** 2월   **16** • ⑩ 영하로 내려간 날수가 가장 적은 달은 3월입니다. • ⑩ 3월 이후에는 영하로 내려간 날수가 더 적어질 것입니다.   **17** 팔각형   **18** ⑩ 변의 길이는 모두 같지만 각의 크기가 모두 같지 않으므로 정다각형이 아닙니다.   **19** ②, ⑤   **20** ㉠ 2개 ㉡ 1개

풀이

1 ㉠ $\frac{5}{9}+\frac{3}{9}=\frac{8}{9}$

㉡ $1-\frac{1}{3}=\frac{3}{3}-\frac{1}{3}=\frac{2}{3}$

㉢ $4\frac{3}{7}-3\frac{1}{7}=1\frac{2}{7}$

㉣ $1\frac{2}{5}+\frac{4}{5}=\frac{7}{5}+\frac{4}{5}=\frac{11}{5}=2\frac{1}{5}$

3 $4-1\frac{2}{5}=3\frac{5}{5}-1\frac{2}{5}=2\frac{3}{5}$(km)

4 (1) 9+9+6=24(cm)   (2) 8×3=24(cm)

6 ⑩

7

수직선에서는 오른쪽에 있는 수가 더 큽니다.

8 □=1.34+0.93=2.27

9 (경인이가 달린 거리)=1−0.2=0.8(km)이므로 (시원이가 달린 거리)=0.8−0.12=0.68(km)입니다.

10 ㉡=90°이고 ㉠+㉡+42°=180°이므로
㉠+90°+42°=180°, ㉠+132°=180°,
㉠=180°−132°=48°입니다.
따라서 ㉡−㉠=90°−48°=42°입니다.

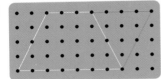

11 예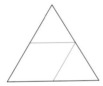

마주 보는 두 쌍의 변이 평행하도록 꼭짓점을 옮깁니다.

12 마름모는 네 변의 길이가 모두 같고 마주 보는 꼭짓점끼리 이은 선분이 서로 수직으로 만나고 서로를 이등분합니다.

14 세로 눈금 한 칸은 **2**일을 나타냅니다.

19 대각선의 수는 다음과 같습니다.
① 삼각형: **0**개   ②, ③ 사각형: **2**개
④ 오각형: **5**개   ⑤ 육각형: **9**개

20

100점 예상문제 6회   157~159쪽

1 1. $\frac{4}{7}$ 2 $\frac{5}{15}$ 3 예 $5-3\frac{2}{11}=1\frac{9}{11}$, $2\frac{9}{11}$
$+4\frac{4}{11}=7\frac{2}{11}$이므로 $1\frac{9}{11}$와 $7\frac{2}{11}$ 사이에 있는 자연수는 2, 3, 4, 5, 6, 7로 모두 6개입니다. ; 6개   4 40°   5 5개   6 30 cm   7 바   8 (1) 0.85 (2) 0.527   9 예 어떤 수의 $\frac{1}{10}$이 3.97이므로 어떤 수는 3.97의 10배인 39.7입니다. 따라서 39.7을 100배 하면 3970이므로 바르게 계산하면 3970입니다. ; 3970   10 1.1 kg   11 ⓒ   12 6 cm   13 3개   14 현희   15 예 해 뜨는 시각은 점점 늦어지고 해 지는 시각은 점점 빨라집니다.   16 오후 7시 53분   17 예 오후 7시 38분   18 풀이 참조   19 예 정칠각형은 변의 길이가 모두 같습니다. 따라서 모든 변의 길이의 합은 3×7=21(cm)입니다. ; 21 cm   20 9 cm

풀이

1 $\frac{2}{7}+\frac{5}{7}=\frac{7}{7}=1$, $1-\frac{3}{7}=\frac{7}{7}-\frac{3}{7}=\frac{4}{7}$

2 어떤 수를 □라고 하면

$□+1\frac{2}{15}=3\frac{11}{15}$, $□=3\frac{11}{15}-1\frac{2}{15}=2\frac{9}{15}$

➡ $2\frac{9}{15}-2\frac{4}{15}=\frac{5}{15}$

4 접은 것을 펼치면
㉠+㉠+50°+50°=180°
㉠+㉠=80°, ㉠=40°

5

1개짜리: ㉡, ㉢ ➡ 2개
2개짜리: (㉠+㉡), (㉠+㉢)
➡ 2개
4개짜리: (㉠+㉡+㉢+㉣)
➡ 1개
➡ 2+2+1=5(개)

6 삼각형 ㄱㄴㄷ은 정삼각형이므로
(변 ㄴㄷ)=6 cm, 삼각형 ㄱㄷㄹ은 이등변삼각형이므로 (변 ㄷㄹ)=9 cm입니다.
따라서 (사각형 ㄱㄴㄷㄹ의 네 변의 길이의 합)=6+6+9+9=30(cm)입니다.

7 이등변삼각형은 나, 다, 마, 바이고, 그중 둔각삼각형은 바입니다.

8 (1) 1 cm=0.01 m이므로 85 cm=0.85 m입니다.
(2) 1 m=0.001 km이므로 527 m=0.527 km입니다.

11 ㉠=4.24-1.07=3.17
㉡=7.56-4.35=3.21
3.17<3.21이므로 ㉠<㉡입니다.

12 서로 평행한 변은 변 ㄱㅁ과 변 ㄷㄹ이고 이 두 변과 수직으로 만나는 변의 길이가 평행선 사이의 거리이므로 평행선 사이의 거리는 변 ㅁㄹ의 길이인 6 cm입니다.

13 네 변의 길이가 모두 같은 사각형은 가, 다, 바로 모두 3개입니다.

14 마름모는 네 변의 길이가 모두 같지만 네 각의 크기가 항상 같은 것은 아닙니다.

17 해 지는 시각이 전주보다 3분, 4분, 5분 빨라지고 있으므로 오후 7시 44분에서 6분 빨라진 오후 7시 38분으로 예상할 수 있습니다.

18

www.kyohak.co.kr

변형 국배판 / 1~6학년 / 학기별

★ 디자인을 참신하게 하여 학습 효율성을 높였습니다.

★ 단원 평가에 완벽하게 대비할 수 있도록 전 범위를 수록하였습니다.

★ 교과 내용과 관련된 사진 자료 등을 풍부하게 실어 학습에 흥미를 느낄 수 있도록 하였습니다.

★ 수준 높은 서술형 문제를 실었습니다.

정답과 풀이

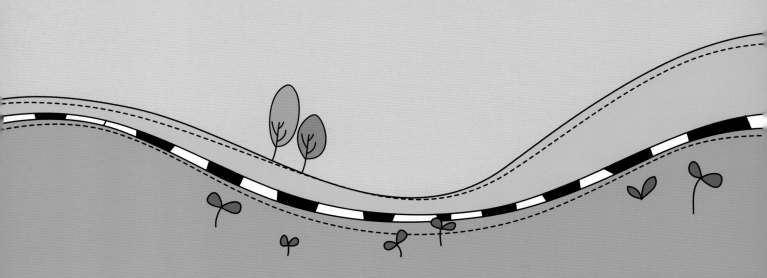